[一案解析]

企业所得税纳税申报

主　编／冯秀娟
副主编／王玉娟　朱红云

中国税务出版社

图书在版编目（CIP）数据

一案解析企业所得税纳税申报 / 冯秀娟主编 . -- 北京：中国税务出版社，2016.3
ISBN 978-7-5678-0392-3

Ⅰ . ① 一⋯ Ⅱ . ① 冯⋯ Ⅲ . ① 企业所得税—税收管理—案例—中国 Ⅳ . ① F812.424

中国版本图书馆 CIP 数据核字（2016）第 043836 号

版权所有·侵权必究

书　　名：	一案解析企业所得税纳税申报
作　　者：	冯秀娟　主编　　王玉娟　朱红云　副主编
实习编辑：	刘海欣
责任编辑：	王远灏
责任校对：	于　玲
技术设计：	刘冬珂
出版发行：	中国税务出版社
	北京市丰台区广安路9号国投财富广场1号楼11层
	邮政编码：100055
	http://www.taxation.cn
	E-mail：swcb@taxation.cn
	发行中心电话：（010）83362083/86/89
	传真：（010）83362046/47/48/49
经　　销：	各地新华书店
印　　刷：	北京天宇星印刷厂
规　　格：	787毫米×1092毫米　1/16
印　　张：	25.25
字　　数：	397000字
版　　次：	2016年3月第1版　2016年3月第1次印刷
书　　号：	ISBN 978-7-5678-0392-3
定　　价：	65.00元

如有印装错误　本社负责调换

序 言

适逢2016年企业所得税汇算清缴来临之际，冯秀娟副教授等按照国家税务总局最新下发的《关于修改企业所得税年度纳税申报表（A类，2014年版）部分申报表的公告》（国家税务总局公告2016年第3号）内容编写的《一案解析企业所得税纳税申报》付梓面世，可喜可贺！

参阅本书，紧扣企业所得税汇算清缴工作重点，以案例讲申报是最为显著的特点，作者将案例分为全书主案例、章节分案例、知识点辅助案例，层次分明，通俗易懂，具有较强的操作性和实用性，有助于读者正确理解税收政策，高效准确地完成纳税申报工作。主案例选用科技类企业，不仅具有一定代表性，而且增强了以案说法的针对性和适用性。此外，本书按照年度纳税申报表的填写顺序进行章节安排，贴近实务，便于操作，可以帮助读者更好地将税收法律规定与工作实践相结合，理解年度纳税申报表体系，准确把握报表间的层级联系和钩稽关系。同时通过深入讲解各类税会差异及纳税调整，有助于读者更好地掌握企业所得税申报工作的核心内容。

企业所得税汇算清缴历来是税收征管和企业纳税遵从中难度较高的工作。本书不仅为企业财会人员更好地理解和应用最新企业所得税政策，准确填写年度纳税申报表提供了工作依据，而且也为税务部门工作人员更好地审核企业所得税申报的准确性，实现企业所得税的应收尽收提供了工作参考，同时还为广大财税专业学生学习和了解企业所得税及申报提供了完整全面的学习资料。

是为序。

贾绍华

2016年2月

前　言

　　企业所得税是对在中华人民共和国境内的企业和其他取得收入的组织的生产经营所得和其他所得征收的一种税。企业所得税的征收与缴纳是我国政府税收征管及企业纳税遵从中难度较高的工作，主要体现在以下4个方面：

　　一是，企业所得税的税务处理纷繁复杂，涵盖了企业融资、投资、生产经营、跨国跨地区经营等过程中的收入确认、成本核算、税收抵免以及汇总纳税等。二是，企业所得税纳税调整难度较高。企业执行的会计准则或会计制度在收入确认、成本计算方面与企业所得税法存在一定差异。三是，跨境所得的企业所得税处理复杂。一方面是我国"走出去"企业来源于境外所得的征收与抵免，另一方面是对非居民企业有来源于我国境内的所得的税收征管。四是，特殊事项的纳税调整难度高。当企业存在未按独立交易原则进行的关联方交易，及企业重组、清算、政策性搬迁等特殊事项时，均需进行特殊纳税调整。

　　为了帮助纳税人、税务中介机构和税务工作人员正确理解和把握企业所得税法及相关政策中关于收入的确认、准予税前扣除项目的规定、企业所得税的纳税调整项目、企业所得税弥补亏损、境外所得税收抵免以及跨地区汇总纳税等的规定，准确熟练填写企业所得税纳税申报表，我们编写了《一案解析企业所得税纳税申报》。

本书以"主案例+分案例+辅助案例"的形式，讲解最新企业所得税税法和相关政策，以及《中华人民共和国企业所得税月（季）度预缴纳税申报表（A类，2015年版）》和《中华人民共和国企业所得税年度纳税申报表（A类，2014年版）》的填写，同时介绍企业所得税管理的特别规定，如核定征收、非居民的税收管理的相关企业所得税政策，便于读者全面理解企业所得税法和相关税收政策，企业所得税纳税申报表的逻辑关系和填写方法。

本书有三大特色：一是内容新，内容的编写依据最新企业所得税相关法律政策和最新版纳税申报表；二是角度新，将税收政策讲解与纳税申报紧密结合，便于读者的理解和应用；三是案例典型丰富，主案例选择高新技术企业，具有典型性，同时设计大量分案例、辅助案例，增强可读性和操作性。本书不仅适用于各层级财税专业学生学习企业所得税法及纳税申报的相关知识，而且可以作为企业财税工作人员、税务中介机构准确完成企业所得税纳税申报工作的参考资料，同时也可以作为税务工作人员在企业所得税征管过程中的参考资料。

冯秀娟负责综合案例、第一章、第六章、第七章、第十章的编写和全书的统稿；王玉娟负责第二章、第三章、第四章的编写；朱红云负责第五章、第九章和第十一章的编写；丁春玲负责第八章、第十二章的编写。

由于编者水平有限，书中内容难免疏漏，敬请读者批评指正。

编　者

2016年2月

目 录

导　读 ·· 1

第一章　企业所得税概述 ·· 13
　　第一节　企业所得税的税制要素 ·································· 13
　　第二节　企业所得税的征收管理 ·································· 24
　　第三节　《中华人民共和国企业所得税月（季）度预缴纳税
　　　　　　申报表（A类，2015年版）》的填写 ················· 29

第二章　收入的确认及申报 ··· 35
　　第一节　收入的确认 ··· 35
　　第二节　《A101010一般企业收入明细表》的填写 ········· 48

第三章　扣除项目的确认及申报 ······································ 52
　　第一节　扣除项目的确认 ·· 52
　　第二节　《A102010一般企业成本支出明细表》的填写 ··· 57
　　第三节　《A104000期间费用明细表》的填写 ················ 60

第四章　收入类项目的纳税调整及申报 ··························· 64
　　第一节　视同销售和房地产开发企业特定业务的
　　　　　　纳税调整及申报 ·· 64

第二节　未按权责发生制确认收入的纳税调整及申报 …………… 78

第三节　投资收益的纳税调整及申报 …………………………… 88

第四节　专项用途财政性资金的纳税调整及申报 ……………… 106

第五章　扣除类项目的纳税调整及申报 …………………………… 114

第一节　职工薪酬的纳税调整及申报 …………………………… 115

第二节　广告费和业务宣传费跨年度纳税调整及申报 ………… 127

第三节　捐赠支出的纳税调整及申报 …………………………… 131

第四节　其他扣除类的纳税调整 ………………………………… 135

第六章　资产类项目的纳税调整及申报 …………………………… 139

第一节　资产折旧、摊销的纳税调整及申报 …………………… 139

第二节　《A105080资产折旧、摊销情况及纳税调整明细表》
　　　　及附表的填写 ………………………………………… 157

第三节　资产损失的税务处理及申报 …………………………… 176

第七章　特殊事项纳税调整及申报 ………………………………… 191

第一节　企业重组的纳税调整及申报 …………………………… 191

第二节　政策性搬迁的纳税调整及申报 ………………………… 204

第三节　特殊行业准备金的纳税调整及申报 …………………… 214

第四节　特别纳税调整应税所得 ………………………………… 224

第五节　《A105000纳税调整项目明细表》的填写 …………… 232

第八章　税收优惠的确认及申报 …………………………………… 243

第一节　免税、减计收入及加计扣除优惠的确认及申报 ……… 243

第二节　所得减免优惠的确认及申报 …………………………… 273

第三节　抵扣应纳税所得额及申报 ……………………………… 288

第四节　减免所得税优惠的确认及申报 ………………………… 294

第五节　税额抵免优惠的确认及申报 …………………………… 323

第九章　企业所得税弥补亏损及申报 ……………………… 330
第一节　企业所得税弥补亏损的税务处理 …………………… 331
第二节　《A106000企业所得税弥补亏损明细表》的填写 …… 336

第十章　境外所得税收抵免及申报 …………………………… 340
第一节　境外所得税收抵免的税务处理 ……………………… 342
第二节　境外所得税收抵免相关表格的填写 ………………… 351

第十一章　跨地区汇总纳税及申报 …………………………… 364
第一节　跨地区汇总纳税的税务处理 ………………………… 365
第二节　《A109000跨地区经营汇总纳税企业年度分摊企业所得税明细表》的填写 ………………………… 373

第十二章　其他表单的填报 …………………………………… 376
第一节　《A000000企业基础信息表》的填写 ……………… 376
第二节　《A100000中华人民共和国企业所得税年度纳税申报表（A类）》主表的填写 ……………………… 383

参考文献 ……………………………………………………… 391

导 读

本书以"综合案例——北京ABC科技股份有限公司"的信息资料为基础，以最新企业所得税法及相关税收政策和最新企业会计准则为依据，用案例分析的形式讲解查账征收居民企业的企业所得税申报。为了方便读者阅读使用，下面对本书的结构安排及案例层级等进行介绍。

一、本书结构安排

在企业所得税纳税申报工作中，适用查账征收的居民企业要进行月（季）度预缴申报和年度汇算清缴申报。填写的纳税申报表包括：《中华人民共和国企业所得税月（季）度预缴纳税申报表（A类，2015年版）》（以下简称《预缴纳税申报表（A类）》）和《中华人民共和国企业所得税年度纳税申报表（A类，2014年版）》（以下简称《年度纳税申报表（A类）》）。其中，《年度纳税申报表（A类）》在2014年版的基础上，结合国家税务总局2015年1月18日下发的《国家税务总局关于修改企业所得税年度纳税申报表（A类，2014年版）部分申报表的公告》（国家税务总局公告2016年第3号）编写。

（一）企业所得税纳税申报表简介

1.《预缴纳税申报表（A类）》

《预缴纳税申报表（A类）》由1张主表和3张附表构成，填写查账征收居民企业按实际利润或按照上一纳税年度应纳税所得额平均额预缴月（季）度企业所得税的信息。附表1填写不征税收入和税基类减免应纳税所得额的信息，附表2填写固定资产加速折旧（扣除）的信息，附表3填写减免所得税额明细的信息。

2.《年度纳税申报表（A类）》

《年度纳税申报表（A类）》由封面、企业所得税年度纳税申报表填报表单、41张纳税申报表构成。41张纳税申报表包括：《A000000企业基础信息表》、《A100000中华人民共和国企业所得税年度纳税申报表（A类）》和39张附表。

年度纳税申报表信息量大，涵盖了查账征收居民企业所得税申报及调整的所有事项，表间钩稽关系严密，在申报过程中需要了解年度纳税申报表的编码规则，掌握报表填写规律及顺序，才能正确完成纳税申报工作。

（1）编码规则

年度纳税申报表的报表代码共7位，第1位"A"表示查账征收；第2位"0"表示企业基础信息表，"1"表示年度纳税申报表；第3位、第4位表示一级表，用01表示收入类明细表，02表示成本类明细表，03表示事业单位收支明细表，04表示费用类明细表，05表示纳税调整类明细表，06表示弥补亏损类明细表，07表示税收优惠类明细表，08表示境外所得抵免类明细表，09表示汇总纳税类明细表；第5位、第6位表示二级表，按照01、02……的顺序排列，表示各一级附表所属类别下的二级附表，主表和一级表的信息来源于二级表；第7位表示三级表，按照1、2……的顺序排列，部分二级表的信息来源于三级表。

（2）填写顺序

年度纳税申报表的填写是依据从三级附表到二级附表再到一级附表，从一级附表、二级附表到主表的逻辑顺序进行，按照报表类别分为收入类、扣除类、纳税调整类、税收优惠类、弥补亏损类、境外所得抵免类、跨地区汇总纳税类等9大类，按照报表类别和报表级次依次填写。

（二）本书结构及内容

本书共分12章，第一章企业所得税概述介绍预缴申报，第二章至第十二章依据年度纳税申报表的填写顺序详细介绍企业所得税年度纳税申报。

第一章企业所得税概述，介绍了企业所得税基本税制要素、企业所得税的征收管理，以及企业所得税预缴纳税申报表的填写。

第二章收入的确认及申报，介绍企业所得税法中关于各类收入的确认依据、时间及范围，以及《A101010一般企业收入明细表》的填写。

第三章扣除项目的确认及申报，介绍企业所得税法中关于扣除项目的确认原则及范围，以及《A102010一般企业成本支出明细表》、《A104000期间费用明细表》的填写。

企业所得税纳税调整是正确计算应纳所得税额的关键，分为收入类调整项目、扣除类调整项目、资产类调整项目、特殊事项调整项目等，《A105000纳税调整项目明细表》在整个年度纳税申报表体系中是最为核心的表单，本表各调整项目的填写结果来源于纳税调整类的二级附表，本表调整的结果将转入主表，第四章至第七章按照调整项目的类别介绍纳税调整相关表单的填写。

第四章收入类项目的纳税调整及申报，介绍收入类项目的纳税调整，包括视同销售收入、未按权责发生制确认收入、投资收益、权益法核算的长期股权投资初始投资成本调整确认收益、交易性金融资产初始投资调整、不征税收入等税法与会计规定的差异及纳税调整，并介绍《A105010视同销售和房地产开发企业特定业务纳税调整明细表》、《A105020未按权责发生制确认收入纳税调整明细表》、《A105030投资收益纳税调整明细表》、《A105040专项用途财政性资金纳税调整表》等的填写。

第五章扣除类项目的纳税调整及申报，介绍扣除类项目的纳税调整，包括职工薪酬、广告费和业务宣传费、捐赠支出、利息支出、业务招待费等税前扣除的相关政策，以及《A105050职工薪酬纳税调整明细表》、《A105060广告费和业务宣传费跨年度纳税调整明细表》、《A105070捐赠支出纳税调整明细表》等的填写。

第六章资产类项目的纳税调整及申报，介绍固定资产、无形资产、长期待摊费用等资产类项目在初始计量、后续计量中税法与会计规定的差异及相关纳税调整，并介绍《A105080资产折旧、摊销情况及纳税调整明细表》、《A105081固定资产加速折旧、扣除明细表》、《A105090资产损失税前扣除及纳税调整明细表》、《A105091资产损失（专项申报）税前扣除及纳税调整明细表》的填写。

第七章特殊事项的纳税调整及申报，介绍债务重组、企业合并分立、股权收购等企业重组事项、政策性搬迁、特定行业准备金、房地产企业特定开发业务等企业所得税特殊事项的税会差异及纳税调整，并介绍《A105100企业重组纳税调整明细表》、《A105110政策性搬迁纳税调整明细表》、《A105120特殊行业准备金纳税调整明细表》的填写。另外本章还介绍了特别纳税调整应税所得，以及《A105000纳税调整项目明细表》的填写。

第八章税收优惠的确认及申报，介绍企业所得税法及相关政策中关于企业所得税优惠项目的规定，以及相关表单的填写，包括税基式的优惠和税额式的优惠。

税基式的优惠包括免税、减计收入及加计扣除，所得减免，抵扣应纳税所得额，相关表单包括《A107010免税、减计收入及加计扣除优惠明细表》及所属三级附表（《A107011符合条件的居民企业之间的股息、红利等权益性投资收益优惠明细表》、《A107012综合利用资源生产产品取得的收入优惠明细表》、《A107013金融、保险等机构取得的涉农利息、保费收入优惠明细表》、《A107014研发费用加计扣除优惠明细表》）、《A107020所得减免优惠明细表》、《A107030抵扣应纳税所得额明细表》。

税额式的优惠包括减免所得税优惠和税额抵免优惠，相关表单包括《A107040减免所得税优惠明细表》及所属三级附表（《A107041高新技术企业优惠情况明细表》、《A107042软件、集成电路企业优惠情况及明细表》）、《A107050税额抵免优惠明细表》。

第九章企业所得税亏损弥补及申报，介绍企业所得税法中关于亏损的确定、亏损弥补的方法，以及《A106000企业所得税弥补亏损明细表》的填写。

第十章境外所得抵免及申报，介绍居民企业境外所得的税收抵免的范围及条件，境外所得纳税后所得的计算，境外分支机构弥补亏损的计算，抵免限额的计算以及跨年度结转抵免境外所得税的计算，并介绍《A108000境外所得税收抵免明细表》及所属二级附表（《A108010境外所得纳税调整后所得明细表》、《A108020境外分支机构弥补亏损明细表》、《A108030跨年度结转抵免境外所得税明细表》）的填写。

第十一章跨地区汇总纳税及申报，介绍了跨地区汇总纳税的适用范围、总分机构分摊税款的计算，并介绍《A109000跨地区经营汇总纳税企业年度分摊企业所得税明细表》及所属二级附表《A109010企业所得税汇总纳税分支机构所得税分配表》的填写。

第十二章其他表单的填报，介绍了封面、《A000000企业基础信息表》、《A100000中华人民共和国企业所得税年度纳税申报表（A类）》的填报。

二、本书案例层级

为了帮助读者更好地理解企业所得税法及相关税收政策，掌握纳税申报表的填写，本书设计了丰富的案例[①]。案例分为全书主案例、章节分案例和知识点辅助案例三个级次。

1. 全书主案例，称为"综合案例"，以北京ABC科技股份有限公司的信息资料为背景，以完成企业所得税申报为主线，贯穿全书，介绍了企业所得税法及相关规定、税会差异及调整，以及预缴申报表和常见年度申报表的填写。对综合案例的分析按章节进行排序，如第一章对综合案例的分析用"【综合案例】分析1-1""【综合案例】分析1-2"等表示。

2. 章节分案例，称为"案例"，对"综合案例"没有涵盖到的年度纳税申报表，用分案例的形式进行讲解。分案例按章排序，如第四章的分案例用"【案例4-1】"等表示，对分案例的分析用"【案例4-1】分析1"等表示。

3. 知识点辅助案例，称为"例"，对部分需要单独举例讲解的知识点进行补充讲解。例按章排序，如第二章的知识点辅助案例用"【例2-1】"等表示。

三、综合案例基本情况

【综合案例】

（一）企业基本情况

单位名称：北京ABC科技股份有限公司

法定代表人：刘某

---

① 本书案例均为虚拟企业案例。

成立日期：2012年3月1日

注册资本：1000万元

经营地址：北京中关村科技园区四川路12号

税务登记号：110102576872256

经营范围：计算机软件的设计、程序编制、分析、测试、修改、咨询；技术开发、技术转让、技术咨询、技术服务、电子科技领域内技术开发等。

是否为汇总纳税企业：否

是否为境外中资控股居民企业：否

所属行业明细代码：G619其他技术服务

从事国家非限制和禁止行业：是

是否存在境外关联交易：否

从业人数：200人

资产总额：12134.36万元

是否为上市公司：否

其他信息：北京ABC科技股份有限公司（以下简称ABC科技）2012年5月18日被认定为软件生产企业。认定证书编号为京R-2012-0613，软件产品登记证书号为京DGY-2012-1870，公司2015年月平均职工人数为200人，其中签订劳动合同关系且具有大学专科以上学历的职工人数为100人，研究开发人员为50人。

（二）主要会计政策和估计

适用的会计准则或会计制度：企业会计准则

会计档案的存放地：公司

会计核算软件：金蝶

记账本位币：人民币

会计政策和估计是否发生变化：否

固定资产折旧方法：年限平均法

存货成本计价方法：月末一次加权平均法

坏账损失核算方法：备抵法

所得税计算方法：资产负债表债务法

（三）企业主要股东及对外投资情况

1. 企业前5位主要股东情况如下：

股东名称	证件种类	证件号码	经济性质	投资比例	国籍（注册地址）
刘某	身份证	XXXXXXXXXXXXXXXX	自然人	55.00%	中国
舒某	身份证	XXXXXXXXXXXXXXXX	自然人	15.00%	中国
王某	身份证	XXXXXXXXXXXXXXXX	自然人	10.00%	中国
北京EF投资有限责任公司	组织机构代码证	XXXXXXX-X	有限责任公司	10.00%	北京市石景山区萧山路8号10-8003
南京甲投资基金合伙企业（有限合伙）	组织机构代码证	XXXXXXX-X	有限合伙企业	5%	南京秦淮区16道西南大厦六层6016室

2. 对外投资情况如下：

被投资者名称	纳税人识别号	经济性质	投资比例	投资金额	注册地址
山东D能源科技有限公司	XXXXXXXXXXXXXX	有限责任公司	75.00%	500万元	济南市历下区西大道5号华宇大厦A区6层

（四）主要财务信息

1. 2015年度利润情况

利 润 表

编制单位：北京ABC科技股份有限公司　　　　　　　　　　单位：元列至角分

项　目	附注	2015年度	2014年度
一、营业收入		97 847 284.52	57 721 722.69
减：营业成本		49 473 881.24	21 604 137.35
营业税金及附加		1 309 056.99	750 712.29
销售费用		12 498 150.58	10 165 316.24
管理费用		18 756 617.63	16 295 090.62
财务费用		2 156 168.51	1 766 355.15
资产减值损失		3 087 160.46	1 557 945.84

续表

项　目	附注	2015年度	2014年度
加：公允价值变动收益			
投资收益		80 000.00	32 269.58
其中：对联营企业和合营企业的投资收益			
二、营业利润		10 646 249.11	5 614 434.78
加：营业外收入		17 296.40	13 979.74
减：营业外支出		10 575.16	9 213.65
三、利润总额		10 652 970.35	5 619 200.87
减：所得税费用		1 052 260.45	613 832.06
四、净利润		9 600 709.90	5 005 368.81
归属于母公司所有者的净利润			
少数股东损益			
同一控制下企业合并的被合并方在合并前实现的净利润			
五、每股收益			
（一）基本每股收益			
（二）稀释每股收益			
六、其他综合收益			
七、综合收益总额			

2. 2015年部分会计科目余额明细

部分会计科目明细情况表

单位：元列至角分

总账科目	明细账科目	本年累计发生额	借或贷
主营业务收入 其中：		97 847 284.52	贷
	嵌入式软件销售收入	40 152 625.37	贷
	信息系统集成产品销售收入	36 453 257.13	贷
	技术服务收入	21 241 402.02	贷
营业外收入 其中：		17 296.40	贷
	其他收入	17 296.40	贷

续表

总账科目	明细账科目	本年累计发生额	借或贷
投资收益 其中：		80 000.00	贷
	居民企业间股息红利收益	80 000.00	贷
主营业务成本 其中：		49 473 881.24	借
	嵌入式软件销售成本	22 731 524.45	借
	信息系统集成产品销售成本	22 587 731.60	借
	技术服务成本	4 154 625.19	借
营业外支出 其中：		10 575.16	借
	罚没支出	2 575.16	借
	捐赠支出	8 000.00	借
销售费用 其中：		12 498 150.58	借
	职工薪酬	6 364 538.45	借
	劳务费	57 125.15	借
	咨询顾问费	389 791.56	借
	包装费	846 327.90	借
	广告费和业务宣传费	542 743.72	借
	资产折旧摊销费	132 408.64	借
	办公费	1 975 316.80	借
	租赁费	675 269.08	借
	差旅费	1 214 359.52	借
	运输、仓储费	135 683.60	借
	修理费	9 907.00	借
	其他	154 679.16	借
管理费用 其中：		18 756 617.63	借
	职工薪酬	4 675 819.37	借
	劳务费	9 246.76	借
	咨询顾问费	2 568 418.53	借
	业务招待费	197 458.15	借
	资产折旧摊销费	1 180 755.36	借
	办公费	2 003 921.20	借
	租赁费	1 500 255.77	借
	差旅费	390 533.31	借

续表

总账科目	明细账科目	本年累计发生额	借或贷
管理费用 其中：	运输、仓储费	186 584.24	借
	修理费	2 111.60	借
	研究费用	5 945 378.52	借
	各项税费	89 317.44	借
	其他	6 817.38	借
财务费用 其中：		2 156 168.51	借
	利息收支	2 123 647.15	借
	手续费	32 521.36	借
资产减值损失 其中：		3 087 160.46	借
	坏账准备金	251 782.52	借
	无形资产减值准备	2 281 604.35	借
	存货跌价准备	553 773.59	借
应付职工薪酬 其中：		24 183 353.63	贷
	职工工资	18 254 667.85	贷
	职工福利费	208 243.41	贷
	职工教育经费	2 765 312.47	贷
	各类社会基本性保障缴款	2 433 654.60	贷
	住房公积金	521 475.30	贷
预计负债	产品质量保证金	224 022.45	贷

补充信息：

（1）"投资收益——居民企业股息红利收益"记录被投资企业——山东D能源科技有限公司2015年4月5日宣告发放的股利，按持股比例ABC科技应取得80 000元。

（2）"营业外支出——罚没支出"是ABC科技未按期缴纳税款，被税务机关加收的罚款和滞纳金；"营业外支出——捐赠支出"是ABC科技向中国社会福利基金会的捐款。

（3）"财务费用"全部是向金融机构的借款利息和相关手续费。

3. 资产折旧、摊销明细

资产折旧、摊销明细表

单位：元列至角分

项　目	资产账载金额	本年折旧、摊销额	累计折旧、摊销额
固定资产	5 034 939.98	1 051 462.28	2 114 637.38
其中：与生产经营活动有关的器具、工具、家具等	695 259.33	134 310.12	251 068.57
飞机、火车、轮船以外的运输工具	1 239 542.00	154 123.64	261 736.45
电子设备	3 100 138.65	763 028.52	1 601 832.36
无形资产	8 293 866.75	1 049 454.39	2 501 149.53
其中：著作权	7 968 854.50	994 253.16	2 458 511.36
特许权使用费	325 012.25	55 201.23	42 638.17
长期待摊费用	1 249 678.82	536 791.34	985 694.76
其中：租入固定资产的改建支出	1 249 678.82	536 791.34	985 694.76

补充信息：

ABC科技各项长期资产账载金额与计税基础相等，会计计提的固定资产折旧金额与企业所得税法规定一致；长期待摊费用的账面摊销金额与税法规定一致；所有无形资产会计摊销年限均为5年。

4. 研发支出明细

研发支出明细表

单位：元列至角分

研发项目	本年研发费用明细							
	研发活动直接消耗的材料、燃料和动力费用	直接从事研发活动的本企业在职人员费用	专门用于研发活动的有关折旧费、运行维护费	中间试验和产品试制的有关费用	研发成果论证、评审、验收、鉴定费用	设计、制定、资料和翻译费用	年度研发费用合计
01嵌入式软件	7 234.21	1 370 354.68	22 143.45	24 511.96	17 430.00	46 148.00	1 487 822.30
02嵌入式软件	5 616.18	1 164 174.01	2 214.85	2 242.21	1 509.43		1 175 756.68
应急通信系统集成软件	11 836.50	1 648 228.04	31 214.85	15 214.35	8 624.68		1 715 118.42
03系统集成软件	7 786.28	1 535 855.28	3 317.35	7 894.77	11 827.44		1 566 681.12
合计	32 473.17	5 718 612.01	58 890.45	49 863.29	39 391.55	46 148.00	5 945 378.52

5. 2015年度预缴所得税信息

2015年第一季度预缴申报的相关信息如下：

第一季度：营业收入30 611 821.96元 营业成本18 368 470.31元，利润总额2 663 242.59元；可以加计扣除的研发费用873 217.32元，减免所得税税额为223 753.16元。

2015年已累计预缴所得税 999 637.13元。

第一章 企业所得税概述

【学习目标】

1. 掌握我国企业所得税法基本税制要素；
2. 了解企业所得税的申报与缴纳；
3. 掌握企业所得税的预缴申报表的填写。

第一节 企业所得税的税制要素

企业所得税是对在中华人民共和国境内的企业和其他取得收入的组织取得的生产经营所得和其他所得征收的一种税。企业所得税征收范围广泛，是国家筹集财政收入的重要手段，通过对特定行业、产业的税收优惠来实现我国产业升级和经济结构调整等宏观经济战略，同时具有促进企业改善经营管理等作用。

我国现行企业所得税法的基本规范是2007年3月16日第十届全国人民代表大会第五次会议通过、同日中华人民共和国主席令第63号公布的《中华人民共和国企业所得税法》（以下简称《企业所得税法》）和2007年11月28日国务院第197次会议通过、2007年12月6日中华人民共和国国务院令第512号公布的《中华人民共和国企业所得税法实施条例》（以下简称《企业所得税法实施条例》）。

一、纳税义务人、征税对象和税率

(一) 纳税义务人

《企业所得税法》规定：在中华人民共和国（以下简称中国）境内，企业和其他取得收入的组织（以下统称企业）为企业所得税的纳税人。个人独资企业和合伙企业不适用《企业所得税法》。

企业根据纳税义务不同，分为居民企业和非居民企业，居民企业负有全面纳税义务，其来源于中国境内、境外所得均需向中国政府申报缴纳企业所得税；非居民企业负有有限纳税义务，仅就来源于中国境内的所得向中国政府申报缴纳企业所得税。在企业所得税法中，根据注册地标准和实际管理机构标准划分居民企业和非居民企业。

1. 居民企业

依据注册地标准，居民企业是指依法在中国境内成立，或者依照外国（地区）法律成立但实际管理机构在中国境内的企业。其中，在中国境内成立的企业，是指依照中国法律、行政法规在中国境内成立的企业、事业单位、社会团体以及其他取得收入的组织；依照外国（地区）法律成立的企业，是指依照外国（地区）法律成立但实际管理机构在中国的企业和其他取得收入的组织。

关于实际管理机构的判定标准，《国家税务总局关于境外注册中资控股企业依据实际管理机构标准认定为居民企业有关问题的通知》（国税发〔2009〕82号）规定：境外注册的中资控股企业（以下称境外中资企业）同时符合以下条件的，应判定其为实际管理机构在中国境内的居民企业（以下称非境内注册居民企业）：

（1）企业负责实施日常生产经营管理运作的高层管理人员及其高层管理部门履行职责的场所主要位于中国境内；

（2）企业的财务决策（如借款、放款、融资、财务风险管理等）和人事决策（如任命、解聘和薪酬等）由位于中国境内的机构或人员决定，或需要得到位于中国境内的机构或人员批准；

（3）企业的主要财产、会计账簿、公司印章、董事会和股东会议纪要档案等位于或存放于中国境内；

（4）企业1/2（含1/2）以上有投票权的董事或高层管理人员经常居住于中国境内。

关于境外注册的中资企业居民企业身份认定的问题，《国家税务总局关于依据实际管理机构标准实施居民企业认定有关问题的公告》（国家税务总局公告2014年第9号）（以下简称国家税务总局公告2014年第9号）做出如下规定：

境外注册的中资企业须向其中国境内主要投资者登记注册地主管税务机关提出居民企业认定申请，主管税务机关对其居民企业身份进行初步判定后，层报省级税务机关确认。经省级税务机关确认后抄送其境内其他投资地相关省级税务机关。经省级税务机关确认后，30日内抄报国家税务总局，由国家税务总局网站统一对外公布。

【综合案例】分析1-1

ABC科技是依法在中国境内成立的法人企业，依据注册地标准，ABC科技属于中国的居民企业，应当依法缴纳企业所得税。

2. 非居民企业

【案例1-1】

XYZ是一家美国电信企业（以下简称XYZ），在中国未设立机构、场所，2015年度向北京华夏担保有限公司提供技术服务，收取服务费3 000 000元，但与取得该收入相关的成本费用无法准确核算，经税务机关核定利润率为30%。

请完成下列问题：

（1）XYZ是否应当缴纳企业所得税？

（2）XYZ适用的企业所得税税率是什么？

（3）XYZ应纳税所得额如何计算？

（4）XYZ的企业所得税如何申报与缴纳？

非居民企业是指依照外国（地区）法律成立且实际管理机构不在中国境内，但在中国境内设立机构、场所的，或者在中国境内未设立机构、场所，但有来源于中国境内所得的企业。

机构、场所是指在中国境内从事生产经营活动的机构、场所，包括：

（1）管理机构、营业机构、办事机构；

（2）工厂、农场、开采自然资源的场所；

（3）提供劳务的场所；

（4）从事建筑、安装、装配、修理、勘探等工程作业的场所；

（5）其他从事生产经营活动的机构、场所。

非居民企业委托营业代理人在中国境内从事生产经营活动，包括委托单位和个人经常代其签订合同，或者储存、交付货物等，将该营业代理人视为非居民企业在中国境内设立的机构、场所。

【案例1-1】分析1

XYZ在中国境内未设立机构、场所，但有来源于中国境内所得，属于非居民企业，负有有限纳税义务，仅就来源于中国境内的所得缴纳企业所得税。

（二）征税对象

企业所得税的征税对象包括企业的生产经营所得、其他所得和清算所得。具体包括销售货物所得、提供劳务所得、转让财产所得、股息红利等权益性投资所得、利息所得、租金所得、特许权使用费所得、接受捐赠所得、其他所得和清算所得。

1. 居民企业及非居民企业征税对象的差异

（1）居民企业就其来源于中国境内、境外的所得缴纳企业所得税。

（2）非居民企业在中国境内设立机构、场所，应就其所设机构、场所取得的来源于中国境内的所得，以及发生在中国境外，但与其所设机构、场所有实际联系的所得，缴纳企业所得税。非居民企业在中国境内未设立机构、场所，或虽设立机构、场所，但取得的所得与其所设的机构、场所没有实际联系，仅就其来源于中国境内所得缴纳企业所得税。

2. 所得来源地的判定

（1）销售货物所得，按照交易活动发生地确定；

（2）提供劳务所得，按照劳务发生地确定；

（3）转让财产所得，不动产转让所得按照不动产所在地确定，动产转让所得按照转让动产的企业或者机构、场所所在地确定，权益性投资资产转让所得按照被投资企业所在地确定；

（4）股息、红利等权益性投资所得，按照分配所得的企业所在地确定；

（5）利息所得、租金所得、特许权使用费所得，按照负担、支付所得的企业或者机构、场所所在地确定，或者按照负担、支付所得的个人的住所地确定；

（6）其他所得，由国务院财政、税务主管部门确定。

【综合案例】分析1-2

ABC科技应当就2015年取得的各项所得包括销售货物所得、提供劳务所得、财产转让所得、投资所得等申报缴纳企业所得税。

（三）税率

1. 基本税率为25%

适用于居民企业和在中国境内设立机构、场所且所得与机构、场所有关联的非居民企业。为保护和鼓励小型微利企业及高新技术企业的发展，在企业所得税法及相关税收政策中规定了专门针对小型微利企业和高新技术企业的优惠税率，将在本书第八章税收优惠的确认及申报中详细介绍。

【综合案例】分析1-3

ABC科技属于居民企业，应当适用25%的企业所得税基本税率。然而，我国境内新办的集成电路设计企业和符合条件的软件企业，经认定后，在2017年12月31日前自获利年度起，第一年和第二年免征企业所得税，第三年至第五年减半征收企业所得税。ABC科技于2012年经认定为新办软件生产企业，自2012年度开始盈利，2012年度和2013年度免征企业所得税，2014年度至2016年度减按12.5%的优惠税率计缴企业所得税,因此,2015年应当适用12.5%的优惠税率。

2.低税率为20%

适用于中国境内未设立机构、场所的,或虽设立机构、场所,但取得的所得与其所设的机构、场所没有实际联系的非居民企业。《企业所得税法实施条例》规定:"非居民企业在中国境内未设立机构、场所的,或者虽设立机构、场所但取得的所得与其所设机构、场所没有实际联系的,减按10%税率征收企业所得税。"因此,在实际征税时适用10%的税率。

【案例1-1】分析2

XYZ在中国境内未设立机构、场所适用20%低税率,减按10%税率预提企业所得税。

二、应纳税所得额的计算

应纳税所得额是企业所得税的计税依据。为了提高征管效率,以企业是否具备健全的财务核算制度,是否能够正确核算生产经营成果,并准确计算应纳税款为依据。企业所得税的征收管理主要有4种方式,居民企业纳税人采用查账征收和核定征收的方法,非居民企业采用据实申报和核定征收方法,适用不同征收方法的企业应纳税所得额的计算也有差异。

(一)居民企业查账征收应纳税所得额的计算

查账征收适用于凭证、账簿资料齐全,具备健全的财务制度,能够准确核算生产经营成果,准确计算应纳企业所得税款的居民企业。应纳税所得额是指企业每一纳税年度的收入总额,减除不征税收入、免税收入、各项扣除以及允许弥补的以前年度亏损后的余额。应纳税所得额的计算公式为:

应纳税所得额=收入总额−不征税收入−免税收入−准予企业所得税前扣除的项目−允许弥补的以前年度亏损

其中,亏损是指企业依照企业所得税法和实施条例的规定将每一纳税年度的收入总额减除不征税收入、免税收入和各项扣除后小于零的数额,是按税法计算的亏损，与会计核算的亏损不同。

要注意区别应纳税所得额与会计利润，会计利润是企业依据会计核算制度，反映企业一定时期的生产经营成果，是会计核算的概念，应纳税所得额是一个税收的概念，由于会计制度与税法规定之间存在着一定的差异，如会计确认的收入按照税法规定可以作为免税收入从应纳税所得额中扣减，会计确认的成本费用按照税法规定不得税前扣除。另外，在资产的取得、持有和转让的过程中会计与税法的规定也存在着诸多差异，因此，需要对会计利润按照税法的相关规定进行调整，从而计算出应纳税所得额。计算公式为：

应纳税所得额=会计利润+纳税调整增加额（以下简称纳税调增）−纳税调整减少额（以下简称纳税调减）

关于会计与税法的差异及纳税调整将在本书第四章至第八章进行详细介绍。

【综合案例】分析1-4

ABC科技财务核算制度健全，能准确核算生产经营成果，属于适用于查账征收的居民企业，应纳税所得额的计算应当在企业会计利润的基础上按照企业所得税法的规定进行纳税调整。

（1）企业业务招待费列支197 458.15元，超过税法允许税前扣除的金额118 474.89元，需要纳税调增78 983.26元；

（2）本年度费用化的研发支出为5 945 378.52元，税法规定可以加计扣除的金额为2 972 689.26元，需要纳税调减2 972 689.26元；

（3）无形资产累计摊销账面价值为1 049 454.39元，税法允许本年税前扣除的累计摊销额为524 727.19元，需要纳税调增524 727.20元；

（4）本年计提预计负债224 022.45元，减值准备金3 087 160.46元，被税务机关加收的罚款和滞纳金2 575.16元为税法规定的不得税前扣除项目，共需要纳税调增3 313 758.07元。

（5）收到被投资企业山东D能源科技有限公司分配的股息80 000元为免税收入，需要纳税调减。

因此，ABC科技2015年应纳税所得额的计算如下：

应纳税所得额=10 652 970.35+78 983.26−2 972 689.26+524 727.20+

3 313 758.07-80000=11 517 749.62（元）

（二）居民企业核定征收应纳税所得额的计算

为了加强企业所得税征收管理，规范核定征收企业所得税工作，在《企业所得税法》及其实施条例、《中华人民共和国税收征收管理法》（以下简称《税收征管法》）及其实施细则中对核定征收做出如下规定。

1. 核定征收的范围

居民企业纳税人有下列情形之一的，核定征收企业所得税：

（1）依照法律、行政法规的规定可以不设置账簿的；

（2）依照法律、行政法规的规定应当设置但未设置账簿的；

（3）擅自销毁账簿或者拒不提供纳税资料的；

（4）虽设置账簿，但账目混乱或者成本资料、收入凭证、费用凭证残缺不全，难以查账的；

（5）发生纳税义务，未按照规定的期限办理纳税申报，经税务机关责令限期申报，逾期仍不申报的；

（6）申报的计税依据明显偏低，又无正当理由的。

特殊行业、特定类型的纳税人和一定规模以上的纳税人不适用核定征收办法。

2. 核定征收的办法

税务机关根据核定征收企业纳税人的具体情况，核定其应税所得率或核定应纳所得税额。

（1）核定应税所得率的情形

能正确核算（查实）收入总额，但不能正确核算（查实）成本费用总额的；能正确核算（查实）成本费用总额，但不能正确核算（查实）收入总额的；通过合理方法，能计算和推定纳税人收入总额或成本费用总额的。

（2）核定应纳税所得额

纳税人不属于以上情形的，核定其应纳所得税额。

（3）税务机关采用下列方法核定征收企业所得税

参照当地同类行业或者类似行业中经营规模和收入水平相近的纳税人的税负水平核定；按照应税收入额或成本费用支出额定率核定；按照耗用的原

材料、燃料、动力等推算或测算核定；按照其他合理方法核定。

采用前述一种方法不足以正确核定应纳税所得额或应纳税额的，可以同时采用两种以上的方法核定。采用两种以上方法测算的应纳税额不一致时，可按测算的应纳税额从高核定。

采用应税所得率方式核定征收企业所得税的，应纳所得税额的计算公式如下：

应纳所得税额=应纳税所得额×适用税率

应纳税所得额=应税收入额×应税所得率

或：应纳税所得额=成本（费用）支出额/（1-应税所得率）×应税所得率

实行应税所得率方式核定征收企业所得税的纳税人，经营多业的，无论其经营项目是否单独核算，均由税务机关根据其主营项目确定适用的应税所得率。主营项目应为纳税人所有经营项目中，收入总额或者成本（费用）支出额或者耗用原材料、燃料、动力数量所占比重最大的项目。

表1-1　　　　　　　　　　应税所得率

行业	应税所得率（%）
农、林、牧、渔业	3~10
制造业	5~15
批发和零售贸易业	4~15
交通运输业	7~15
建筑业	8~20
饮食业	8~25
娱乐业	15~30
其他行业	10~30

《国家税务总局关于企业所得税核定征收有关问题的公告》（国家税务总局公告2012年第27号）（以下简称国家税务总局公告2012年第27号）中明确：专门从事股权（股票）投资业务的企业，不得核定征收企业所得税。

依法按核定应税所得率方式核定征收企业所得税的企业，取得的转让股权（股票）收入等转让财产收入，应全额计入应税收入额，按照主营项目（业务）确定适用的应税所得率计算征税；若主营项目（业务）发生变化，应在当年汇算清缴时，按照变化后的主营项目（业务）重新确定适用的应税所得率计算征税。

（三）非居民企业据实申报的应纳税所得额的计算

非居民企业据实申报适用于能够提供完整、准确的成本、费用凭证，如实计算应纳税所得额的非居民企业所得税纳税人。应纳税所得额的计算分2种情形。

1. 在中国境内设立机构、场所的非居民企业应纳税所得额的计算

在中国境内设立机构、场所的非居民企业，应对其所设机构、场所取得的来源于中国境内的所得，以及发生在中国境外，但与其所设机构、场所有实际联系的所得缴纳企业所得税。其应纳税所得额的计算与我国居民企业查账征收的应纳税所得额计算方法类似。

即按照我国相关财务会计制度，核算非居民企业在中国境内所设机构、场所，取得的来源于中国境内的所得，以及来源于中国境外但与该机构场所有实际联系的所得，并按照企业所得税法及相关政策进行纳税调整，计算出应纳税所得额。

应纳税所得额=会计利润+纳税调整增加额-纳税调整减少额

所得来源地的确定与查账征收居民企业的所得来源地确定方法相同。

2. 在中国境内未设立机构、场所的，或者虽设立机构、场所但取得的所得与其所设机构、场所没有实际联系的非居民企业应纳税所得额的计算

（1）股息、红利等权益性投资收益和利息、租金、特许权使用费所得，以收入全额为应纳税所得额。"营改增"试点中的非居民企业，应以不含增值税的收入全额作为应纳税所得额。

（2）转让财产所得，以收入全额减除财产净值后的余额为应纳税所得额。

（3）其他所得，参照前2项规定的方法计算应纳税所得额。

（四）非居民企业核定征收的应纳税所得额的计算

非居民企业因会计账簿不健全，资料残缺难以查账，或者其他原因不能准确计算并据实申报其应纳税所得额的，税务机关有权采取以下方法核定其应纳税所得额：

1. 按收入总额核定应纳税所得额：适用于能够核算收入或通过合理方法推定收入总额，但不能正确核算成本费用的非居民企业。计算公式如下：

应纳税所得额=收入总额×经税务机关核定的利润率

2. 按成本费用核定应纳税所得额：适用于能够正确核算成本费用，但不能正确核算收入总额的非居民企业。计算公式如下：

应纳税所得额=成本费用总额÷（1-经税务机关核定的利润率-营业税税率）×经税务机关核定的利润率

3. 税务机关可按照以下标准确定非居民企业的利润率：

（1）从事承包工程作业、设计和咨询劳务的，利润率为15%～30%；

（2）从事管理服务的，利润率为30%～50%；

（3）从事其他劳务或劳务以外经营活动的，利润率不低于15%。

税务机关有根据认为非居民企业的实际利润率明显高于上述标准的，可以按照比上述标准更高的利润率核定其应纳税所得额。

【案例1-1】分析3

XYZ来源于中国境内的技术服务收入额为3 000 000元，但与取得该收入相关的成本费用无法准确核算，应当适用非居民企业核定征收的办法。经税务机关核定利润率为30%，因此，应纳税所得额=3 000 000×30%=900 000（元）。预提所得税=900 000×10%=90 000（元）。

第二节　企业所得税的征收管理

一、纳税地点

（一）居民企业的纳税地点

1. 除税收法律、行政法规另有规定外，居民企业以企业登记注册地为纳税地点；但登记注册地在境外的，以实际管理机构所在地为纳税地点。

其中，企业登记注册地是指企业依照国家有关规定登记注册的住所地。

2. 居民企业在中国境内设立不具有法人资格的营业机构的，应当汇总计算并缴纳企业所得税。属于中央与地方共享范围的跨省市总分机构企业缴纳的企业所得税，实行"统一计算、分级管理、就地预缴、汇总清算、财政调库"的办法，兼顾总机构和分支机构所在地利益。

关于跨地区经营汇总纳税将在本书第十一章详细介绍。

（二）非居民企业的纳税地点

1. 非居民企业在中国境内设立机构、场所的，所取得的来源于中国境内的所得，以及发生在中国境外但与其所设机构、场所有实际联系的所得，以机构、场所所在地为纳税地点。

非居民企业在中国境内设立两个或者两个以上机构、场所的，经各机构、场所所在地税务机关的共同上级税务机关审核批准，可以选择由其主要机构、场所汇总缴纳企业所得税。

非居民企业经批准汇总缴纳企业所得税后，需要增设、合并、迁移、关闭机构、场所或者停止机构、场所业务的，应当事先由负责汇总申报缴纳企业所得税的主要机构、场所向其所在地税务机关报告；需要变更汇总缴纳企业所得税的主要机构、场所的，依照前款规定办理。

2. 非居民企业在中国境内未设立机构、场所的，或者虽设立机构、场所但取得的所得与其所设机构、场所没有实际联系的，以扣缴义务人所在地为纳税地点。

二、纳税期限

企业所得税实行按年计算，分月或分季预缴，年终汇算清缴，多退少补的征收方法。

（一）年度纳税期限

1. 通常按照公历自然年度（公历1月1日至12月31日）为企业所得税的纳税年度。

2. 以实际经营期为一个纳税年度，适用于在一个纳税年度中间开业，或者终止经营活动，使该纳税年度的实际经营期不足12个月的企业。

3. 以清算期间为一个纳税年度，适用于企业依法清算时。

自年度终了之日起5个月内，向税务机关报送年度企业所得税纳税申报表，并汇算清缴，结清应缴、应退税款。

企业年度中间终止经营活动的，应当自实际经营终止之日起60日内，向税务机关办理当期企业所得税汇算清缴。

（二）月（季）度预缴期限

企业所得税按年计算，为了保证税款的均衡入库，分月或者分季预缴由税务机关具体核定。企业应当自月份或者季度终了之日起15日内，向税务机关报送预缴企业所得税纳税申报表，预缴税款。

三、纳税申报

（一）查账征收居民企业所得税的申报

1. 月（季）度预缴申报需要报送的资料

（1）《中华人民共和国企业所得税月（季）度预缴纳税申报表（A类，

2015年版）》。

（2）跨省、自治区、直辖市和计划单列市设立的，实行汇总纳税办法的居民企业应报送《企业所得税汇总纳税分支机构所得税分配表（2015年版）》等资料。建筑企业总机构在办理企业所得税预缴时，应附送其所直接管理的跨地区经营项目部就地预缴税款的完税证明。

（3）在同一省、自治区、直辖市和计划单列市内跨地、市（区、县）设立的，实行汇总纳税办法的居民企业，总分机构应报送省税务机关规定的相关资料。

（4）符合条件的境外投资居民企业在办理企业所得税预缴申报时向税务机关填报《居民企业参股外国企业信息报告表》。

2. 年度所得税汇算清缴报送的资料

（1）《A100000中华人民共和国企业所得税年度纳税申报表（A类，2014年版）》。

（2）涉及关联方业务往来的，同时应报送《中华人民共和国企业年度关联业务往来报告表》及附表。

（3）备案事项相关资料。包括资产损失申报材料和纳税资料、政策性搬迁的相关材料、房地产开发经营企业报送房地产开发产品实际毛利额与预计毛利额之间差异调整情况的报告、企业税前扣除手续费及佣金支出的分配依据、企业申报抵免境外所得税收的相关资料等。

（4）跨省、自治区、直辖市和计划单列市设立的，实行汇总纳税办法的居民企业，总机构应报送同时报送《企业所得税汇总纳税分支机构所得税分配表（2015年版）》和各分支机构的年度财务报表、各分支机构参与企业年度纳税调整情况的说明；分支机构应报送，同时报送总机构申报后加盖有税务机关业务专用章的《企业所得税汇总纳税分支机构所得税分配表（2015年版）》复印件，分支机构参与企业年度纳税调整情况的说明。

【综合案例】分析1-5

ABC科技2015年度企业所得税申报的申报与缴纳如下：

（1）纳税地点：ABC科技登记注册地，北京中关村科技园区。

（2）纳税期限：月（季）度预缴应当自月份或者季度终了之日起15日

内，向税务机关报送预缴企业所得税纳税申报表，预缴税款；年度汇算清缴，应当自2015年度终了之日起5个月内，向税务机关报送年度企业所得税纳税申报表，并汇算清缴，结清应缴应退税款。

（3）纳税申报：月（季）度预缴申报需要报送：《预缴纳税申报表（A类）》及税务机关要求的其他资料；年度所得税汇算清缴需要报送：《年度纳税申报表（A类）》及税务机关要求的其他资料。

（二）核定征收居民企业所得税的申报

1. 月（季）度预缴申报需要报送的资料

（1）《中华人民共和国企业所得税月（季）度和年度纳税申报表（B类，2015年版）》（以下简称预缴纳税申报表（B类））。

（2）符合条件的境外投资居民企业在办理企业所得税预缴申报时向税务机关填报《居民企业参股外国企业信息报告表》。

2. 年度所得税汇算清缴报送的资料

（1）预缴纳税申报表（B类）。

（2）适用特别纳税调整的居民企业，填报《受控外国企业信息报告表》。

（三）非居民企业所得税的申报与缴纳

1. 非居民企业所得税纳税申报资料（适用据实申报）

（1）季度预缴报送《中华人民共和国非居民企业所得税季度纳税申报表（适用于据实申报企业）》，年度申报报送《中华人民共和国非居民企业所得税年度纳税申报表（适用于据实申报企业）》。

（2）非居民企业在中华人民共和国境内承包工程作业或提供劳务项目的应报送：工程作业（劳务）决算（结算）报告或其他说明材料，参与工程作业或劳务项目外籍人员的相关资料，非居民企业依据税收协定在中华人民共和国境内未构成常设机构，需要享受税收协定待遇的，应提交《非居民享受税收协定待遇执行情况报告表》。

（3）涉及关联方业务往来的，应报送《中华人民共和国企业年度关联业务往来报告表》及附表。

2. 非居民企业所得税季度纳税申报（适用核定征收）及不构成常设机构和国际运输免税申报资料

报送《中华人民共和国非居民企业所得税季度和年度纳税申报表（适用于核定征收企业）/（不构成常设机构和国际运输免税申报）》。

（四）源泉扣缴

1. 对非居民企业在中国境内未设立机构、场所的，或者虽设立机构、场所但取得与其所设机构、场所没有实际联系的所得，应缴纳的所得税，实行源泉扣缴，以支付人为扣缴义务人。由扣缴义务人在每次支付或者到期应支付时，从支付或者到期应支付的款项中扣缴。

2. 在中国境内从事工程作业和提供劳务的非居民企业发生下列情形之一的，县级以上税务机关可以指定工程价款或者劳务费的支付人为扣缴义务人。

3. 应当扣缴的所得税，扣缴义务人未依法扣缴或者无法履行扣缴义务的，由企业在所得发生地缴纳。企业未依法缴纳的，税务机关可以从该企业在中国境内其他收入项目的支付人应付的款项中，追缴该企业的应纳税款。

在中国境内存在多个所得发生地的，由企业选择一地申报缴纳税款。

税务机关在追缴该纳税人应纳税款时，应将追缴税款理由、追缴数额、缴纳期限和缴纳方式等告知纳税人。

4. 扣缴义务人每次代扣的税款，应当自代扣之日起7日内缴入国库，并向所在地的税务机关报送《中华人民共和国扣缴企业所得税报告表》。

【案例1-1】分析4

XYZ在中国境内未设立机构、场所，应缴所得税实行源泉扣缴，北京华夏担保有限公司为扣缴义务人，纳税地点为北京华夏担保有限公司所在地，在每次支付或者到期应支付时，从支付给XYZ或者到期应支付XYZ的款项中扣缴。每次扣缴的税款，应当自代扣之日起7日内缴入国库，并向所在地的税务机关报送《中华人民共和国扣缴企业所得税报告表》。

第三节 《中华人民共和国企业所得税月（季）度预缴纳税申报表（A类，2015年版）》的填写

【综合案例】分析1-6

根据ABC科技2015年预缴所得税信息，填写《预缴纳税申报表（A类）》，见表1-2至表1-4。

表1-2　中华人民共和国企业所得税月（季）度预缴纳税申报表
（A类，2015年版）

税款所属期间：2015年01月01日 至2015年03月31日

纳税人识别号：110102576872256

纳税人名称：北京ABC科技股份有限公司　　　　金额单位：人民币元（列至角分）

行次	项　　目	本期金额	累计金额
1	一、按照实际利润额预缴		
2	营业收入	30 611 821.96	30 611 821.96
3	营业成本	18 368 470.31	18 368 470.31
4	利润总额	2 663 242.59	2 663 242.59
5	加：特定业务计算的应纳税所得额		
6	减：不征税收入和税基减免应纳税所得额（请填附表1）	873 217.32	873 217.32
7	固定资产加速折旧（扣除）调减额（请填附表2）		
8	弥补以前年度亏损		
9	实际利润额（4行+5行-6行-7行-8行）	1 790 025.27	1 790 025.27
10	税率（25%）	25%	25%

续表

行次	项　目	本期金额	累计金额
11	应纳所得税额（9行×10行）	447 506.32	447 506.32
12	减：减免所得税额（请填附表3）	223 753.16	223 753.16
13	实际已预缴所得税额	—	
14	特定业务预缴（征）所得税额		
15	应补（退）所得税额（11行-12行-13行-14行）	223 753.16	223 753.16
16	减：以前年度多缴在本期抵缴所得税额		
17	本月（季）实际应补（退）所得税额	223 753.16	223 753.16
18	二、按照上一纳税年度应纳税所得额平均额预缴		
19	上一纳税年度应纳税所得额	—	
20	本月（季）应纳税所得额（19行×1/4或1/12）		
21	税率（25%）		
22	本月（季）应纳所得税额（20行×21行）		
23	减：减免所得税额（请填附表3）		
24	本月（季）实际应纳所得税额（22行-23行）		
25	三、按照税务机关确定的其他方法预缴		
26	本月（季）税务机关确定的预缴所得税额		
27	总分机构纳税人		
28	总机构	总机构分摊所得税额（15行或24行或26行×总机构分摊预缴比例）		
29		财政集中分配所得税额		
30		分支机构分摊所得税额（15行或24行或26行×分支机构分摊比例）		
31		其中：总机构独立生产经营部门应分摊所得税额		

续表

行次	项　　目		本期金额	累计金额
32	分支机构	分配比例		
33		分配所得税额		

是否属于小型微利企业：	是□　　　　否□

谨声明：此纳税申报表是根据《中华人民共和国企业所得税法》、《中华人民共和国企业所得税法实施条例》和国家有关税收规定填报的，是真实的、可靠的、完整的。

法定代表人（签字）：　　　　　　　　　　年　　月　　日

纳税人公章： 会计主管： 填表日期：　　年　月　日	代理申报中介机构公章： 经办人： 经办人执业证件号码： 代理申报日期：　年　月　日	主管税务机关受理专用章： 受理人： 受理日期：　　年　月　日

表1-3　　附表1：不征税收入和税基类减免应纳税所得额明细表

金额单位：人民币元（列至角分）

行次	项　　目	本期金额	累计金额
1	合计（2行+3行+14行+19行+30行+31行+32行+33行+34行）		
2	一、不征税收入		
3	二、免税收入（4行+5行+……+13行）		
4	1. 国债利息收入		
5	2. 地方政府债券利息收入		
6	3. 符合条件的居民企业之间的股息、 　　　红利等权益性投资收益		
7	4. 符合条件的非营利组织的收入		
8	5. 证券投资基金投资者取得的免税收入		
9	6. 证券投资基金管理人取得的免税收入		
10	7. 中国清洁发展机制基金取得的收入		

续表

行次	项　　目	本期金额	累计金额
11	8.受灾地区企业取得的救灾和灾后恢复重建款项等收入		
12	9.其他1：		
13	10.其他2：		
14	三、减计收入（15行+16行+17行+18行）		
15	1.综合利用资源生产产品取得的收入		
16	2.金融、保险等机构取得的涉农利息、保费收入		
17	3.取得的中国铁路建设债券利息收入		
18	4.其他：		
19	四、所得减免（20行+23行+24行+25行+26行+27行+28行+29行）		
20	1.农、林、牧、渔业项目（21行+22行）		
21	其中：免税项目		
22	减半征收项目		
23	2.国家重点扶持的公共基础设施项目		
24	3.符合条件的环境保护、节能节水项目		
25	4.符合条件的技术转让项目		
26	5.实施清洁发展机制项目		
27	6.节能服务公司实施合同能源管理项目		
28	7.其他1：		
29	8.其他2：		
30	五、新产品、新工艺、新技术研发费用加计扣除	873 217.32	873 217.32
31	六、抵扣应纳税所得额		
32	七、其他1：		
33	其他2：		
34	其他3：		

表1-4　　　　　　　　　附表3：减免所得税额明细表

金额单位：人民币元（列至角分）

行次	项　目	本期金额	累计金额
1	合计（2行+4行+5行+6行）		
2	一、符合条件的小型微利企业		
3	其中：减半征税		
4	二、国家需要重点扶持的高新技术企业		
5	三、减免地方分享所得税的民族自治地方企业		
6	四、其他专项优惠（7行+8行+9行+……+30行）		
7	（一）经济特区和上海浦东新区新设立的高新技术企业		
8	（二）经营性文化事业单位转制企业		
9	（三）动漫企业		
10	（四）受灾地区损失严重的企业		
11	（五）受灾地区农村信用社		
12	（六）受灾地区的促进就业企业		
13	（七）技术先进型服务企业		
14	（八）新疆困难地区新办企业		
15	（九）新疆喀什、霍尔果斯特殊经济开发区新办企业		
16	（十）支持和促进重点群体创业就业企业		
17	（十一）集成电路线宽小于0.8微米（含）的集成电路生产企业		
18	（十二）集成电路线宽小于0.25微米的集成电路生产企业		
19	（十三）投资额超过80亿元人民币的集成电路生产企业		
20	（十四）新办集成电路设计企业		
21	（十五）国家规划布局内重点集成电路设计企业		
22	（十六）符合条件的软件企业	223 753.16	223 753.16

续表

行次	项　　目	本期金额	累计金额
23	（十七）国家规划布局内重点软件企业		
24	（十八）设在西部地区的鼓励类产业企业		
25	（十九）符合条件的生产和装配伤残人员专门用品企业		
26	（二十）中关村国家自主创新示范区从事文化产业支撑技术等领域的高新技术企业		
27	（二十一）享受过渡期税收优惠企业		
28	（二十二）横琴新区、平潭综合实验区和前海深港现代化服务业合作区企业		
29	（二十三）其他1：		
30	（二十四）其他2：		

填写要点：

（1）ABC公司2015年第1季度预缴申报（A类）主表及附表的本期金额等于累计金额，在以后各季度，累计金额等于以前季度的累计数；

（2）主表第1行"营业收入"和第2行"营业成本"按照企业会计制度、企业会计准则等国家会计规定核算的营业收入、营业成本，不参与计算；

（3）主表第3行"利润总额"等于利润表列示的金额；

（4）本期研发费用873 217.32元先填入附表1第30行"新产品、新工艺、新技术研发费用加计扣除"，再转入主表第6行"不征税收入和税基减免应纳税所得额"；

（5）如前分析，ABC公司2015年度处于减半征收的期间，等于主表第11行×50%，填入附表3第22行"符合条件的软件企业"，同时转入主表第12行"减免所得税额"。

第二章　收入的确认及申报

【学习目标】

1. 掌握收入总额的确认；
2. 熟悉不征税收入和免税收入的确认；
3. 掌握《A101010一般企业收入明细表》的填写。

第一节　收入的确认

一、收入总额

企业的收入总额包括以货币形式和非货币形式从各种来源取得的收入。

货币形式的收入是指能为企业带来经济效益，且其具体金额确定的收入，包括现金、存款、应收账款、应收票据、准备持有至到期的债券投资以及债务的豁免。

非货币形式的收入是指能为企业带来经济效益，但其具体金额难以确定的收入，包括固定资产、生物资产、无形资产、股权投资、存货、不准备持有至到期的债券投资、劳务以及有关权益等。非货币资产应当按照公允价值确定收入额，公允价值是指按照市场价格确定的价值。下面我们把收入总额分成销售货物收入、提供劳务收入、视同销售收入和其他收入四类，对收入进行介绍。

（一）销售货物收入

销售货物收入，是指企业销售商品、产品、原材料、包装物、低值易耗品以及其他存货取得的收入。

1. 收入确认的条件

企业所得税法规定，企业销售商品同时满足下列四个条件确认收入的实现：

（1）商品销售合同已经签订，企业已将商品所有权相关的主要风险和报酬转移给购货方；

（2）企业对已售出的商品既没有保留通常与所有权相联系的继续管理权，也没有实施有效控制；

（3）收入的金额能够可靠地计量；

（4）已发生或将发生的销售方的成本能够可靠地核算。

2. 收入确认的时间

（1）销售商品采用托收承付方式的，在办妥托收手续时确认收入。

（2）销售商品采取预收款方式的，在发出商品时确认收入。

（3）销售商品需要安装和检验的，在购买方接受商品以及安装和检验完毕时确认收入。如果安装程序比较简单，可在发出商品时确认收入。

（4）销售商品采用支付手续费方式委托代销的，在收到代销清单时确认收入。

（5）以分期收款方式销售货物的，按照合同约定的收款日期确认收入的实现。

【例2-1】A公司是一个设备生产企业，2015年10月1日销售10台设备，价值100万元（不含税），按合同规定，分5个月并于每月10日收款，每期收取全部款项的20%，该种产品的成本为60万元。请问在税务处理上，2015年A公司如何确认收入？

分析：

因为合同规定分5个月并于每月10日收款，因此2015年10月10日、11月10日和12月10日各收款20万元（不含税），2015年全年确认收入60万元。

3. 收入金额的确认

（1）企业应当按照从购货方已收或应收的合同或协议价款确定销售货物收入金额。

（2）现金折扣，是指债权人为鼓励债务人在规定的期限内付款而向债务人提供的债务扣除。销售货物涉及现金折扣的，应当按照扣除现金折扣前的金额确定销售货物收入金额。现金折扣在实际发生时计入当期损益。

（3）商业折扣，是指企业为促进货物销售而在货物标价上给予的价格扣除。销售货物涉及商业折扣的，应当按照扣除商业折扣后的金额确定销售货物收入金额。

【例2-2】B公司是一家文具生产企业。2015年6月1日销售给C公司1000支钢笔，每支钢笔不含税价格为100元，由于C公司购买数量多，B公司按原价的9折优惠销售，并提供1/20，n/30的销售折扣。C公司6月18日付款，B公司将折扣部分与销售额同开在一张发票上，请问在税务处理上B公司如何确认收入？

分析：

B公司销售给C公司的钢笔数量大，给予的折扣是商业折扣，因为B公司将折扣部分与销售额同开在一张发票上可以按照折扣后的金额90 000元（100×90%×1 000）确认。虽然，B公司在6月18日收到货款给予C公司1%的现金折扣，但是按照税法规定应当按照扣除现金折扣前的金额90 000元确定销售货物收入金额。现金折扣900元（90 000×1%）在实际发生时计入当期损益。

（4）销售折让，是指企业因售出货物的质量不合格等原因而在售价上给予的减让。企业已经确认销售货物收入的售出货物发生销售折让的，应当在发生时冲减当期销售货物收入。

（5）销售退回，是指企业售出的货物由于质量、品种不符合要求等原因而发生的退货。企业已经确认销售货物收入的售出货物发生销售退回的，应当在发生时冲减当期销售货物收入。

（6）采用售后回购方式销售商品的，销售的商品按售价确认收入，回购的商品作为购进商品处理。

(7)销售商品以旧换新的,销售商品应当按照销售商品收入确认条件确认收入,回收的商品作为购进商品处理。

【例2-3】D公司(一般纳税人)于2015年2月采取"以旧换新"方式销售10台空调,每台新空调不含税价格10 000元,每台旧空调不含税折价200元,实际收到不含税货款98 000元,并注明已扣除旧空调折价2 000元。请问在税务处理上,此项业务确认的收入是多少?

分析:

此项业务属于以旧换新销售商品,应当按照按新货物的同期销售价格100 000元(10 000×10=100 000)确定销售额,不得按照商场实际收到的款项98 000元确认收入。因此在税务处理上,此项业务确认的收入为100 000元。

(8)企业以买一赠一等方式组合销售本企业商品的,不属于捐赠,应将总的销售金额按各项商品的公允价值的比例来分摊确认各项的销售收入。

【例2-4】E公司在"五一"期间举行促销活动——消费者购买一部手机赠送一个耳机。每部手机不含税售价为3 000元,一个耳机不含税售价为100元。请问在税务处理上如何确认收入?

分析:

一部手机的销售收入=3 000×(3 000÷3 100)=2903.23(元)

一个耳机的销售收入=3 000×(100÷3 100)=96.77(元)

(9)以非货币形式取得的收入,应当按照公允价值确定收入额。公允价值是指按照市场价格确定的价值。

(10)采取产品分成方式取得收入的按照企业分得产品的日期确认收入的实现,其收入额按照产品的公允价值确定。

【综合案例】分析2-1

ABC科技销售货物的收入包括:销售嵌入式软件的收入40 152 625.37元和销售信息系统集成产品的收入36 453 257.13元。

（二）劳务收入

劳务收入，是指企业从事建筑安装、修理修配、交通运输、仓储租赁、金融保险、邮电通信、咨询经纪、文化体育、科学研究、技术服务、教育培训、餐饮住宿、中介代理、卫生保健、社区服务、旅游、娱乐、加工以及其他劳务服务活动取得的收入。

1. 收入确认的条件

企业在各个纳税期末，提供劳务交易的结果能够可靠估计的，应采用完工进度（完工百分比）法确认提供劳务收入。

（1）提供劳务交易的结果能够可靠估计，是指同时满足下列条件：

① 收入的金额能够可靠地计量；

② 交易的完工进度能够可靠地确定；

③ 交易中已发生和将发生的成本能够可靠地核算。

（2）企业提供劳务完工进度的确定，可选用下列方法：

① 已完工作的测量；

② 已提供劳务占劳务总量的比例；

③ 发生成本占总成本的比例。

2. 收入金额的确定

企业应按照从接受劳务方已收或应收的合同或协议价款确定劳务收入总额，根据纳税期末提供劳务收入总额乘以完工进度扣除以前纳税年度累计已确认提供劳务收入后的金额，确认为当期劳务收入；同时，按照提供劳务估计总成本乘以完工进度扣除以前纳税期间累计已确认劳务成本后的金额，结转为当期劳务成本。

【例2-5】F公司2015年5月1日接受一项设备安装任务，安装期10个月，合同总收入30万元，至年底已预收安装费25万元，实际发生安装费用16万元，预计还会发生4万元。请分析2015年F公司此项设备安装任务应当确认的收入和成本各是多少？

分析：

F公司此项设备安装任务的完工进度=16÷（16+4）=80%

2015年F公司此项设备安装任务应确认收入=30×80%=24（万元）

2015年F公司此项设备安装任务应确认成本=20×80%=16（万元）

3. 收入确认的时间

（1）安装费。应根据安装完工进度确认收入。如果安装工作是商品销售附带条件的，安装费在确认商品销售实现时确认收入。

（2）宣传媒介的收费。应在相关的广告或商业行为出现于公众面前时确认收入。广告的制作费应根据制作广告的完工进度确认收入。

（3）软件费。为特定客户开发软件的收费，应根据开发的完工进度确认收入。

（4）服务费。包含在商品售价内可区分的服务费，在提供服务的期间分期确认收入。

（5）艺术表演、招待宴会和其他特殊活动的收费。在相关活动发生时确认收入。收费涉及几项活动的，预收的款项应合理分配给每项活动，分别确认收入。

（6）会员费。申请入会或加入会员，只允许取得会籍，所有其他服务或商品都要另行收费的，在取得该会员费时确认收入。申请入会或加入会员后，会员在会员期内不再付费就可得到各种服务或商品，或者以低于非会员的价格销售商品或提供服务的，该会员费应在整个受益期内分期确认收入。

（7）特许权费。属于提供设备和其他有形资产的特许权费，在交付资产或转移资产所有权时确认收入；属于提供初始及后续服务的特许权费，在提供服务时确认收入。

（8）劳务费。长期为客户提供重复的劳务收取的劳务费在相关劳务活动发生时确认收入。

（9）企业受托加工制造大型机械设备、船舶、飞机，以及从事建筑、安装、装配工程业务或者提供其他劳务等持续时间超过12个月的，按照纳税年度内完工进度或者完成的工作量确认收入的实现。

【综合案例】分析2-2

ABC科技技术服务收入21 241 402.02元属于提供劳务的收入。

（三）处置资产收入

《关于企业处置资产所得税处理问题的通知》（国税函〔2008〕828号）规定：

1. 企业发生下列情形的处置资产，除将资产转移至境外以外，由于资产所有权属在形式和实质上均不发生改变，可作为内部处置资产，不视同销售确认收入，相关资产的计税基础延续计算。

（1）将资产用于生产、制造、加工另一产品；

（2）改变资产形状、结构或性能；

（3）改变资产用途（如自建商品房转为自用或经营）；

（4）将资产在总机构及其分支机构之间转移；

（5）上述两种或两种以上情形的混合；

（6）其他不改变资产所有权属的用途。

2. 企业将资产移送他人的下列情形，因资产所有权属已发生改变而不属于内部处置资产，应按规定视同销售确定收入。

（1）用于市场推广或销售；

（2）用于交际应酬；

（3）用于职工奖励或福利；

（4）用于股息分配；

（5）用于对外捐赠；

（6）其他改变资产所有权属的用途。

企业发生上述视同销售行为时，属于企业自制的资产，应按企业同类资产同期对外销售价格确定销售收入；属于外购的资产，可按购入时的价格确定销售收入（这里是指企业处置该项资产不是以销售为目的，而是具有替代职工福利等费用支出性质，且购买后一般在一个纳税年度内处置）。

【例2-6】A公司2015年12月10日将自产货物对外捐赠，成本为8万元，不含税售价10万元。

分析：

A公司的会计处理：

根据会计准则规定不满足收入确认的五个条件，可以暂时不确认收入。

借：营业外支出　　　　　　　　　　　　　　　97 000
　　贷：库存商品　　　　　　　　　　　　　　80 000
　　　　应交税费——应交增值税（销项税额）　17 000

A公司的税收处理：

因A公司资产所有权属已发生改变而不属于内部处置资产，应按规定视同销售确定收入，A公司可以确认收入10万元。

（四）其他收入

1.转让财产收入

转让财产收入是指企业转让固定资产、生物资产、无形资产、股权、债权等财产的所得。

（1）收入确认的时间

当企业转让财产同时满足下列条件时，应当确认转让财产收入：一是企业获得已实现经济利益或潜在的经济利益的控制权；二是与交易相关的经济利益能够流入企业；三是相关的收入和成本能够合理地计量。

（2）收入金额的确认

企业应当按照从财产受让方已收或应收的合同或协议价款确定转让财产收入金额。

2.股息、红利等权益性投资收益

股息、红利收入是指企业因权益性投资从被投资方取得的所得。

（1）收入确认的时间

股息、红利收入，按照被投资方作出利润分配决定的日期确认收入的实现。

（2）收入金额的确认

企业应当按照从被投资企业分配的股息、红利和其他利润分配收益全额确认股息、红利收益金额；企业用其他方式变相进行利润分配的，应将权益性投资的全部收益作为股息、红利收益。

3.利息收入

利息收入是指企业将资金提供他人使用，但不构成权益性投资，或者因他人占用本企业资金而取得的收入,包括存款利息、贷款利息、债券利息、欠款利息等所得。

(1)收入确认的时间

利息收入,按照合同约定的债务人应付利息的日期确认收入的实现。

(2)收入金额的确认

企业利息收入金额,应当按照有关借款合同或协议约定的金额确定。

【例2-7】2015年1月1日,A公司支付价款1 100元(含交易费用),从活跃市场上购入某公司5年期债券,面值1 000元,票面利率4%,每年利息40元。合同约定到期还本付息。请问在税务处理上A公司如何确认利息收入?

分析:

利息收入的税务处理是按照合同约定的债务人应付利息的日期确认收入的实现。在税务处理上,A公司2019年到期时确认利息收入200元(40×5)。

4. 租金收入

租金收入是指企业提供固定资产、包装物或者其他有形资产的使用权取得的所得。

(1)收入确认的时间

按照合同约定的承租人应付租金的日期确认收入的实现。

(2)收入金额的确认

企业租金收入金额,应当按照有关租赁合同或协议约定的金额全额确定。

《关于贯彻落实企业所得税法若干税收问题的通知》(国税函〔2010〕79号)进一步对租金收入规定:"如果交易合同或协议中规定租赁期限跨年度,且租金提前一次性支付的,根据《实施条例》第九条规定的收入与费用配比原则,出租人可对上述已确认的收入,在租赁期内,分期均匀计入相关年度收入。"可见,企业所得税对预收租金按照权责发生制原则,分期确认收入。

【例2-8】F公司对外出租部分闲置的厂房,租赁协议约定:租赁期为2015年8月到2016年7月,共计12个月,每月租金20 000元,F公司2015年8月一次收取租金240 000元。请问在税务处理上，F公司如何确认租金收入？

分析：

F公司2015年8月一次收到租金收入240 000元属于预收租金，应当在租赁期内，分期均匀计入相关年度收入。2015年F公司出租5个月，确认租金收入100 000元；2016年F公司出租7个月，确认租金收入140 000元。

5. 特许权使用费收入

特许权使用费收入是指企业提供专利权、非专利技术、商标权、著作权以及其他特许权的使用权取得的所得。

（1）收入确认的时间

按照合同约定的特许权使用人应付特许权使用费的日期确认收入的实现。

（2）收入的金额确认

企业特许权使用费收入金额，应当按照有关使用合同或协议约定的金额全额确定。

6. 接受捐赠收入

接受捐赠收入是指企业接受的来自其他企业、组织或者个人无偿赠予的货币性资产、非货币性资产。

（1）收入确认的时间

接受捐赠收入按照实际收到捐赠资产的日期确认收入的实现。

（2）收入金额的确认

① 企业接受捐赠的货币性资产：并入当期的应纳税所得。

② 企业接受捐赠的非货币性资产：按接受捐赠时资产的入账价值确认捐赠收入，并入当期应纳税所得。受赠非货币性资产计入应纳税所得额的内容包括：受赠资产价值和由捐赠企业代为支付的增值税，不包括由受赠企业另外支付或应付的相关税费。

③ 企业接受捐赠的存货、固定资产、无形资产和投资等，在经营中使用或将来销售处置时，可按税法规定结转存货销售成本、投资转让成本或扣除固定资产折旧、无形资产摊销额。

【例2-9】A公司2015年2月9日接受B公司捐赠一台设备，收到的增值税专用发票上注明价款10万元，B公司支付增值税1.7万元，A公司另支付运输费用1 000元。请问在税务处理上，A公司何时确认接受捐赠收入？接受捐赠收入的金额是多少？

分析：

根据税法规定，A公司2015年2月确认接受捐赠收入，接受捐赠收入的金额包括：受赠资产价值10万元和由捐赠企业B公司代为支付的增值税1.7万元，不包括由受赠企业A公司支付的运输费用1 000元，总共确认接受捐赠收入的金额为11.7万元。

7. 其他收入

其他收入是指企业取得的除以上收入外的其他收入，包括企业资产溢余收入、逾期未退包装物押金收入、确实无法偿付的应付款项、已作坏账损失处理后又收回的应收款项、债务重组收入、补贴收入、违约金收入、汇兑收益等。

二、不征税收入和免税收入

国家为了扶持和鼓励某些特殊的纳税人和特定的项目，或者避免因征税影响企业的正常经营，对企业取得的某些收入予以不征税或免税的特殊政策，以减轻企业负担，促进经济协调发展。

（一）不征税收入

从根源和性质上，不征税收入不属于营利性活动带来的经济利益，是专门从事特定项目的收入，这些收入从企业所得税原理上讲应为永久不列为征税范围的收入。

1. 财政拨款

财政拨款是指各级人民政府对纳入预算管理的事业单位、社会团体等组织拨付的财政资金，但国务院和国务院财政、税务主管部门另有规定的除外。

【例2-10】G公司系上海市招商引资的企业，由于其对地方经济发展的贡献，2015年5月市政府奖励该公司200万元。请问市政府奖励是G公司的不征税收入吗？

分析：

税法规定，财政拨款是指各级人民政府对纳入预算管理的事业单位、社会团体等组织拨付的财政资金。显然，G公司不是纳入预算管理的单位、团体或组织，200万元虽由市财政拨付，但属于奖励款项，不属于财政拨款，应当计入收入总额，缴纳所得税。

2. 依法收取并纳入财政管理的行政事业性收费、政府性基金

行政事业性收费是指依照法律法规等有关规定，按照规定程序批准，在实施社会公共管理，以及在向公民、法人或者其他组织提供特定公共服务过程中，向特定对象收取并纳入财政管理的费用。政府性基金，是指企业依照法律、行政法规等有关规定，代政府收取的具有专项用途的财政资金。

3. 国务院规定的其他不征税收入

国务院规定的其他不征税收入是指企业取得的，由国务院财政、税务主管部门规定专项用途并经国务院批准的财政性资金。

财政性资金是指企业取得的来源于政府及其有关部门的财政补助、补贴、贷款贴息，以及其他各类财政专项资金，包括直接减免的增值税和即征即退、先征后退、先征后返的各种税收，但不包括企业按规定取得的出口退税款。

（1）企业取得的各类财政性资金，除属于国家投资和资金使用后要求归还本金的以外，均应计入企业当年收入总额。国家投资，是指国家以投资者身份投入企业、并按有关规定相应增加企业实收资本（股本）的直接投资。

（2）对企业取得的由国务院财政、税务主管部门规定专项用途并经国务院批准的财政性资金，准予作为不征税收入，在计算应纳税所得额时从收入总额中减除。

（3）纳入预算管理的事业单位、社会团体等组织按照核定的预算和经费报领关系收到的由财政部门或上级单位拨入的财政补助收入，准予作为不征税收入，在计算应纳税所得额时从收入总额中减除，但国务院和国务院财

政、税务主管部门另有规定的除外。

4. 企业接收政府和股东划入资产的所得税处理

（1）企业接收政府划入资产的企业所得税处理

① 县级以上人民政府（包括政府有关部门，下同）将国有资产明确以股权投资方式投入企业，企业应作为国家资本金（包括资本公积）处理。该项资产如为非货币性资产，应按政府确定的接收价值确定计税基础。

② 县级以上人民政府将国有资产无偿划入企业，凡指定专门用途并按规定进行管理的，企业可作为不征税收入进行企业所得税处理。该项资产属于非货币性资产的，应按政府确定的接收价值计算不征税收入。

③ 县级以上人民政府将国有资产无偿划入企业，属于上述①、②项以外情形的，应按政府确定的接收价值计入当期收入总额计算缴纳企业所得税。政府没有确定接收价值的，按资产的公允价值计算确定应税收入。

（2）企业接收股东划入资产的企业所得税处理

① 企业接收股东划入资产（包括股东赠予资产、上市公司在股权分置改革过程中接收原非流通股股东和新非流通股股东赠予的资产、股东放弃本企业的股权，下同），凡合同、协议约定作为资本金（包括资本公积）且在会计上已做实际处理的，不计入企业的收入总额，企业应按公允价值确定该项资产的计税基础。

② 企业接收股东划入资产，凡作为收入处理的，应按公允价值计入收入总额，计算缴纳企业所得税，同时按公允价值确定该项资产的计税基础。

（二）免税收入

免税收入是纳税人应税收入的重要组成部分，是国家为了实现某些经济和社会目标，在特定时期或对特定项目取得的经济利益给予税收优惠，并在一定时期又有可能恢复征税的收入。按照税法规定免税项目包括：

1. 国债利息收入。为鼓励企业积极购买国债，支援国家建设，税法规定，企业因购买国债所得的利息收入，免征企业所得税。

2. 符合条件的居民企业之间的股息、红利等权益性收益。是指居民企业直接投资于其他居民企业取得的投资收益。

3. 在中国境内设立机构、场所的非居民企业从居民企业取得与该机构、场所有实际联系的股息、红利等权益性投资收益。

上述2、3项中的"权益性投资收益"不包括连续持有居民企业公开发行并上市流通的股票不足12个月取得的投资收益。

4.符合条件的非营利组织下列收入为免税收入

（1）接受其他单位或者个人捐赠的收入；

（2）除《企业所得税法》第七条规定的财政拨款以外的其他政府补助收入，但不包括因政府购买服务取得的收入；

（3）按照省级以上民政、财政部门规定收取的会费；

（4）不征税收入和免税收入孳生的银行存款利息收入；

（5）财政部、国家税务总局规定的其他收入。

5.对企业和个人取得的2009年及以后年度发行的地方政府债券利息所得，免征企业所得税。

收入总额减去不征税收入和免税收入计算出征税收入。

【综合案例】分析2-3

ABC科技有股息红利收益80 000元，符合居民企业之间的股息、红利等权益性收益条件，属于免税收入。

第二节 《A101010一般企业收入明细表》的填写

本表属于1级报表，列示"主营业务收入""其他业务收入"和"营业外收入"，相关结果结转至表A100000。

一、行次填报

按行次分，本表分为两大部分：

1.第一部分反映主营业务收入、其他业务收入的数额，在第1行~第15行反映。

第1行反映合计数。

2. 第二部分反映计入营业外收入科目核算的与生产经营无直接关系的各项收入，在第16行~第26行反映。

第16行反映合计数。

二、表间关系

1. 第1行=表A100000第1行。

2. 第16行=表A100000第11行。

三、案例解析

【综合案例】分析2-4

根据ABC科技2015年主营业务收入、其他业务收入和营业外收入账簿资料填写《A101010一般企业收入明细表》，见表2-1。

表2-1　　　　　　A101010　一般企业收入明细表

单位：元列至角分

行次	项　目	金　额
1	一、营业收入（2+9）	97 847 284.52
2	（一）主营业务收入（3+5+6+7+8）	97 847 284.52
3	1. 销售商品收入	76 605 882.50
4	其中：非货币性资产交换收入	
5	2. 提供劳务收入	21 241 402.02
6	3. 建造合同收入	
7	4. 让渡资产使用权收入	
8	5. 其他	
9	（二）其他业务收入（10+12+13+14+15）	
10	1. 销售材料收入	

续表

行次	项　目	金　额
11	其中：非货币性资产交换收入	
12	2.出租固定资产收入	
13	3.出租无形资产收入	
14	4.出租包装物和商品收入	
15	5.其他	
16	二、营业外收入（17+18+19+20+21+22+23+24+25+26）	17 296.40
17	（一）非流动资产处置利得	
18	（二）非货币性资产交换利得	
19	（三）债务重组利得	
20	（四）政府补助利得	
21	（五）盘盈利得	
22	（六）捐赠利得	
23	（七）罚没利得	
24	（八）确实无法偿付的应付款项	
25	（九）汇兑收益	
26	（十）其他	17 296.40

填写要点：

（1）2015年ABC科技嵌入式软件销售收入40 152 625.37元和信息系统集成产品销售收入36 453 257.13元的合计金额76 605 882.50元填入第3行"1.销售商品收入"；

（2）2015年ABC科技技术服务收入21 241 402.02元填入第5行"2.提供劳务收入"；

（3）第3行"1.销售商品收入" 76 605 882.50元和第5行"2.提供劳务收入"21 241 402.02元合计金额97 847 284.52元填入第1行"一、营业收入"，第1行"一、营业收入"97 847 284.52元再转入主表A100000第1行"一、营

业收入";

（4）其他收入17 296.40元填入第26行"（十）其他"；

（5）第17行"（一）非流动资产处置利得"到第26行"（十）其他"合计金额17 296.40元填入第16行"营业外收入"，第16行"营业外收入"17 296.40元再转入主表第11行"加：营业外收入"。

第三章 扣除项目的确认及申报

【学习目标】

1. 了解税前扣除项目的原则；
2. 熟悉扣除项目的范围；
3. 掌握《A102010一般企业成本支出明细表》的填写；
4. 掌握《A104000期间费用明细表》的填写。

第一节 扣除项目的确认

一、税前扣除项目的原则

企业申报的扣除项目和金额要真实、合法。真实是指能提供相关资料，证明有关支出确属已经实际发生。合法是指符合国家税法的规定，若其他法规规定与税收法规规定不一致，应以税收法规的规定为标准。除税收法规另有规定外税前扣除一般应遵循以下原则。

（一）权责发生制原则

权责发生制原则是指企业费用应在发生的所属期扣除，而不是在实际支付时确认扣除。

（二）配比原则

配比原则是指企业发生的费用应当与收入配比扣除。除特殊规定外，企业发生的费用不得提前或滞后申报扣除。

（三）合理性原则

合理性原则是指符合生产经营活动常规，应当计入当期损益或者有关资产成本的必要和正常的支出。

【例3-1】2015年4月，Z公司委托V事务所对该企业2014年度的企业所得税进行汇算清缴鉴证。税务师事务所经对Z公司的账务进行审核，取得如下资料：

2014年Z公司的固定资产少计提折旧40万元，2015年Z公司补提2014年固定资产折旧40万元，并在税前扣除；

该公司业务招待费10万元，全年销售收入1 000万元，业务招待费占销售收入的1%，同行业业务招待费占销售收入的0.5%左右。

请问如果上述支出在税前扣除是否符合税前扣除的原则？

分析：

税前扣除原则第二项是配比原则。配比原则要求企业发生的费用不得提前或滞后申报扣除。因此Z公司2014年的折旧不能滞后到2015年扣除。

税前扣除原则第三项是合理性原则。合理性的具体判断，主要是根据发生支出的计算和分配方法是否符合一般经营常规。Z公司业务招待费10万元，全年销售收入1 000万元，业务招待费占销售收入的1%，同行业业务招待费占销售收入的0.5%左右，业务招待费过高，可能没有据实列支，不符合合理性原则。

二、扣除项目的范围

《企业所得税法》规定，企业实际发生的与取得收入有关的、合理的支出，包括成本、费用、税金、损失和其他支出，准予在计算应纳税所得额时扣除。实际业务中，计算应纳税所得额时还应注意三方面的内容：①企业发生的支出应当区分收益性支出和资本性支出。收益性支出在发生当期直接扣除；资本性支出应当分期扣除或者计入有关资产成本，不得在发生当期直接扣除。②企业的不征税收入用于支出所形成的费用或者财产，不得扣除或者计算对应的折旧、摊销扣除。③除《企业所得税法》及其实施条例另有规定外，企业实际发生的成本、费用、税金、损失和其他支出，不得重复扣除。

【例3-2】A公司2015年取得财政拨款800万元，实现其他所得150万元（假设该项所得应税），当年发生支出500万元，其中用财政拨款形成的支出为200万元，假设支出均在税法规定的额度之内，不考虑其他因素，请分析该事业单位2015年税前可以扣除的金额是多少？

分析：

A公司取得财政拨款800万元是不征税收入，用财政拨款形成的支出200万元，属于不征税收入用于支出所形成的费用，因此不得扣除。所以该事业单位2015年税前可以扣除的金额是300万元（500-200）。

（一）成本

成本是指企业在生产经营活动中发生的销售成本、销货成本、业务支出以及其他耗费，即企业销售商品（产品、材料、下脚料、废料、废旧物资等）、提供劳务、转让固定资产、无形资产（包括技术转让）的成本。

企业必须将经营活动中发生的成本合理划分为直接成本和间接成本。直接成本是可直接计入有关成本计算对象或劳务的经营成本中的直接材料、直接人工等；间接成本是指多个部门为同一成本对象提供服务的共同成本，或者同一种投入可以制造、提供两种或两种以上的产品或劳务的联合成本。

直接成本可根据有关会计凭证、记录直接计入有关成本计算对象或劳务的经营成本中。间接成本必须根据与成本计算对象之间的因果关系、成本计算对象的产量等，以合理的方法分配计入有关成本计算对象中。

【综合案例】分析3-1

ABC科技的营业成本49 473 881.24元属于2015年度成本。

（二）费用

费用是指企业每一个纳税年度为生产、经营商品和提供劳务等所发生的销售（经营）费用、管理费用和财务费用。已经计入成本的有关费用除外。

销售费用是指应由企业负担的为销售商品而发生的费用，包括广告费、运输费、装卸费、包装费、展览费、保险费、销售佣金（能直接认定的进口佣金调整商品进价成本）、代销手续费、经营性租赁费及销售部门发生的差旅费、工资、福利费等费用。

管理费用是指企业的行政管理部门为管理组织经营活动提供各项支援性服务而发生的费用。

财务费用是指企业筹集经营性资金而发生的费用，包括利息净支出、汇兑净损失、金融机构手续费以及其他非资本化支出。

【综合案例】分析3-2

ABC科技的销售费用12 498 150.58元、管理费用18 756 617.63元、财务费用2 156 168.51元属于2015年度的费用。

（三）税金

税金是指企业发生的除企业所得税和允许抵扣的增值税以外的企业缴纳的各项税金及其附加。即企业按规定缴纳的消费税、营业税、城市维护建设税、关税、资源税、土地增值税、房产税、车船使用税、城镇土地使用税、印花税、教育费附加等产品销售税金及附加。这些已纳税金准予税前扣除。扣除的方式有两种：一是在发生当期扣除；二是在发生当期计入相关资产的成本，在以后各期分摊扣除。

【例3-3】 A公司2015年销售货物实际缴纳增值税30万元、消费税20万元、城市维护建设税3.5万元、教育费附加1.5万元，还交纳房产税2万元、城镇土地使用税1万元、印花税1.2万元，个人所得税2万元，A公司当期所得税前可扣除的税金是多少？

分析：

计入销售税金及附加的金额=20+3.5+1.5=25（万元）

计入管理费用的金额=2+1+1.2=4.2（万元）

当期所得税前可扣除的税金合计=25+4.2=29.2（万元）

【综合案例】分析3-3

ABC科技的营业税金及附加1 309 056.99元属于2015年度的税金。

（四）损失

损失是指企业在生产经营活动中发生的固定资产和存货的盘亏、毁损、报废损失，转让财产损失，呆账损失，坏账损失，自然灾害等不可抗力因素造成的损失以及其他损失。企业发生的损失减除责任人赔偿和保险赔款后的余额依照国务院财政、税务主管部门的规定扣除。

企业已经作为损失处理的资产，在以后纳税年度又全部收回或者部分收回时，应当计入当期收入。

【例3-4】A公司2015年发生的资产损失业务如下：管理人员在仓库吸烟，造成火灾，毁损的原材料价值为200万元，责任人赔偿为10万元，保险公司赔偿为100万元，请问这项财产损失所得税前扣除的金额是多少？

分析：

《财政部 国家税务总局关于企业资产损失税前扣除政策的通知》（财税〔2009〕57号）（以下简称财税〔2009〕57号文件）第十条规定："企业因存货盘亏、毁损、报废、被盗等原因不得从增值税销项税额中抵扣的进项税额，可以与存货损失一起在计算应纳税所得额时扣除。"因此，A公司毁损的存货造成不得从增值税销项税额中抵扣的进项税额34万元（200×17%）可以与存货损失一起在计算应纳税所得额时扣除。

财税〔2009〕57号文件第八条规定："对企业毁损、报废的固定资产或存货，以该固定资产的账面净值或存货的成本减除残值、保险赔款和责任人赔偿后的余额，作为固定资产或存货毁损、报废损失在计算应纳税所得额时扣除。"A公司毁损存货成本=200+34=234（万元），责任人赔偿是10

万元，保险公司赔偿是100万元，毁损存货的净损失=234-10-100=124（万元），这124万元可以在税前扣除。

（五）扣除的其他支出

扣除的其他支出是指除成本、费用、税金、损失外，企业在生产经营活动中发生的与生产经营活动有关的、合理的支出。

关于扣除类项目的纳税调整，将在本书第五章扣除类项目的纳税调整及申报中介绍。

第二节 《A102010一般企业成本支出明细表》的填写

本表属于1级报表，列示"营业成本"和"营业外支出"，相关结果结转至表A100000。

一、行次填报

按行次分，本表分为两大部分：

1. 第一部分反映主营业务成本、其他业务成本的数额，在第1行～第15行反映。

第1行反映合计数。

2. 第二部分反映计入营业外支出科目核算的与生产经营无直接关系的各项支出，在第16行～第26行反映。

第16行反映合计数。

二、表间关系

1. 第1行=表A100000第2行。
2. 第16行=表A100000第12行。

三、案例解析

【综合案例】分析3-4

根据ABC科技2015年度业务填写《A102010一般企业成本支出明细表》,见表3-1。

表3-1　　　　A102010　一般企业成本支出明细表

单位:元列至角分

行次	项　目	金　额
1	一、营业成本（2+9）	49 473 881.24
2	（一）主营业务成本（3+5+6+7+8）	49 473 881.24
3	1.销售商品成本	45 319 256.05
4	其中:非货币性资产交换成本	
5	2.提供劳务成本	4 154 625.19
6	3.建造合同成本	
7	4.让渡资产使用权成本	
8	5.其他	
9	（二）其他业务成本（10+12+13+14+15）	—
10	1.材料销售成本	
11	其中:非货币性资产交换成本	
12	2.出租固定资产成本	
13	3.出租无形资产成本	
14	4.包装物出租成本	
15	5.其他	
16	二、营业外支出（17+18+19+20+21+22+23+24+25+26）	10 575.16
17	（一）非流动资产处置损失	
18	（二）非货币性资产交换损失	

续表

行次	项　　目	金　额
19	（三）债务重组损失	
20	（四）非常损失	
21	（五）捐赠支出	8 000.00
22	（六）赞助支出	
23	（七）罚没支出	2 575.16
24	（八）坏账损失	
25	（九）无法收回的债券股权投资损失	
26	（十）其他	—

填写要点：

（1）2015年ABC科技嵌入式软件销售成本22 731 524.45元和信息系统集成产品销售成本22 587 731.60元的合计金额45 319 256.05元填入第3行"1.销售商品成本"；

（2）2015年ABC科技技术服务成本4 154 625.19元填入第5行"2.提供劳务成本"；

（3）第3行"1.销售商品成本"45 319 256.05元和第5行"2.提供劳务成本"4 154 625.19元合计金额49 473 881.24元填入第1行"一、营业成本"，第1行"一、营业成本"49 473 881.24元再转入主表A100000第2行"减：营业成本"；

（4）罚没支出2 575.16元填入第23行"（七）罚没支出"，捐赠支出8 000.00元填入第21行"（五）捐赠支出"；

（5）第17行"非流动资产处置利得"到第26行"其他"合计金额10 575.16元填入第16行"二、营业外支出"，第16行"二、营业外支出"10 575.16元再转入主表第12行"减：营业外支出"。

第三节 《A104000期间费用明细表》的填写

本表属于1级报表，列示"销售费用""管理费用"和"财务费用"，相关结果结转至表A100000。

一、列次填报

按列次分，本表分为三大部分：

1. 第一部分反映销售费用，填报在销售费用科目进行核算的相关明细项目的金额，其中金融企业填报在业务及管理费科目进行核算的相关明细项目的金额，在第1列和第2列反映。

2. 第二部分反映管理费用，填报在管理费用科目进行核算的相关明细项目的金额，在第3列和第4列反映。

3. 第三部分反映财务费用，填报在财务费用科目进行核算的有关明细项目的金额，在第5列和第6列反映。

二、行次填报

1. 第25行第1列填报第1行~第24行第1列的合计数。
2. 第25行第2列填报第1行~第24行第2列的合计数。
3. 第25行第3列填报第1行~第24行第3列的合计数。
4. 第25行第4列填报第1行~第24行第4列的合计数。
5. 第25行第5列填报第1行~第24行第5列的合计数。
6. 第25行第6列填报第1行~第24行第6列的合计数。

三、表间关系

1. 第25行第1列=表A100000第4行。

2. 第25行第3列=表A100000第5行。

3. 第25行第5列=表A100000第6行。

四、案例解析

【综合案例一】分析3-5

根据ABC科技2015年度业务填写《A104000期间费用明细表》，见表3-2。

表3-2　　　　　　A104000　期间费用明细表

单位：元列至角分

行次	项　目	销售费用	其中：境外支付	管理费用	其中：境外支付	财务费用	其中：境外支付
		1	2	3	4	5	6
1	一、职工薪酬	6 364 538.45	*	4 675 819.37	*	*	*
2	二、劳务费	57 125.15		9 246.76		*	*
3	三、咨询顾问费	389 791.56		2 568 418.53		*	*
4	四、业务招待费		*	197 458.15	*	*	*
5	五、广告费和业务宣传费	542 743.72	*			*	*
6	六、佣金和手续费						
7	七、资产折旧摊销费	132 408.64	*	1 180 755.36	*	*	*
8	八、财产损耗、盘亏及毁损损失		*		*	*	*
9	九、办公费	1 975 316.80	*	2 003 921.20	*	*	*
10	十、董事会费		*		*	*	*
11	十一、租赁费	675 269.08		1 500 255.77		*	*
12	十二、诉讼费		*		*	*	*

续表

行次	项　目	销售费用	其中：境外支付	管理费用	其中：境外支付	财务费用	其中：境外支付
		1	2	3	4	5	6
13	十三、差旅费	1 214 359.52	*	390 533.31	*	*	*
14	十四、保险费		*		*	*	*
15	十五、运输、仓储费	135 683.60		186 584.24		*	*
16	十六、修理费	9 907.00		2 111.60		*	*
17	十七、包装费	846 327.90	*		*	*	*
18	十八、技术转让费					*	*
19	十九、研究费用			5 945 378.52			
20	二十、各项税费		*	89 317.44	*	*	
21	二十一、利息收支	*	*	*	*	2 123 647.15	
22	二十二、汇兑差额	*	*	*	*		
23	二十三、现金折扣	*	*	*	*		*
24	二十四、其他	154 679.16		6 817.38		32 521.36	
25	合计（1+2+3+……+24）	12 498 150.58	—	18 756 617.63	—	2 156 168.51	—

填写要点：

（1）第1列填写销售费用的明细情况，根据2015年ABC科技销售费用明细账余额填列：第1行"一、职工薪酬" 6 364 538.45元；第2行"二、劳务费" 57 125.15元；第3行"三、咨询顾问费" 389 791.56元，第5行"五、广告费和业务宣传费" 542 743.72元，第7行"七、资产折旧摊销费" 132 408.64元，第9行"九、办公费" 1 975 316.80元，第11行"十一、租赁费" 675 269.08元，第13行"十三、差旅费" 1 214 359.52

元,第15行"十五、运输、仓储费"135 683.60元,第16行"十六、修理费"9 907.00元,第17行"十七、包装费"846 327.90元,第24行"二十四、其他"154 679.16元。

第25行"合计"填写第1行~第24行合计数12 498 150.58元。同时转入主表第4行"销售费用"。

(2)第3列填写管理费用明细情况,根据2015年ABC科技管理费用明细账填写:第1行"一、职工薪酬"4 675 819.37元,第2行"二、劳务费"9 246.76元,第3行"三、咨询顾问费"2 568 418.53元,第4行"四、业务招待费"197 458.15元,第7行"七、资产折旧摊销费"1 180 755.36元,第9行"九、办公费"2 003 921.20元,第11行"十一、租赁费"1 500 255.77元,第13行"十三、差旅费"390 533.31元,第15行"十五、运输、仓储费"186 584.24元,第16行"十六、修理费"2 111.60元,第19行"十九、研究费用"5 945 378.52元,第20行"二十、各项税费"89 317.44元,第24行"二十四、其他"6 817.38元。

第25行"合计"填写第1行~第24行合计数18 756 617.63元,再转入主表第5行"管理费用"。

(3)第5列填写财务费用的明细情况,根据2015年ABC科技财务费用明细账填写:第21行"二十一、利息收支"2 123 647.15元,第24行"二十四、其他"32 521.36元。

第25行"合计"填写第1行~第24行合计数2 156 168.51元,再转入主表第6行"财务费用"。

第四章 收入类项目的纳税调整及申报

【学习目标】

1. 掌握《A105010视同销售和房地产开发企业特定业务纳税调整明细表》的填写；
2. 掌握《A105020未按权责发生制确认收入纳税调整明细表》的填写；
3. 掌握《A105030投资收益纳税调整明细表》的填写；
4. 掌握《A105040专项用途财政性资金纳税调整明细表》的填写。

第一节 视同销售和房地产开发企业特定业务的纳税调整及申报

【案例4-1】

A房地产开发企业，2015年发生业务如下：

1. 11月20日，以其运输产品的货运汽车与B公司作为运输工具的货运汽车进行交换。换出货运汽车的账面原价为120 000元，已提折旧为20 000元，预计未来现金流量现值为110 000元，税法上允许扣除的折旧为18 000元，同时以银行存款支付了设备清理费用100元，换出设备未计提减值准备。假定A房地产开发企业换入的货运汽车仍然作为运输公司产品所用，并作为固定资产管理,此项交易是不具有商业实质的非货币性资产交换[①](假定不考虑增值税)。

2. 12月1日,赠送扇子用于市场推广,市场价格1 000元,采购价格900元,适用的增值税税率为17%。

3. 发生2个开发项目,开发项目一:2013年、2014年预售收入7 000万元,2015年结转开发产品收入7 000万元、结转开发产品成本5 000万元,实际发生营业税金及附加525万元,并在2015年转入当期损益;开发项目二:2015年新开发项目,当年预售收入8 000万元,实际发生营业税金及附加600万元,并在2015年计入当期损益(假定:开发项目一和开发项目二的预计毛利额均为15%,不考虑土地增值税因素)[②]。

请完成下列问题:
1. 分析A房地产开发企业视同销售收入的税务处理及纳税调整。
2. 分析A房地产开发企业特定业务的纳税调整。
3. 填写《A105010视同销售和房地产开发企业特定业务纳税调整明细表》。

一、视同销售的税务处理

视同销售是指会计上不作为销售核算,而在税收上作为销售、确认收入计缴税金的销售货物、转让财产或提供劳务的行为。具体包括非货币性交易视同销售收入,货物、劳务视同销售收入,以及其他视同销售收入。

(一)非货币性交易视同销售收入

1. 税法规定

《企业所得税法实施条例》第二十五条规定:企业发生非货币性资产交换,以及将货物、财产、劳务用于捐赠、偿债、赞助、集资、广告、样品、职工福利或者利润分配等用途的,应当视同销售货物、转让财产或者提供劳

---

① 王玉娟,冯秀娟.企业所得税报税实务[M].北京:北京大学出版社,2011:142.
② 《新企业所得税年度纳税申报表项目解析与申报实务》编写组.新企业所得税年度纳税申报表项目解析与申报实务[M].北京:法律出版社,2015:106.

务，但国务院财政、税务主管部门另有规定的除外。关于资产处置收入的税务处理在第二章收入的确认中已介绍，这里不再赘述。

2. 会计规定

非货币性资产交换是交易双方主要以存货、固定资产、无形资产和长期股权投资等非货币性资产进行的交换。在非货币性资产交换的情况下，非货币性资产交换准则规定了确认换入资产成本的两种计量基础和交换所产生损益的确认原则：

第一，非货币性资产交换具有商业实质且公允价值能够可靠计量的，应当以换出资产的公允价值和应支付的相关税费作为换入资产的成本，公允价值与换出资产账面价值的差额计入当期损益。其会计处理视换出资产的类别不同而有所区别：换出资产为存货的，应当按照销售处理；换出资产为固定资产、无形资产的，换出资产公允价值和换出资产账面价值之间的差额计入营业外收入或营业外支出；换出资产为长期股权投资、可供出售金融资产的，换出资产公允价值和换出资产账面价值之间的差额计入投资收益。

第二，非货币性资产交换不具有商业实质，或者交换涉及资产的公允价值均不能可靠计量的，应当以换出资产的账面价值为基础确定换入资产成本，无论是否支付补价，均不确认损益。收到或支付的补价作为确定换入资产成本的调整因素，其中收到补价方应当以换出资产的账面价值减去补价加上应支付的相关税费作为换入资产的成本；支付补价方应当以换出资产的账面价值加上补价和应支付的相关税费作为换入资产的成本。

根据非货币性资产交换准则的规定，符合下列条件之一的，视为具有商业实质：一是换入资产的未来现金流量在风险、时间和金额方面与换出资产显著不同；二是换入资产与换出资产的预计未来现金流量现值不同，且其差额与换入资产和换出资产的公允价值相比是重大的。

3. 税会差异

对于具有商业实质且公允价值能够可靠计量的非货币性资产交换，会计与税法的规定是相同的。不具有商业实质或者换入资产或换出资产公允价值不能可靠计量的非货币性资产交换，在会计上，应当以换出资产的账面价值和应支付的相关税费作为换入资产的成本，均不确认损益；而在税法上应当视同销售收入，因此在计算应纳税所得额时应当在会计利润的基础上进行纳税调增处理。

税法上所说的"非货币性交易视同销售收入",是指纳税人发生非货币性资产交换在不具有商业实质或者交换涉及资产的公允价值均不能可靠计量时,会计中未确认收入,而税法中应确认的收入。

【案例4-1】分析1

2015年11月20日,A房地产开发企业以其运输产品的货运汽车与B公司作为运输工具的货运汽车进行交换的会计处理:

借:固定资产清理　　　　　　　　　　　100 000
　　累计折旧　　　　　　　　　　　　　　20 000
　　贷:固定资产　　　　　　　　　　　　　　　120 000
支付清理费用
借:固定资产清理　　　　　　　　　　　100
　　贷:银行存款　　　　　　　　　　　　　　　100
换入货运汽车的入账价值=100 000+100=100 100(元)
借:固定资产　　　　　　　　　　　　　100 100
　　贷:固定资产清理　　　　　　　　　　　　　100 100

A房地产开发企业的税收处理:

在会计上A房地产开发企业没有确认收入,但是A房地产开发企业的货运汽车所有权已经转移给B公司,税法应当交企业所得税,属于非货币性交易视同销售收入。其销售收入应当以公允价值110 000元计算。

(二)货物、财产、劳务视同销售收入

1. 税法规定

同"非货币性资产交换"的税法规定一致。

2. 会计规定

企业将非货币资产用于对外捐赠、市场推广、交际应酬等方面时,不确认为销售收入,而应该借记相应的成本费用或支出,贷记"库存商品",如果根据增值税的规定需要视同销售的,需要同时贷记"应交税费——应交增

值税（销项税额）"。

3.税会差异

如果资产的所有权属没有发生改变，会计和税法都不确认收入，会计和税法没有差异。如果资产的所有权属发生改变，在新会计准则下，会计和税法都确认收入，会计和税法没有差异；如果会计上没有确认为收入，但是资产的所有权属发生改变，税法上视同销售，在计算应纳税所得额时应在会计利润的基础上进行纳税调增。

【案例4-1】分析2

A房地产开发企业采购扇子的会计处理如下：

借：库存商品　　　　　　　　　　　　　　900
　　应交税费——应交增值税（进项税额）　153
　　贷：银行存款　　　　　　　　　　　　1 053

A房地产开发企业赠送扇子的会计处理如下：

借：销售费用　　　　　　　　　　　　　1 070
　　贷：库存商品　　　　　　　　　　　　900
　　　　应交税费——应交增值税（销项税额）170

应交的增值税销项税额=1 000×17%=170（元）

A房地产开发企业在年底汇算清缴所得税时，对赠送扇子用于市场促销的行为应该视同销售，其销售收入应当以公允价值1 000元计算。

（三）其他视同销售收入

其他视同销售收入是指按照税收规定的上述货物、财产、劳务之外的其他视同销售确认收入金额。

1.税法规定

企业所得税规定，同时满足四个条件，确认收入实现：即商品销售合同已经签订，企业已将商品所有权相关的主要风险和报酬转移给购货方；企业对已售出的商品既没有保留通常与所有权相联系的继续管理权，也没有实施有效控制；收入的金额能够可靠地计量；已发生或将发生的销售方的成本能够可靠地核算。

2. 会计规定

《企业会计准则第14号——收入》第四条规定："销售商品收入同时满足下列条件的，才能予以确认：企业已将商品所有权上的主要风险和报酬转移给购货方；企业既没有保留通常与所有权相联系的继续管理权，也没有对已售出的商品实施有效控制；收入的金额能够可靠计量；相关经济利益很可能流入企业；相关的已发生的或将发生的成本能够可靠计量。"

3. 税会差异

新会计准则规定，销售商品收入的确认与计量除包括企业所得税规定的4个条件外，还包括"相关的经济利益很可能流入企业"，相关的经济利益很可能流入企业，是指销售商品价款收回的可能性大于不能收回的可能性，即销售商品价款收回的可能性超过50%。

企业发出库存商品后在会计上认为"经济利益不是很可能流入企业"时不确认收入，而按税法规定应确认为当期收入，所得税申报时对收入及成本作调整处理，以后会计上对该收入确认时，税收申报时再作相反调整处理。

【例4-1】B公司2015年12月10日发出商品给W公司，市价1 000万元，成本800万元，合同规定发货当天付款，假设W公司2015年12月10日发生火灾，损失严重，在近半年无法收回货款。

分析：

B公司的会计处理：

根据会计准则规定不满足收入确认的五个条件，可以暂时不确认收入。

借：发出商品　　　　　　　　　　　　　8 000 000
　　贷：库存商品　　　　　　　　　　　　8 000 000

B公司的税收处理：

根据税法规定满足收入确认的四个条件，可以确认收入1 000万元，属于视同销售收入。

二、房地产开发企业特定业务的纳税调整

（一）税法规定

《国家税务总局关于印发〈房地产开发经营业务企业所得税处理办法〉的通知》（国税发〔2009〕31号），《国家税务总局关于房地产开发企业成本对象管理问题的公告》（国家税务总局公告2014年第35号）中对于房地产开发企业的特定业务收入确认、成本费用的扣除等做出了明确的规定。

1. 销售收入实现的确定

企业通过正式签订《房地产销售合同》或《房地产预售合同》所取得的收入，应确认为销售收入的实现，具体按以下规定确认：

（1）采取一次性全额收款方式销售开发产品的，应于实际收讫价款或取得索取价款凭据（权利）之日，确认收入的实现。

（2）采取分期收款方式销售开发产品的，应按销售合同或协议约定的价款和付款日确认收入的实现。付款方提前付款的，在实际付款日确认收入的实现。

（3）采取银行按揭方式销售开发产品的，应按销售合同或协议约定的价款确定收入额，其首付款应于实际收到日确认收入的实现，余款在银行按揭贷款办理转账之日确认收入的实现。

（4）采取委托方式销售开发产品的，应按以下原则确认收入的实现：

① 采取支付手续费方式委托销售开发产品的，应按销售合同或协议中约定的价款于收到受托方已销开发产品清单之日确认收入的实现。

② 采取视同买断方式委托销售开发产品的，属于企业与购买方签订销售合同或协议，或企业、受托方、购买方三方共同签订销售合同或协议的，如果销售合同或协议中约定的价格高于买断价格，则应按销售合同或协议中约定的价格计算的价款于收到受托方已销开发产品清单之日确认收入的实现；如果属于前两种情况中销售合同或协议中约定的价格低于买断价格，以及属于受托方与购买方签订销售合同或协议的，则应按买断价格计算的价款于收到受托方已销开发产品清单之日确认收入的实现。

③ 采取基价（保底价）并实行超基价双方分成方式委托销售开发产品的，属于由企业与购买方签订销售合同或协议，或企业、受托方、购买方三方共同签订销售合同或协议的，如果销售合同或协议中约定的价格高于基价，则应按销售合同或协议中约定的价格计算的价款于收到受托方已销开发产品清单之日确认收入的实现，企业按规定支付受托方的分成额，不得直接从销售收入中减除；如果销售合同或协议约定的价格低于基价的，则应按基价计算的价款于收到受托方已销开发产品清单之日确认收入的实现。属于由受托方与购买方直接签订销售合同的，则应按基价加上按规定取得的分成额于收到受托方已销开发产品清单之日确认收入的实现。

④ 采取包销方式委托销售开发产品的，包销期内可根据包销合同的有关约定，参照上述1～3项规定确认收入的实现；包销期满后尚未出售的开发产品，企业应根据包销合同或协议约定的价款和付款方式确认收入的实现。

2. 视同销售收入

企业将开发产品用于捐赠、赞助、职工福利、奖励、对外投资、分配给股东或投资人、抵偿债务、换取其他企事业单位和个人的非货币性资产等行为，应视同销售，于开发产品所有权或使用权转移，或于实际取得利益权利时确认收入（或利润）的实现。确认收入（或利润）的方法和顺序为：

（1）按本企业近期或本年度最近月份同类开发产品市场销售价格确定。

（2）由主管税务机关参照当地同类开发产品市场公允价值确定。

（3）按开发产品的成本利润率确定。开发产品的成本利润率不得低于15%，具体比例由主管税务机关确定。

3. 企业销售未完工开发产品应确认收入规定

企业销售未完工开发产品取得的收入，应先按预计计税毛利率分季（或月）计算出预计毛利额，计入当期应纳税所得额。开发产品完工后，企业应及时结算其计税成本并计算此前销售收入的实际毛利额，同时将其实际毛利额与其对应的预计毛利额之间的差额，计入当年度企业本项目与其他项目合并计算的应纳税所得额。

在年度纳税申报时，企业须出具对该项开发产品实际毛利额与预计毛利额之间差异调整情况的报告以及税务机关需要的其他相关资料。

4. 成本、费用扣除的税务处理

（1）企业在进行成本、费用的核算与扣除时，必须按规定区分期间费用和开发产品计税成本、已销开发产品计税成本与未销开发产品计税成本。

（2）企业发生的期间费用、已销开发产品计税成本、营业税金及附加、土地增值税准予当期按规定扣除。

（3）已销开发产品的计税成本，按当期已实现销售的可售面积和可售面积单位工程成本确认。可售面积单位工程成本和已销开发产品的计税成本按下列公式计算确定：

可售面积单位工程成本＝成本对象总成本÷成本对象总可售面积

已销开发产品的计税成本＝已实现销售的可售面积×可售面积单位工程成本

（二）会计规定

《企业会计准则第14号——收入》第四条规定："销售商品收入同时满足下列条件的，才能予以确认：企业已将商品所有权上的主要风险和报酬转移给购货方；企业既没有保留通常与所有权相联系的继续管理权，也没有对已售出的商品实施有效控制；收入的金额能够可靠计量；相关经济利益很可能流入企业；相关的已发生的或将发生的成本能够可靠计量。"企业未完工产品预售时，不符合在会计收入确认的条件，在会计上不确认收入。会计上，企业是在实际交付开发产品时确认会计收入、结转会计成本的。

（三）税会差异

对于前期预售收入，税收规定在预售当年按照预计计税毛利额扣除相应的营业税金及附加、土地增值税后的净额计入预售当年的应纳税所得额，会计规定不确认收入及相应的税费，因此，应调增应纳税所得额。预售收入转为会计收入后，应调减应纳税所得额。

【案例4-1】分析3

（1）会计处理

开发项目一：

2015年结转开发产品收入、成本时

借：预收账款	70 000 000	
贷：主营业务收入		70 000 000
借：主营业务成本	50 000 000	
贷：开发产品		50 000 000
借：营业税金及附加	5 250 000	
贷：应交税费		5 250 000

开发项目二：

2015年预售收入

借：银行存款	80 000 000	
贷：预收账款		80 000 000
借：应交税费	6 000 000	
贷：银行存款		6 000 000
借：营业税金及附加	6 000 000	
贷：应交税费		6 000 000

（2）税务处理

开发项目一，2015年结转完工产品收入、成本，对原已进行纳税调增的预计毛利额1 050万元（7 000×15%）进行纳税调减，对已转入当期损益的营业税金及附加525万元进行纳税调增。开发项目二，2015年销售未完工产品，应按税收规定计算毛利额1 200万元（8 000×15%）进行纳税调增，其缴纳的600万元营业税金及附加，已计入当期损益，不再进行纳税调整。

三、《A105010视同销售和房地产开发企业特定业务纳税调整明细表》的填写

附表《A105010视同销售和房地产开发企业特定业务纳税调整明细

表》包括视同销售（营业）收入、视同销售（营业）成本和房地产开发企业特定业务计算的纳税调整额三部分内容，这三部分的数字需要通过分析填列。

（一）行次填报

按行次分，本表分为三大部分：

1. 第一部分包括第1行~第10行，反映视同销售收入。

第1行反映合计数。

2. 第二部分包括第11行~第20行，反映视同销售成本。

第11行反映合计数。

3. 第三部分包括第21行~第29行，反映房地产开发企业特定业务计算的纳税调整额。

第21行反映合计数。

（二）列次填报

本表列次分二大部分：

第一部分：第1列，反映视同销售收入、视同销售成本和房地产开发企业特定业务的税收金额。

第二部分：第2列，反映视同销售收入、视同销售成本和房地产开发企业特定业务的税会差异纳税调整金额。

（三）表间关系

1. 第1行第1列＝表A105000第2行第2列。

2. 第1行第2列＝表A105000第2行第3列。

3. 第11行第1列＝表A105000第13行第2列。

4. 第11行第2列的绝对值＝表A105000第13行第4列。

5. 第21行第1列＝表A105000第39行第2列。

6. 第21行第2列，若≥0，填入表A105000第39行第3列；若＜0，将绝对值填入表A105000第39行第4列。

(四) 案例解析

【案例4-1】分析4

根据A房地产开发企业2015年度业务填写《A105010视同销售和房地产开发企业特定业务纳税调整明细表》,见表4-1。

表4-1　A105010　视同销售和房地产开发企业特定业务纳税调整明细表

单位:元列至角分

行次	项　目	税收金额	纳税调整金额
		1	2
1	一、视同销售（营业）收入（2+3+4+5+6+7+8+9+10）	111 000.00	111 000.00
2	（一）非货币性资产交换视同销售收入	110 000.00	110 000.00
3	（二）用于市场推广或销售视同销售收入	1 000.00	1 000.00
4	（三）用于交际应酬视同销售收入		—
5	（四）用于职工奖励或福利视同销售收入		—
6	（五）用于股息分配视同销售收入		—
7	（六）用于对外捐赠视同销售收入		—
8	（七）用于对外投资项目视同销售收入		—
9	（八）提供劳务视同销售收入		—
10	（九）其他		—
11	二、视同销售（营业）成本（12+13+14+15+16+17+18+19+20）	101 000.00	–101 000.00
12	（一）非货币性资产交换视同销售成本	100 100.00	–100 100.00
13	（二）用于市场推广或销售视同销售成本	900	–900
14	（三）用于交际应酬视同销售成本		—
15	（四）用于职工奖励或福利视同销售成本		—
16	（五）用于股息分配视同销售成本		—
17	（六）用于对外捐赠视同销售成本		—

续表

行次	项　　目	税收金额 1	纳税调整金额 2
18	（七）用于对外投资项目视同销售成本		—
19	（八）提供劳务视同销售成本		—
20	（九）其他		—
21	三、房地产开发企业特定业务计算的纳税调整额（22-26）	6 750 000.00	6 750 000.00
22	（一）房地产企业销售未完工开发产品特定业务计算的纳税调整额（24-25）	12 000 000.00	12 000 000.00
23	1. 销售未完工产品的收入	80 000 000.00	
24	2. 销售未完工产品预计毛利额	12 000 000.00	12 000 000.00
25	3. 实际发生的营业税金及附加、土地增值税	0.00	0.00
26	（二）房地产企业销售的未完工产品转完工产品特定业务计算的纳税调整额（28-29）	5 250 000.00	5 250 000.00
27	1. 销售未完工产品转完工产品确认的销售收入	70 000 000.00	*
28	2. 转回的销售未完工产品预计毛利额	10 500 000.00	10 500 000.00
29	3. 转回实际发生的营业税金及附加、土地增值税	5 250 000.00	5 250 000.00

填写要点：

（1）第2行"（一）非货币性资产交换视同销售收入"填写11月20日非货币性交易视同销售收入110 000元，填入第1列、第2列；

（2）第3行"（二）用于市场推广或销售视同销售收入"填写12月1日赠送扇子用于市场促销视同销售收入1 000元，填入第1列和第2列；

（3）第1行"一、视同销售（营业）收入"是第2行~第10行的合计数，第1列和第2列都填111 000元。第1列再转入《A105000纳税调整项目明细表》（以下简称纳税调整表）第1行"一、收入类调整项目"第2列"税收金额"，第2列转入纳税调整表第3列"调增金额"；

（4）第12行"（一）非货币性资产交换视同销售成本"填写非货币性交易视同销售成本100 100元，填入第1列，需要做纳税调减，第2列

第四章 收入类项目的纳税调整及申报

填–100 100元；

（5）第13行"（二）用于市场推广或销售视同销售成本"将扇子用于市场促销视同销售成本900元填入第1列，需要做纳税调减，第2列填–900元；

（6）第11行"二、视同销售（营业）成本"是第12行~第20行的合计数，第1列填101 000元，第2列填–101 000元，该行数字同时转入纳税调整表第11行"二、视同销售（营业）成本"第1列"税收金额"和第4列"调减金额"；

（7）第23行"1.销售未完工产品的收入"填写2015年预售收入80 000 000元；

（8）第24行"2.销售未完工产品预计毛利额"填写开发项目二2015年预计毛利额12 000 000元；

（9）第25行"3.实际发生的营业税金及附加、土地增值税"，开发项目二缴纳的营业税金及附加6 000 000.00元，已计入当期损益，不存在税会差异，不进行纳税调整，因此，第1列和第2列填0；

（10）第22行"（一）房地产企业销售未完工开发产品特定业务计算的纳税调整额"等于第24行–第25行，第1列和第2列填12 000 000元；

（11）第27行"1.销售未完工产品的收入"填开发项目一2015年产品收入70 000 000元；

（12）第28行"2.转回的销售未完工产品预计毛利额"填写2015年预计毛利额10 500 000元；

（13）第29行"3.转回实际发生的营业税金及附加、土地增值税"，开发项目二缴纳的营业税金及附加5 250 000元，已计入当期损益，需要进行纳税调增，第1列和第2列填5 250 000元；

（14）第26行"（二）房地产企业销售的未完工产品转完工产品特定业务计算的纳税调整额"填写第28行~第29行，第1列和第2列填5 250 000元；

（15）第21行"三、房地产开发企业特定业务计算的纳税调整额"等于第22行–第26行，第1列和第2列填6 750 000元；同时分别转入纳税调整表第39行"（四）房地产开发企业特定业务计算的纳税调整额"第2列"税收金额"，第3列"调增金额"。

第二节　未按权责发生制确认收入的纳税调整及申报

【案例4-2】

A公司2015年发生业务如下：

1. 1月1日，A公司支付价款1 000万元（含交易费用）从活跃市场上购入R公司面值为1 250万元、票面利率为4.72%、期限为5年的债券，合同约定于最终到期日2019年1月1日支付本金和利息。①

2. 1月1日，出售大型设备一台，协议约定采用分期收款方式，从销售当年末分5年分期收款，每年200万元 合计1 000万元，制造成本500万元，假定购货方在销售成立日支付货款，只须付800万元即可。不考虑增值税。

3. 1月1日，A公司收到政府补助10 000 000元，用于厂房建设，建设期限2年。

4. 6月1日，A公司与B公司签订了一项总金额为2 000万元的建造合同，第一年实际发生工程成本500万元。A公司在2015年末时对该项工程的完工进度无法可靠确定，预计工程发生的成本能够收回400万元。假设主管税务机关核定的工程完工进度为30%。

请完成下列问题：

1. 分析A公司购入R公司债券业务的会计处理、税务处理及纳税调整。
2. 分析A公司建造业务的会计处理、税务处理及纳税调整。
3. 分析A公司收到政府补助的会计处理、税务处理及纳税调整。
4. 填写《A105020未按权责发生制确认收入纳税调整明细表》。

---

① 王玉娟，冯秀娟.企业所得税报税实务［M］.北京：北京大学出版社，2011：150.

一、未按权责发生制确认的收入及纳税调整

(一)税法规定

企业应纳税所得额的计算,以权责发生制为原则,属于当期的收入和费用,不论款项是否收付,均作为当期的收入和费用;不属于当期的收入和费用,即使款项已经在当期收付,均不作为当期的收入和费用。《企业所得税法实施条例》和国务院财政、税务主管部门另有规定的除外。

税法在以权责发生制确认收入的同时,对某些收入采用类似收付实现制的原则进行收入的确认。如分期收款方式销售商品收入、利息收入、租金收入、持续超过12月的劳务收入、特许权使用费收入的确认采用了类似于收付实现制的原则。

(二)会计规定

会计上按照权责发生制原则确认收入,属于当期的收入,不论款项是否收取,均作为当期的收入。

(三)税会差异

1.跨期收取的租金、利息、特许权使用费收入

(1)跨期收取的租金收入

会计处理中,出租人应采用直线法将收到的租金在租赁期内确认为收益,但在某些特殊情况下,则应采用比直接法更系统合理的方法。企业所得税法规定按照合同约定的承租人应付租金的日期和金额确认收入的实现。租金提前一次性支付的,出租人可对上述已确认的收入,在租赁期内分期均匀计入相关年度收入。因此,租赁期限跨年度,且租金提前一次性支付的,会计和税法不再存在差异,不需进行纳税调整;跨期后收取租金,税法依旧按照合同约定的承租人应付租金的日期和金额确认收入的实现,会计和税法仍然存在差异需要进行纳税调整。

（2）利息收入

会计对于企业持有至到期的长期债券或发放长期贷款取得的利息收入，按照实际利率法确认收入的实现。税法上以合同约定的债务人应付利息的日期确定收入的实现，由此造成的会计和税法的差异需要进行纳税调整。

【案例4-2】分析1

A公司通过插值法计算出该债券的实际利率为9.05%。

2015年1月1日会计处理：

借：持有至到期投资——成本　　　　　12 500 000
　　贷：银行存款　　　　　　　　　　　10 000 000
　　　　持有至到期投资——利息调整　　 2 500 000

2015年年底确认实际利息收入时：

借：持有至到期投资——应计利息　　　　 590 000
　　　　　　　　　　　　　　　　　（12 500 000×4.72%）
　　　　　　　　　　——利息调整　　　　 315 000
　　贷：投资收益　　　　　　　　　　　　 905 000

A公司税务处理：

税法上按照合同约定确认利息收入，合同约定于2019年1月1日支付利息，因此在税务处理上，A公司只在2020年确认利息收入2 950 000元（12 500 000×4.72%×5=2 950 000）。

（3）特许权使用费收入

会计上以权责发生制确认特许权使用费用收入。特许权使用费用收入应当按照有关合同或协议约定的收费时间和方法计算确定：①如果合同或协议固定一次性收取使用费，且不提供后续服务的，应当视同销售该项资产一次性确认收入；②提取后续服务的，应当在合同或协议规定的有效期内分期确认收入；③如果合同或协议规定分期收取使用费的，应当按照合同或协议的收款时间和金额或规定的收费方法计算确定的金额分期确认收入。

税法规定，特许权使用费用收入的确认分为三种情况：①特许权使用费用收入，按照合同约定的特许权使用人应付特许权使用费的日期确认收入的实现；②属于提供设备和其他形式资产的特许权使用费，在交付资产或转移资产所有权时确认收入；③属于提供初始以及后续服务的特许权使用费，在提供服务时确认收入。

从上述规定中我们可以看到，会计与税法对特权使用费收入的确认分为以下四类情形：①如果合同或协议规定一次性收取使用费用，且不提供后续服务的，此时会计与税法对收入的确认时间是相同的；②如果合同或协议规定一次性收取使用费，但提供后续服务的，会计和税法都是在提供服务时分期确认收入；③属于提供设备和其他形式资产的特许权使用费，会计和税法都是在交付资产或转移资产所有权时确认收入；④如果合同或协议规定分期收取使用费的，会计和税法均规定应该按照合同或协议规定的收款时间和金额规定的收费方法计算确定的金额分期确认收入。因此对于特许权使用费而言，会计和税法的差异已经基本消除。

2. 分期确认收入

（1）分期收款方式销售货物收入

具有融资性质的分期收款销售商品，企业应当按照应收的合同或协议价款的公允价值确定收入金额。应收的合同或协议价款的公允价值，通常应当按照其未来现金流量的现值或商品现销价格计算确定。税法规定，采用分期收款方式销售货物的，按照合同约定的收款日期确认收入的实现。

【案例4-2】分析2

A公司1月1日分期收款出售大型设备，应收金额的公允价值可以认定为800万元，据此可计算得出年金为200万元、期数为5年、现值为800万元的折现率为7.93%（见表4-2）。

表4-2　　　　　　　　各期利息收益和本金收现计算表

单位：万元

年份	未收本金 A=A−C	财务费用 B=A×7.93%	本金收现 C=D−B	总收现 D
销售日	800	0	0	0
2015年12月31日	800	63	137	200
2016年12月31日	663	53	147	200
2017年12月31日	516	41	159	200
2018年12月31日	357	28	172	200
2019年12月31日	185	15	185	200
合　计	3321	200	800	1 000

相关会计处理：

（1）2015年1月1日

借：长期应收款　　　　　　　　　　　　　10 000 000

　　贷：主营业务收入　　　　　　　　　　　8 000 000

　　　　未实现融资收益　　　　　　　　　　2 000 000

借：主营业务成本　　　　　　　　　　　　5 000 000

　　贷：库存商品　　　　　　　　　　　　　5 000 000

（2）2015年12月31日

借：银行存款　　　　　　　　　　　　　　2 000 000

　　贷：长期应收款　　　　　　　　　　　　2 000 000

借：未实现融资收益　　　　　　　　　　　630 000

　　贷：财务费用　　　　　　　　　　　　　630 000

（3）2016年12月31日

借：银行存款　　　　　　　　　　　　　　2 000 000

　　贷：长期应收款　　　　　　　　　　　　2 000 000

借：未实现融资收益　　　　　　　　　　　530 000

　　贷：财务费用　　　　　　　　　　　　　530 000

A公司2015年会计上确认收入800万元，确认成本500万元，冲减财务费用63万元，实现会计利润363万元。税法上应确认收入200万元，确认销售成本100万元，应确认所得100万元。因此应当在会计利润363万元基础上纳税调减263万元，从而计算出应纳税所得额100万元。

A公司2016年会计上冲减财务费用53万元，实现会计利润53万元。税收上应确认收入200万元、成本100万元，应确认所得100万元。因此应当在会计利润53万元基础上纳税调增47万元，从而计算出应纳税所得额100万元。

A公司2017—2019年的纳税调整情况与2016年方法相同，请自行分析。

（2）持续时间超过12个月的建造合同收入

税法规定企业受托加工制造大型机械设备、船舶、飞机，以及从事建筑、安装、装配工程业务或者提供其他劳务等持续时间超过12个月的按照纳税年度内完工进度或者完成的工作量确认收入的实现。

会计对提供劳务持续时间超过12个月的收入确认方法分为两种，第一类，在资产负债表日，建造合同的结果能够可靠地估计的，应当根据完工百分比法确认合同收入和合同费用。第二类，在资产负债表日，建造合同的结果不能可靠地估计，应当分别两种情况处理：第一种，合同成本能够收回的，合同收入根据能够收回的实际合同成本予以确认，合同成本在其发生的当期确认为合同费用；第二种，合同成本不可能收回的，在发生时立即确认为合同费用，不确认合同收入。

可见，第一类，在资产负债表日，建造合同的结果能够可靠地估计的，会计与税法确认收入的方法是基本一致的。但是，第二类，在资产负债表日，建造合同的结果不能可靠地估计，会计与税法确认收入的时间是不一样，需要进行纳税调整处理。

【案例4-2】分析3

此例建筑工程属于持续时间超过12个月的劳务，按照完工进度确认收入。A公司在2015年末时对该项工程的完工进度无法可靠确定，所以按照税务机关核定工程完工进度为30%。因此在税务处理上，此项业务确认的收入600万元（2 000×30%）。会计因考虑谨慎性原则确认的收入为400万元。因此纳税申报时需要纳税调增200万元。

3. 政府补助递延收入

与收益相关的政府补助通常直接计入利润表，与资产相关的政府补助通常是分年度计入利润表的。特别注意，符合税法规定不征税收入条件的政府补助收入，在《A105020未按权责发生制确认收入纳税调整明细表》不作调整，在《A105040专项用途财政性资金纳税调整明细表》中纳税调整。税法上对收到的政府补助收入一次性计入收入，而会计上分期核算。

【案例4-2】分析4

2015年1月A公司收到政府补助10 000 000元，按照税法规定2015年A公司一次性确认收入10 000 000元；会计上分2年确认收入，2015年和2016年A公司分别确认收入5 000 000元。因此，A公司2015年纳税申报时需要纳税调增5 000 000元，A公司2016年纳税申报时需要纳税调减5 000 000元。

二、《A105020未按权责发生制确认收入纳税调整明细表》的填写

（一）行次填报

按行次分，本表分为四大部分：

1. 第一部分包括第1行~第4行，反映跨期收取的租金、利息、特许权使用费收入。

第1行反映合计数。

2. 第二部分包括第5行~第8行，反映分期确认收入。

第5行反映合计数。

3. 第三部分包括第9行~第12行，反映政府补助递延收入。

第9行反映合计数。

4. 第四部分包括第13行，反映其他未按权责发生制确认收入。

（二）列次填报

本表列次分三大部分：

第一部分：第1列"合同金额或交易金额"，反映会计处理按照权责发

生制确认收入、税法规定未按权责发生制确认收入的项目的合同总额或交易总额。

第二部分：第2列"本年账载金额"，反映纳税人会计处理按权责发生制在本期确认金额。

第3列：第3列"累计账载金额"，反映纳税人会计处理按权责发生制历年累计确认金额。

第三部分：第4列"本年税收金额"，反映纳税人按税法规定未按权责发生制本期确认金额。

第5列"累计税收金额"，反映纳税人按税法规定未按权责发生制历年累计确认金额。

第6列"纳税调整金额"，填报纳税人会计处理按权责发生制确认收入、税法规定未按权责发生制确认收入的差异需纳税调整金额，为第4列−第2列的余额。

（三）表间关系

1. 第14行第2列=表A105000第3行第1列。
2. 第14行第4列=表A105000第3行第2列。
3. 第14行第6列，若≥0，填入表A105000第3行第3列；若<0，将绝对值填入表A105000第3行第4列。

（四）案例解析

【案例4-2】分析5

根据A公司2015年度业务填写表4-3《A105020未按权责发生制确认收入纳税调整明细表》。

表4-3　A105020 未按权责发生制确认收入纳税调整明细表

单位：元

行次	项目	合同金额（交易金额）1	账载金额 本年 2	账载金额 累计账载金额 3	税收金额 本年税收金额 4	税收金额 累计税收金额 5	纳税调整金额 6（4-2）
1	一、跨期收取的租金、利息、特许权使用费收入（2+3+4）	10 000 000	905 000	905 000	0	0	-905 000
2	（一）租金						—
3	（二）利息	10 000 000	905 000	905 000	0	0	-905 000
4	（三）特许权使用费						—
5	二、分期确认收入（6+7+8）	30 000 000	12 000 000	12 000 000	8 000 000	8 000 000	-4 000 000
6	（一）分期收款方式销售货物收入	10 000 000	8 000 000	8 000 000	2 000 000	2 000 000	-6 000 000
7	（二）持续时间超过12个月的建造合同收入	20 000 000	4 000 000	4 000 000	6 000 000	6 000 000	2 000 000
8	（三）其他分期确认收入						—
9	三、政府补助递延收入（10+11+12）	10 000 000	5 000 000	5 000 000	10 000 000	10 000 000	5 000 000
10	（一）与收益相关的政府补助						—
11	（二）与资产相关的政府补助	10 000 000	5 000 000	5 000 000	10 000 000	10 000 000	5 000 000
12	（三）其他						—
13	四、其他未按权责发生制确认收入						—
14	合计（1+5+9+13）	50 000 000	17 905 000	17 905 000	18 000 000	18 000 000	95 000

填写要点：

《A105020未按权责发生制确认收入纳税调整明细表》的填写结果如下（单位：元）：

（1）第3行"（二）利息"的填写：第1列填10 000 000元，第2列填905 000元，第3列 905 000元，第4列填0，第5列填0，第6列填-905 000元；

（2）第1行"一、跨期收取的租金、利息、特许权使用费收入"是第2行~第4行各列合计数；

（3）第6行"（一）分期收款方式销售货物收入"的填写：第1列填10 000 000元，第2列填8 000 000元，第3列填8 000 000元，第4列填2 000 000元，第5列填2 000 000元，第6列填-6 000 000元；

（4）第7行"（二）持续时间超过12个月的建造合同收入"的填写：第1列填20 000 000元，第2列填4 000 000元，第3列填4 000 000元，第4列填6 000 000元，第5列填6 000 000元，第6列填2 000 000元；

（5）第5行"二、分期确认收入"是第6行到第8行各列合计数，第1列填30 000 000元，第2列填12 000 000元，第3列填12 000 000元，第4列填8 000 000元，第5列填8 000 000元，第6列填-400 000元；

（6）第11行"（二）与资产相关的政府补助"的填写：第1列填10 000 000，第2列填5 000 000元，第3列填5 000 000元，第4列填10 000 000元，第5列填10 000 000元，第6列填5 000 000元；

（7）第9行"三、政府补助递延收入"是第10行~第12行各列合计数；

（8）第14行"合计"是第1行、第5行、第9行、第13行的合计数，第1列填50 000 000元，第2列填17 905 000元，第3列填17 905 000元，第4列填18 000 000元，第5列填18 000 000元，第6列填95 000元；

第14行第2列"本年账载金额"17 905 000元再转入A105000第13行"（二）未按权责发生制原则确认的收入"第1列"账载金额"，第4列"本年税收金额" 18 000 000元再转入A105000第13行"（二）未按权责发生制原则确认的收入"第2列"税收金额"，第6列"纳税调整金额"95 000元转入A105000第13行"（二）未按权责发生制原则确认的收入"第3列"调增金额"。

第三节　投资收益的纳税调整及申报

【案例4-3】

A公司2015年度投资性资产的详细情况如下：

1. 支付208.8万元在证券市场上购入10万股B公司股票，每股买价20.8元，其中含已宣告但未发放的现金股利0.8元，支付交易费用0.8万元。A公司将其划分为交易性金融资产。12月31日该股票公允价值为210万元。

2. 由于市场因素影响，4月6日，A公司将账面余额（成本）为300万元的持有至到期投资的债券出售20%，收取价款64万元，市场公允价值为320万元，剩余的持有至到期投资进行重分类，划为可供出售金融资产。4月30日出售全部债券，收取价款260万元。

3. 7月1日支付价款200万元购入C公司发行的3年期债券，该公司债券面值为220万元，票面利率为5%，相关交易费用1万元，每半年计息一次，付息日为6月30日和12月31日，A公司将其划分为可供出售金融资产，12月31日该债券市场价格为210万元。

4. 9月25日支付现金2 000万元，取得D公司30%的股权，对其具有重大影响，D公司可辨认净资产公允价值为7 000万元。D公司2015年度实现利润200万元，其他综合收益增加100万元。

请根据上述资料完成下列问题：

1. 完成A公司2015年度各项投资性资产的会计处理并分析税会差异及调整。

2. 填写A公司2015年度《A105030投资收益纳税调整明细表》。

一、投资收益的纳税调整

(一)投资性资产的税务处理

企业对外进行权益性投资和债权性投资形成的资产在税法上都作为投资性资产。

其中,权益性投资是指以购买被投资企业股票、股份、股权等类似形式进行的投资,投资企业拥有被投资企业的产权,是被投资单位的所有者之一,投资企业有权参与被投资单位的经营管理和利润分配。

债权性投资主要是指以购买债券、债权等形式进行的投资,投资企业与被投资企业之间形成了一种债权、债务关系,投资企业对被投资企业只有投资本金和利息的索偿权,没有参与被投资企业的经营管理权和利润分配权。

投资资产的计税基础的确定:

1.通过支付现金方式取得的投资资产,以购买价款为成本。其成本除了购买价款外,还应包括相关交易费用,但不应包括已宣告但尚未发放的债券利息或现金股利。

2.通过支付现金以外的方式取得的投资资产,以该资产的公允价值和支付的相关税费为成本。即通过投资者投入、接受捐赠、非货币性资产交换、债务重组等方式取得的投资资产,按该投资资产的公允价值和应支付的相关税费作为计税基础。

企业持有各项资产期间资产增值或者减值,除国务院财政、税务主管部门规定可以确认损益外,不得调整该资产的计税基础。

会计上对下列金融资产:交易性金融资产、可供出售金融资产、持有至到期投资、衍生工具、交易性金融负债、长期股权投资、短期投资、长期债券投资等采用不同的会计核算方法,下面将按持有的投资资产的会计分类来分析投资性资产的税会差异和纳税调整,并介绍相关的申报。

(二)交易性金融资产的纳税调整

交易性金融资产是指企业为了近期内出售而持有的债券投资、股票投资和基金投资。如以赚取差价为目的从二级市场购买的股票、债券、基金等。

1. 交易性金融资产的会计核算（见表4-4）

表4-4　　　　　　　　　交易性金融资产的会计核算

交易性金融资产的会计处理	会计科目	交易性金融资产——成本（取得交易性金融资产的公允价值） 交易性金融资产——公允价值变动（企业交易性金融资产等公允价值变动调整的资产账面价值）
	初始计量	借：交易性金融资产——成本（公允价值） 　　投资收益（发生的交易费用） 　　应收股利（实际支付的款项中含有已宣告但尚未发放的现金股利） 　　应收利息（实际支付的款项中含有已到付息期尚未领取的利息） 　贷：银行存款等
	后续计量	持有期间的股利或利息 借：应收股利（被投资单位宣告发放的现金股利×投资持股比例） 　　应收利息（资产负债表日计算的应收利息） 　贷：投资收益 资产负债表日公允价值变动，按公允价值与账面余额的差额 1.公允价值>账面余额 借：交易性金融资产——公允价值变动 　贷：公允价值变动损益 2.公允价值<账面余额做相反分录
	处置	处置时，售价与账面价值的差额计入投资收益
		将持有交易性金融资产期间公允价值变动损益转入投资收益

2. 交易性金融资产的税会差异及调整

（1）取得时，交易性金融资产会计初始价值与计税基础的差异是对交易费用的处理，税法规定计入资产价值，会计借记"投资收益"，需要做纳税调增。

（2）会计上对于以公允价值计量且其变动计入当期损益的金融资产，于每一会计期末按照该时点的公允价值对其账面价值进行调整，并确认公允价值变动损益。

税法规定企业持有各项资产期间资产增值或者减值，除国务院财政、税务主管部门规定可以确认损益外，不得调整该资产的计税基础，即交易性金融资产在某一会计期末的计税基础为其历史成本。

因此,在会计期末公允价值变动的情况下,会造成该类金融资产的账面价值与计税基础之间的差异。将会计确认的"公允价值变动损益"的贷方余额做纳税调减,借方余额做纳税调增。

(3)在交易性金融资产转让时确认的收益无差异。

【案例4-3】分析1

A公司3月10日购入的B公司股票相关会计处理:

购入时:

借:交易性金融资产——成本(B公司股票)	2 000 000
应收股利	80 000
投资收益	8 000
贷:银行存款	2 088 000

12月31日按公允价值计量:

借:交易性金融资产——公允价值变动(B公司股票)	100 000
贷:公允价值变动损益	100 000

初始投资时的交易费用8 000元,会计借记"投资收益",按税法规定应当作为交易性金融资产的计税基础,需要做纳税调增8 000元。

会计采用公允价值计量交易性金融资产,确认的公允价值变动损益100 000元,按照税法规定在资产持有期间的增值减值不调整资产计税基础,因此,需要纳税调减100 000元。

(三)可供出售金融资产的纳税调整

可供出售金融资产是指企业初始确认时即被指定为可供出售的非衍生金融资产,以及没有划分为以公允价值计量且其变动计入当期损益的金融资产、持有至到期投资、贷款和应收款项的金融资产。比如,企业购入的在活跃市场上有报价的股票、债券和基金等,没有划分为以公允价值计量且其变动计入当期损益的金融资产或持有至到期投资等金融资产的,可归为此类。

1. 可供出售金融资产的会计核算（见表4-5）

表4-5　　　　　　　　　　可供出售金融资产会计核算

可供出售金融资产的会计处理	会计科目	可供出售金融资产——成本（取得可供出售金融资产的公允价值与交易费用之和） 可供出售金融资产——利息调整（债券面值与实际支付价款扣除应收利息之后的差额） 可供出售金融资产——公允价值变动（期末公允价值变动）
	初始计量	1. 股票投资 　借：可供出售金融资产——成本（公允价值与交易费用之和） 　　　应收股利（已宣告但尚未发放的现金股利） 　　贷：银行存款等 2. 债券投资 　借：可供出售金融资产——成本（面值） 　　　应收利息（已到付息期但尚未领取的利息） 　　　可供出售金融资产——利息调整（差额，也可能在贷方） 　　贷：银行存款等
	后续计量	1. 资产负债表日计算利息 　借：应收利息（分期付息债券按票面利率计算的利息） 　　　可供出售金融资产——应计利息（到期时一次还本付息债券按票面利率计算的利息） 　　贷：投资收益（可供出售债券的摊余成本和实际利率计算确定的利息收入） 　　　　可供出售金融资产——利息调整（差额，也可能在借方） 2. 资产负债表日公允价值正常变动 （1）公允价值上升 　借：可供出售金融资产——公允价值变动 　　贷：其他综合收益 （2）公允价值下降 　借：其他综合收益 　　贷：可供出售金融资产——公允价值变动 当公允价值下降幅度较大或非暂时性时，计入资产减值损失 　借：资产减值损失 　　贷：可供出售金融资产——公允价值变动 3. 持有期间被投资单位宣告发放现金股利 　借：应收股利 　　贷：投资收益持有期间的股利或利息
	处置	借：银行存款等 　贷：可供出售金融资产 　　　投资收益（差额，也可能在借方） 同时： 借：其他综合收益（从其他综合收益中转出的公允价值累计变动额，也可能在借方） 　贷：投资收益

2. 可供出售金融资产的税会差异及调整

（1）初始计量的税会差异

在取得可供出售金融资产时，会计以公允价值计量和相关交易费用之和作为初始入账金额，税法以取得该资产的公允价值和支付的相关税费为计税基础，会计确认的初始投资成本与税法应确认的计税基础是一致的。

（2）后续计量的税会差异

可供出售金融资产后续计量的差异主要体现在两个方面：

① 可供出售的债券的投资收益，会计确认的投资收益为可供出售债券的摊余成本和实际利率计算确定的利息收入，按票面利率计算的利息与可供出售债券的摊余成本乘以实际利率计算确定的利息收入的差额作为"可供出售金融资产——利息调整"；税法规定按照票面利率计算利息收益。当票面利率与实际利率不一致时，会计与税法确认投资收益存在差异。汇算清缴时，需要按照税法确定的投资收益对会计已确认的投资收益进行相应的调整。

② 可供出售的金融资产公允价值变动，在资产负债表日会计处理中按照公允价值调整资产账面价值，计入"其他综合收益"，当公允价值下降幅度较大或非暂时性时计入资产减值损失；税法规定企业持有各项资产期间资产增值或者减值，除国务院财政、税务主管部门规定可以确认损益外，不得调整该资产的计税基础。因此，汇算清缴时，会计确认的"其他综合收益"的贷方余额需要进行纳税调减，"其他综合收益"的借方余额需要进行纳税调增。"资产减值损失"的借方余额进行调增。

（3）处置时的税会差异

在处置可供出售金融资产时，会计按照实际取得的价款与账面价值的差额确认投资收益，同时持有期间计入其他综合收益的金额转入投资收益；税法按实际取得的价款与计税基础的差额确认投资收益，会计与税法确认的收益相同。

【案例4-3】分析2

A公司7月1日购入的C公司债券相关会计处理如下：

设A公司购入C公司债券实际利率为r，$2\,200\,000 \times 5\% \div 2 \times (P/A, r/2,$

6）+2 200 000×（P/F，r/2，6）=2 000 000，r≈8.64%。

购入时：

借：可供出售金融资产——成本　　　　　　　　2 210 000
　　贷：银行存款　　　　　　　　　　　　　　　2 010 000
　　　　可供出售金融资产——利息调整　　　　　　200 000

12月31日计提利息，按票面利率计算的利息=2 200 000×5%÷2=55 000（元）

实际利息=2 000 000×8.64%÷2=86 400（元）

借：应收利息　　　　　　　　　　　　　　　　　55 000
　　可供出售金融资产——利息调整　　　　　　　　31 400
　　贷：投资收益　　　　　　　　　　　　　　　　86 400

可供出售金融资产期末摊余成本=2 000 000+86 400-55 000=2 031 400（元）

12月31日按市场公允价值调整可供出售金融资产的账面价值，公允价值变动=2 100 000-2 031 400=68 600（元）

借：可供出售金融资产——公允价值变动　　　　　68 600
　　贷：其他综合收益　　　　　　　　　　　　　　68 600

税法确认的投资收益为55 000元，会计确认的投资收益为86 400元，和其他综合收益68 600元需要进行纳税调减，金额为100 000元。

（四）持有至到期投资的纳税调整

持有至到期投资，是指到期日固定、回收金额固定或可确定，且企业有明确意图和能力持有至到期的非衍生金融资产。通常情况下，企业持有的、在活跃市场上有公开报价的国债、企业债券、金融债券等，可以划分为持有至到期投资。

第四章 收入类项目的纳税调整及申报

1. 持有至到期投资的会计核算（见表4-6）

表4-6　　　　　　　　持有至到期投资的会计核算

持有至到期投资的会计处理	会计科目	持有至到期投资——成本（取得持有至到期投资的公允价值与交易费用之和） 持有至到期投资——利息调整（债券面值与实际支付价款扣除应收利息之后的差额）
	初始计量	借：持有至到期投资——成本（面值） 　　　　　　　　——利息调整（差额，也可能在贷方） 　　　应收利息（已到付息期但尚未领取的利息） 　贷：银行存款等
	后续计量	1. 计提利息 借：应收利息（分期付息债券按票面利率计算的利息） 　　持有至到期投资——应计利息（到期一次还本付息债券按票面利率计算的利息） 　贷：投资收益（持有至到期投资摊余成本乘以实际利率计算确定的利息收入） 　　　持有至到期投资——利息调整（差额，也可能在借方） 2. 发生资产减值损失 发生减值时，应当将该金融资产的账面价值减记至预计未来现金流量现值，减计的金额确认为资产减值损失，计入当期损益 3. 持有至到期投资转换 借：可供出售金融资产（重分类日公允价值） 　　持有至到期投资减值准备 　贷：持有至到期投资 　　　其他综合收益（差额，也可能在借方）
	处　置	借：银行存款等 　　持有至到期投资减值准备 　贷：持有至到期投资 　　　投资收益（差额，也可能在借方）

2. 持有至到期投资的税会差异及调整

（1）初始计量的税会差异

持有至到期投资初始计量时会计入账价值和税法的计税基础无差异。

（2）后续计量的税会差异及调整

在后续计量中的税会差异主要体现在两个方面：

一是投资收益的确认方法，会计按实际利率法确认投资收益，税法依据合同规定来确认应税收入，产生暂时性差异需要在报告日进行所得税会计处理，如果产生应纳税暂时性差异确认递延所得税负债，如果产生可抵扣暂时性差异确认递延所得税资产，待到持有至到期投资收回时转销，在企业所得税汇算清缴时进行纳税调整。

二是关于持有至到期投资减值的处理，在会计期末，如果持有至到期投资发生减值迹象，依据会计准则需要计提减值准备，判断持有至到期发生减值的依据有：发行方或债务人发生严重财务困难；债务人违反了合同条款，如偿付利息或本金发生违约或逾期等；债权人出于经济或法律等方面因素的考虑，对发生财务困难的债务人作出让步；债务人很可能倒闭或进行其他财务重组；因发行方发生重大财务困难，该金融资产无法在活跃市场继续交易等。按照税法规定，投资性资产持有期间的增值、减值均不调整计税基础，因此会计和税法产生暂时性差异，计提的减值准备需要做纳税调增。

（3）处置的税会差异及调整

会计确认的投资收益是按照处置收入与账面价值的差额来确认，税法确认的投资收益是处置收入与计税基础的差额。当会计对持有至到期投资计提减值准备，会计确认的投资收益低于税法确认的投资收益时，需要做纳税调增。

【案例4-3】分析3

A公司出售持有至到期投资，并进行重分类的会计处理：

借：银行存款　　　　　　　　　　　　640 000
　　贷：持有至到期投资——成本　　　　600 000
　　　　投资收益　　　　　　　　　　　 40 000
借：可供出售金融资产　　　　　　　2 560 000
　　贷：持有至到期投资——成本　　　2 400 000
　　　　其他综合收益　　　　　　　　 160 000

4月30日出售债券

借：银行存款　　　　　　　　　　　2 600 000

第四章 收入类项目的纳税调整及申报

```
    贷：可供出售金融资产              2 560 000
        投资收益                        40 000
    借：其他综合收益                   160 000
    贷：投资收益                       160 000
```

A公司持有至到期投资债券的会计确认的投资收益为40 000元，税法与会计无差异。

持有至到期投资重分类时，可供出售金融资产的计税基础应当是2 400 000元，转让收款2 600 000元，税收确认的投资收益应为200 000元，会计确认的投资收益是200 000元，会计和税法无差异，不需调整。

（五）长期股权投资的纳税调整

长期股权投资包括三个方面：①投资企业能够对被投资单位实施控制的权益性投资，即对子公司的投资；②投资企业与其他合营方一同对被投资单位实施共同控制的权益性投资，即对合营企业投资；③投资企业对被投资单位有重大影响的权益性投资，即对联营企业的投资。

长期股权投资在取得时应按初始投资成本入账。长期股权投资的初始投资成本，应分别根据形成控股合并和不形成控股合并情况确定。后续计量分别采用成本法和权益法。

1. 长期股权投资的会计核算（见表4-7）

表4-7　长期股权投资会计核算

会计科目	长期股权投资——投资成本（投资时点） ——损益调整（持有期间被投资单位净损益及利润分配变动） ——其他综合收益（投资后其他综合收益变动） ——其他权益变动（投资后其他权益变动）				
	形成控股合并		不形成控股合并		
	同一控制	非同一控制			
初始计量	1. 合并方以支付现金、转让非现金资产或承担债务方式作为合并对价的：合并日取得被合并方所有者权益账面价值的份额作为长期股权投资的初始投资成本，长期股权投资的初始投资成本与支付的现金、转让的非现金资产及所承担债务账面价值同的差额，调整资本公积（资本溢价或股本溢价），资本公积不足冲减的，调整留存收益。 2. 以发行权益性证券作为合并对价：按发行股份取得被合并方所有者权益账面价值的份额作为长期股权投资的初始投资成本，调整资本公积（资本溢价或股本溢价），资本公积不足冲减的，调整留存收益。	按合并成本作为长期股权投资的初始投资成本，合并成本包括购买方付出的资产、发生或承担的负债和发行的权益性证券的公允价值之和。投出资产公允价值与其账面价值不同的差额应分别进行会计处理，计入"营业外收入（支出）""投资收益"等。	1. 以支付现金取得的长期股权投资，应当按照实际支付的购买价款作为长期股权投资的初始投资成本，包括与取得长期股权投资直接相关的费用； 2. 以发行权益性证券取得长期股权投资，其成本为发行权益性证券的公允价值。 3. 以债务重组、非货币性资产交换等方式取得的长期股权投资，以换出资产的公允价值及相关税费作为换入资产的入账价值。		
后续计量	成本法		权益法		
	投资企业对被投资单位实施控制		投资企业对被投资单位具有共同控制或重大影响		

续表

长期股权投资的会计处理		1. 长期股权投资的初始投资成本>投资时应享有被投资单位可辨认净资产公允价值份额的，不调整长期股权投资的初始投资成本； 长期股权投资的初始投资成本<投资时应享有被投资单位可辨认净资产公允价值份额的，应调整其差额，借记"长期股权投资——投资成本"科目，贷记"营业外收入"科目。 2. 投资企业取得长期股权投资后，应当按照应享有或分担的被投资单位实现的净损益的份额，确认投资损益并调整长期股权投资的账面价值。 （1）被投资单位实现净利润 借：长期股权投资——损益调整 　　贷：投资收益 （2）亏损做相反分录 3. 当被投资单位其他综合收益发生变动时，投资企业应当按照属于本企业的部分，相应调整长期股权投资的账面价值，同时增加或减少其他综合收益。 借：长期股权投资——其他综合收益 　　贷：其他综合收益 （或相反分录） 被投资单位除净损益、其他综合收益和利润分配以外所有者权益的其他变动。 借：长期股权投资——其他权益变动 　　贷：资本公积——其他资本公积 （或相反分录）	1. "长期股权投资——投资成本"科目反映取得时的成本 2. 被投资单位宣告发放现金股利（享有被投资单位宣告发放的现金股利或利润） 借：应收股利 　　贷：投资收益 3. 计提减值准备 借：资产减值损失 　　贷：长期股权投资减值准备
	处置	1. 确认投资收益 借：银行存款等 　　长期股权投资减值准备 　　贷：长期股权投资 （或借）投资收益 2. 结转其他综合收益和利润分配以外的其他权益法核算时全部转入当期投资收益。 者权益，应当在终止采用权益法核算时全部转入当期投资收益。	借：银行存款等 　　长期股权投资减值准备 　　贷：长期股权投资 （或借）投资收益

2. 长期股权投资的税会差异及调整

（1）初始计量的税会差异及调整

长期股权投资在初始计量的税会差异主要体现在：

同一控制下的控股合并会计入账价值与计税基础不同，会计上以被合并方所有者权益账面价值的份额，作为长期股权投资的初始成本，税法规定投资性资产的计税基础为实际支付的价款或通过支付现金以外的方式取得的投资资产，以该资产的公允价值和支付的相关税费为成本。

非同一控制下的合并和不形成控股合并取得的长期股权投资初始计量税法和会计的规定是一致的，都是以实际支付的价款或通过支付现金以外的方式取得的长期股权投资，以该换出资产的公允价值和支付的相关税费为成本。

（2）后续计量的税会差异及调整

会计上将长期股权投资的后续计量分为成本法和权益法，税会差异主要体现在以下两个方面：

一是，会计规定对存在减值迹象的长期股权投资计提减值准备，税法规定资产持有期间增值减值不得调整计税基础。

2014年7月1日开始实施的《企业会计准则第2号——长期股权投资》（财会〔2014〕14号）中规定：在成本法下，按照被投资单位宣告发放股利的时间确认投资收益的实现，不管有关利润分配是属于取得投资前还是取得投资后被投资单位实现净利润的分配。这与税法按照被投资单位宣告发放股利确认投资收益的规定是一致的。

但是，在成本法下，投资企业确认自被投资单位应分得的现金股利或利润后，需要对长期股权投资进行减值测试，如果可收回金额低于长期股权投资账面价值，应当计提减值准备，与税法的规定存在差异，在所得税汇算清缴时需要将已计提的减值准备纳税调增。

二是在权益法下，按照被投资单位所有者权益的变动调整长期股权投资的账面价值，税法规定资产持有期间增值减值不得调整计税基础。

权益法下，在初始计量时，需要将长期股权投资的初始投资成本低于被投资单位可辨认净资产公允价值份额的部分确认收益，在持有期间应当按照应享有或应分担的被投资单位实现的净损益的份额，确认投资损益或损失，并相应调整长期股权投资的账面价值。

当被投资单位其他综合收益发生变动或发生所有者权益的其他变动时，确认其他综合收益或资本公积，同时调整长期股权投资的账面价值。在所得税汇算清缴时，需要将在持有期内按被投资单位所有者权益变动确认的收益纳税调减，确认的损失纳税调增。

（3）转让时的税会差异及调整

一是因账面价值低于计税基础产生的税会差异。

采用成本法核算的长期股权投资，税会差异主要体现在会计确认的投资收益是以实际收到的处置收入扣除账面价值后的余额，税法确认的投资收益是以实际收到的处置收入扣除计税基础后的余额，如果计提了长期股权投资减值准备，账面价值低于计税基础，会计确认的收益高于税法确认的收益，需要纳税调减。

二是因权益法确认的其他综合收益及其他所有者权益变动引起的税会差异。

采取权益法核算的长期股权投资，结转其他综合收益和利润分配以外的其他所有者权益变动而确认的所有者权益，应当在终止采用权益法核算时全部转入当期投资收益。税法确认的投资收益是以实际收到的处置收入扣除计税基础后的余额，会产生会计与税法在收益确认上的差异，需要做相应的纳税调整。

【案例4-3】分析4

A公司9月25日取得D公司30%股权，具有重大影响，采用权益法核算，其会计处理：

取得时：

借：长期股权投资——投资成本　　　　　　20 000 000

　　贷：银行存款　　　　　　　　　　　　　　20 000 000

按照在被投资单位D公司可辨认净资产公允价值中占的份额调整长期股权投资账面价值7 000×30%=2 100（万元）

借：长期股权投资——投资成本　　　　　　1 000 000

　　贷：营业外收入　　　　　　　　　　　　　1 000 000

D公司2015年度实现利润200万元，A公司调整长期股权投资账面价值

借：长期股权投资——损益调整　　　　　600 000
　　贷：投资收益　　　　　　　　　　　　　　600 000

D公司2015年其他综合收益增加，A公司调整长期股权投资账面价值

借：长期股权投资——损益调整　　　　　300 000
　　贷：其他综合收益　　　　　　　　　　　300 000

会计采用权益法核算D公司的长期股权投资，对初始投资成本调增1 000 000元，以及随着被投资单位所有者权益变动对长期股权投资账面价值调增并确认的投资收益600 000元和其他综合收益300 000元均需要进行纳税调减。

二、《A105030投资收益纳税调整明细表》的填写

（一）行次填报

按行次分，本表分为九大部分，分别反映交易性金融资产、可供出售金融资产、持有至到期投资、衍生工具、交易性金融负债、长期股权投资、短期投资、长期债券投资、其他投资等的持有期和转让时确认的投资收益纳税调整情况。

（二）列次填报

本表列次分三大部分：

1.第一部分：第1列~第3列反映持有收益。

第1列"账载金额"，反映纳税人持有投资项目，会计核算确认的投资收益。

第2列"税收金额"，反映纳税人持有投资项目，按照税法规定确认的投资收益。

第3列"纳税调整金额"，反映纳税人持有投资项目，会计核算确认投资收益与税法规定投资收益的差异需纳税调整金额，为第2列−第1列的余额。

2. 第二部分：第4列~第10列反映处置收益。

第4列"会计确认的处置收入"，反映纳税人收回、转让或清算处置投资项目，会计核算确认的扣除相关税费后的处置收入金额。

第5列"税收计算的处置收入"，反映纳税人收回、转让或清算处置投资项目，按照税法规定计算的扣除相关税费后的处置收入金额。

第6列"处置投资的账面价值"，反映纳税人收回、转让或清算处置的投资项目，会计核算的投资处置成本的金额。

第7列"处置投资的计税基础"，反映纳税人收回、转让或清算处置的投资项目，按税法规定计算的投资处置成本的金额。

第8列"会计确认的处置所得或损失"，反映纳税人收回、转让或清算处置投资项目，会计核算确认的处置所得或损失，为第4列-第6列的余额。

第9列"税收计算的处置所得"，反映纳税人收回、转让或清算处置投资项目，按照税法规定计算的处置所得，为第5列-第7列的余额，税收计算为处置损失的，本表不作调整，在《A105090资产损失税前扣除及纳税调整明细表》进行纳税调整。

第10列"纳税调整金额"，反映纳税人收回、转让或清算处置投资项目，会计处理与税法规定不一致需纳税调整金额，为第9列-第8列的余额。

3. 第三部分：第11列反映持有收益和处置收益的纳税调整金额。

（三）表间关系

1. 第10行第1列+第8列=表A105000第4行第1列。

2. 第10行第2列+第9列=表A105000第4行第2列。

3. 第10行第11列，若≥0，填入表A105000第4行第3列；若<0，将绝对值填入表A105000第4行第4列。

（四）案例解析

【案例4-3】分析5

根据A公司2015年度业务填写《A105030投资收益纳税调整明细表》，见表4-8。

表4–8　　A105030　投资收益纳税调整明细表

单位：元

行次	项目	持有收益 账载金额 1	持有收益 税收金额 2	持有收益 纳税调整金额 3(2-1)	处置收益 会计确认的处置收入 4	处置收益 税收计算的处置收入 5	处置收益 处置投资的账面价值 6	处置收益 处置投资的计税基础 7	处置收益 会计确认的处置所得或处置损失 8(4-6)	处置收益 税收计算的处置所得 9(5-7)	处置收益 纳税调整金额 10(9-8)	纳税调整金额 11(3+10)
1	一、交易性金融资产	100 000	0	-100 000								-100 000
2	二、可供出售金融资产	155 000	55 000	-100 000	2 600 000	2 600 000	2 400 000	2 400 000	200 000	200 000	0	-100 000
3	三、持有至到期投资				640 000	640 000	600 000	600 000	40 000	40 000	0	0
4	四、衍生工具											
5	五、交易性金融负债											
6	六、长期股权投资	900 000	0	-900 000								-900 000
7	七、短期投资											
8	八、长期债券投资											
9	九、其他											
10	合计（1+2+3+4+5+6+7+8+9）	1 155 000	55 000	-1 100 000	3 240 000	3 240 000	3 000 000	3 000 000	240 000	240 000	0	-1 100 000

第四章　收入类项目的纳税调整及申报

填写要点：

《A105030投资收益纳税调整明细表》（以下简称表A105030）仅反映各类投资性资产持有期和转让时的投资收益，初始计量的税会差异直接在《A105000纳税调整项目明细表》（以下简称表A105000）中填报。

1. 交易性金融资产初始交易费用8 000元需要做纳税调增，填列表A105000第6行第3列"调增金额"。持有期公允价值变动会计确认收益100 000元，税法不确认收益在表A105030第1行第1列"账载金额"填100 000元，第2列"税收金额"填0，第3列"纳税调增金额"-100 000元。

2. 第2行填写"可供出售金融资产"的持有收益和转让收益，其中：

第1列～第2列填写7月1日购入的债券，第1列填2015年投资收益的"账载金额"，为86 400元和68 600元之和155 000元，第2列填"税收金额"55 000元，第3列填-100 000元。

4月30日出售债券的结果填写第4列～第9列，第4列填2 600 000元，第5列填2 600 000元，第6列填2 400 000元，第7列填2 400 000元，第8列填200 000元，第9列填200 000元，第10列0，第11列为第3列与第10列的和填-100 000元。

3. 第3行填写"持有至到期投资"，4月6日转让持有至到期投资，第4列填640 000元，第5列填640 000元，第6列填600 000元，第7列填600 000元，第8列填40 000元，第9列填40 000元，第10列填0。

4. 第6行填写"长期股权投资"，9月25日取得的D公司股权，采用权益法，对初始投资成本的调整确认的收益100 000填入A105000第5行第4列"调减金额"；持有期收益填写本表，第1列填900 000元，第2列填0，第3列填-900 000元。

5. 第10行为合计数，第1列1 155 000元与第8列240 000元合计数1 395 000元转入表A105000第4行"（三）投资收益"第1列"账载金额"，第2列55 000元与第9列240 000元合计数295 000元转入表A105000第4行第2列"税收金额"，第11列-1 100 000元的绝对值转入表A105000第4行第4列"调减金额"。

第四节　专项用途财政性资金的纳税调整及申报

【案例4-4】[①]

A公司2015年收到财政专项资金100万元,当年一次性计入营业外收入,符合不征税收入的条件,支出80万元;同时,若2013年同样有一笔不征税收入800万元,计入2015年利润表收入100万元,2013年开始A公司每年支付100万元,2010年12月有一笔不征税收入1 000万元,计入2015年利润表收入150万元,2010年开始,每年支出150万元,结余100万元未支出,没有上缴财政。

请完成下列问题:
1. 分析A公司2015年度不征税收入的会计处理、税务处理及纳税调整。
2. 填写《A105040专项用途财政性资金纳税调整明细表》。

一、专项用途财政性资金的纳税调整

(一)税法规定

《企业所得税法》第七条规定:收入总额中的下列收入为不征税收入,包括财政拨款,依法收取并纳入财政管理的行政事业性收费、政府性基金,国务院规定的其他不征税收入。《企业所得税法实施条例》第二十六条规定:《企业所得税法》第七条第(三)项所称国务院规定的其他不征税收入,是指企业取得的,由国务院财政、税务主管部门规定专项用途并经国务

[①] 郝龙航,王骏.企业所得税新申报表填报攻略和案例分析[M].北京:中国市场出版社,2015:187-189.

院批准的财政性资金。

《财政部 国家税务总局关于专项用途财政性资金企业所得税处理问题的通知》(财税〔2011〕70号)(以下简称财税〔2011〕70号文件)规定：对企业从县级以上各级人民政府财政部门及其他部门取得的应计入收入总额的财政性资金，自2011年1月1日起，凡同时符合以下条件的，可以作为不征税收入，在计算应纳税所得额时从收入总额中减除：

(1)企业能够提供规定资金专项用途的资金拨付文件；

(2)财政部门或其他拨付资金的政府部门对该资金有专门的资金管理办法或具体管理要求；

(3)企业对该资金以及以该资金发生的支出单独进行核算。

企业将符合财税〔2011〕70号文件第一条规定条件的财政性资金作不征税收入处理后，在5年(60个月)内未发生支出且未缴回财政部门或其他拨付资金的政府部门的部分，应计入取得该资金第六年的应税收入总额；计入应税收入总额的财政性资金发生的支出，允许在计算应纳税所得额时扣除。

也就是说，企业取得的财政性资金必须同时满足上述3个条件才可以享受不征税收入的待遇，否则，应并入应纳税所得额缴纳企业所得税。

(二)会计规定

《企业会计准则第16号——政府补助》分为与资产相关的政府补助和与收益相关的政府补助。主要形式包括财政拨款、财政贴息、税收返还、无偿划拨非货币性资产等。存在相关递延收益的，冲减相关递延收益账面余额，超出部分计入当期损益(营业外收入)；若不存在相关递延收益的，计入当期损益(营业外收入)。即政府补助计入损益，而不是计入权益，因此采用新准则以后，政府补助将会给企业带来利润而不是权益。

(三)税会差异

新企业会计准则规定，企业取得与收益相关并用于补偿企业已发生费用或损失的，取得时直接计入当期营业外收入。这与税法规定一致，没有差异。

新企业会计准则规定，企业取得与收益相关并用于补偿企业以后期间费用或损失的政府补助和企业取得与资产相关的政府补助，会计上不在取得当期计入营业外收入，而是先确认为递延收益再在以后各期间计入营业外收入。而税法是收到政府补助当期确认收入，缴纳企业所得税，因此存在差异，需要纳税调整。

【案例4-4】分析1

按照财税〔2011〕70号文件规定，A公司取得的2010年财政专项资金1 000万元、2013年财政专项资金800万元、2015年财政专项资金100万元满足3个条件作为不征税收入，同时不征税收入用于支出所形成的费用，不得在计算应纳税所得额时扣除。用于支出所形成的资产，其计算的折旧、摊销不得在计算应纳税所得额时扣除。

基于以上分析，本案例中A公司2015年财政专项资金计入2015年损益的金额330万元（150+100+80=330），不得在计算应纳税所得额时扣除，需要做纳税调减，2010年财政专项资金1 000万元已经使用900万元（150+150+150+150+150+150=900），2015年没有使用完的2010年的财政专项资金100万元（1000-900=100），因为超过5年，不再属于不征税收入，因此属于应税收入，需要在2015年纳税调增100万元。

二、《A105040专项用途财政性资金纳税调整明细表》的填写

《A105040专项用途财政性资金纳税调整明细表》对不征税收入用于支出形成的费用进行调整，不征税收入的资本化支出要通过《A105080资产折旧、摊销情况及纳税调整明细表》进行纳税调整。

（一）行次填报

按行次分，本表前6行分别反映本年起依次向前推进5个年度的专项用途财政性资金纳税调整情况。第7行反映合计数。

（二）列次填报

本表列次分六大部分：

1. 第一部分：第1列"取得年度"，反映取得专项用途财政性资金的公历年度。第5行~第1行依次从6行往前倒推，第6行为申报年度。

2. 第二部分：第2列"财政性资金"，反映纳税人相应年度实际取得的财政性资金金额。

3. 第三部分：第3列~第4列反映符合不征税收入条件的财政性资金的情况。

第3列"其中：符合不征税收入条件的财政性资金"，反映纳税人相应年度实际取得的符合不征税收入条件且已作不征税收入处理的财政性资金金额。

第4列"其中：计入本年损益的金额"，反映第3列"其中：符合不征税收入条件的财政性资金"中，会计处理时计入本年（申报年度）损益的金额。本列第7行金额为《A105000纳税调整项目明细表》第9行"其中：专项用途财政性资金"的第4列"调减金额"。

4. 第四部分：第5列~第9列，反映纳税人作为不征税收入处理的符合条件的财政性资金，在申报年度以前的5个纳税年度发生的支出金额。前一年度，填报本年的上一纳税年度，以此类推。

5. 第五部分：第10列~第11列反映本年不征税收入支出情况。

第10列"支出金额"，反映纳税人历年作为不征税收入处理的符合条件的财政性资金，在本年（申报年度）用于支出的金额。

第11列"其中：费用化支出金额"，反映纳税人历年作为不征税收入处理的符合条件的财政性资金，在本年（申报年度）用于支出计入本年损益的费用金额，本列第7行金额为《A105000纳税调整项目明细表》第25行"其中：专项用途财政性资金用于支出所形成的费用"的第3列"调增金额"。

6. 第六部分：第12列~第14列反映本年不征税收入结余情况。

第12列"结余金额"，反映纳税人历年作为不征税收入处理的符合条件的财政性资金，减除历年累计支出（包括费用化支出和资本性支出）后尚未使用的不征税收入余额。

第13列"其中：上缴财政金额"，反映第12列"结余金额"中向财政部门或其他拨付资金的政府部门缴回的金额。

第14列"应计入本年应税收入金额"，反映企业以前年度取得财政性资金且已作为不征税收入处理后，在5年（60个月）内未发生支出且未缴回财政部门或其他拨付资金的政府部门，应计入本年应税收入的金额。本列第7行金额为《A105000纳税调整项目明细表》第9行"其中：专项用途财政性资金"的第3列"调增金额"。

（三）表间关系

1. 第7行第4列=表A105000第9行第4列。

2. 第7行第11列=表A105000第25行第3列。

3. 第7行第14列=表A105000第9行第3列。

（四）案例解析

【案例4-4】分析2

根据A公司2015年度业务填写《A105040专项用途财政性资金纳税调整明细表》，见表4-9。

第四章 收入类项目的纳税调整及申报 111

表4-9 A105040 专项用途财政性资金纳税调整明细表

单位：元

行次	项目	取得年度	财政性资金	其中：符合不征税收入条件的财政性资金		以前年度支出情况					本年支出情况		本年结余情况		
				金额	其中：计入本年损益的金额	前五年度	前四年度	前三年度	前二年度	前一年度	支出金额	其中：费用化支出金额	结余金额	其中：上缴财政金额	应计入本年应税收入金额
			2	3	4	5	6	7	8	9	10	11	12	13	14
1	前五年度	2010	10 000 000	10 000 000	1 500 000	1 500 000	1 500 000	1 500 000	1 500 000	1 500 000	1 500 000	1 500 000	1 000 000	0	1 000 000
2	前四年度	2011				*	*	*	*	*			—		
3	前三年度	2012				*	*	*	*	*			—		
4	前二年度	2013	8 000 000	8 000 000	1 000 000	*	*	1 000 000	1 000 000	1 000 000	1 000 000	1 000 000	5 000 000		
5	前一年度	2014				*	*	*	*	*					
6	本年	2015	1 000 000	1 000 000	800 000	*	*	*	*	*	800 000	800 000	200 000		
7	合计(1+2+3+4+5+6)	*	19 000 000	19 000 000	3 300 000	*	*	*	*	*	3 300 000	3 300 000	6 200 000		1 000 000

注：国家税务总局公布的报表中"以前年度支出情况"部分列次用"*"表示不填写，只反映本年支出情况和结余情况合计数。

填写要点：

（1）A公司2015年所得税纳税申报表《A105040专项用途财政性资金纳税调整明细表》第1列"取得年度"：第6行"本年"填2015，第5行"前一年度"填2014，第4行"前二年度"填2013，第3行"前三年度"填2012，第2行"前四年度"：填2011，第3行"前五年度"：填2010；

（2）第1行反映"前五年度"即2010年专项用途财政性资金纳税调整的情况，2010年有一笔不征税收入10 000 000元，因此第2列"财政性资金"填10 000 000元，第3列"符合不征税收入条件的财政性资金金额"填10 000 000元，第4列"计入本年损益的金额"填1 500 000元，自2009年每年支出1 500 000元，因此第5列～第10列分别填写1 500 000元，2014年支出1 500 000元属于费用化支出，因此第11列"其中：费用化支出金额"填写1 500 000元，2015年有未支出专项用途财政性资金1 000 000元，因此第12列"结余金额"填写1 000 000元，2010年未发生支出且未缴回财政部门的不征税收入1 000 000元超过60个月，应计入应税收入。因此，第4列"应计入本年应税收入金额"填写1 000 000元；

（3）第4行反映"前二年度"即2013年专项用途财政性资金纳税调整的情况，2013年有一笔不征税收入8 000 000元，因此第2列"财政性资金"填8 000 000元，第3列"符合不征税收入条件的财政性资金金额"填8 000 000元，第4列"计入本年损益的金额"填1 000 000元，自2013年每年支出1 000 000元，因此第8列～第10列分别填写1 000 000元，2014年支出1 000 000元属于费用化支出，因此第11列"其中：费用化支出金额"填写1 000 000元，第12列"结余金额"填写5 000 000元；

（4）第6行反映"本年"即2015年专项用途财政性资金纳税调整的情况，2015年有一笔不征税收入1 000 000元，因此第2列"财政性资金"填1 000 000元，第3列"符合不征税收入条件的财政性资金金额"填1 000 000元，第4列"计入本年损益的金额"填800 000元，2014年支出800 000元，因此第10列填写800 000元，2015年支出800 000元属于费用化支出，因此第11列"其中：费用化支出金额"填写800 000元，第12列"结余金额"填写200 000元；

（5）第7行"合计"计算第2行～第6行的合计金额，第4列"其中：计入本年损益的金额"3 300 000元再转入《A105000纳税调整项目明细表》第9行"其中：专项用途财政性资金"第4列"调减金额"；第14列"应计入本年应税收入金额"1 000 000元再转入《A105000纳税调整项目明细表》第9行"其中：专项用途财政性资金"第3列"调增金额"。

第五章 扣除类项目的纳税调整及申报

【学习目标】
1. 掌握主要扣除类项目的税务处理及纳税调整；
2. 掌握扣除类调整项目的纳税申报。

按照税法扣除的标准对企业的扣除项目分成三类：税前全额扣除项目、税前限额扣除项目和税前不得扣除项目。

1. 税前全额扣除项目

是指纳税人实际发生的成本费用等项目，税法允许全额税前扣除。如纳税人实际计算缴纳的营业税金及附加、实际发生的销货成本等，会计和税法没有差异，无需纳税调整。

2. 税前限额扣除项目

是指税法对部分扣除项目的税前扣除限额做了规定，实际发生的扣除项目在不超过该限额的范围内进行税前扣除。主要针对一些可能不合理的支出项目，如福利费支出、业务招待费支出、利息支出等。企业实际发生的扣除项目金额未超过限额的，据实扣除；超过限额的，对超过部分需要进行纳税调增。

3. 税前不得扣除项目

是指会计计入当期损益而税法明确规定不允许税前扣除的成本、费用和损失。如税收滞纳金、行政罚款、与取得收入无关的支出等，需全额进行纳税调增。

第一节 职工薪酬的纳税调整及申报

《企业会计准则第9号——职工薪酬》（财会〔2014〕8号）（以下简称《职工薪酬准则》）规定，职工薪酬，是指企业为获得职工提供的服务或解除劳动关系而给予的各种形式的报酬或补偿。职工薪酬包括短期薪酬、离职后福利、辞退福利和其他长期职工福利。企业提供给职工配偶、子女、受赡养人、已故员工遗属及其他受益人等的福利，也属于职工薪酬。

其中所称职工，是指与企业订立劳动合同的所有人员，含全职、兼职和临时职工，也包括虽未与企业订立劳动合同但由企业正式任命的人员。包括通过企业与劳务中介公司签订用工合同而向企业提供服务的人员。

《职工薪酬准则》规定，企业应当在职工为其提供服务的会计期间，将应付的职工薪酬确认为负债，根据职工提供服务的受益对象，分情况进行处理。应由生产产品、提供劳务负担的职工薪酬，计入产品成本或劳务成本；应由在建工程、无形资产负担的职工薪酬，计入固定资产或无形资产成本；其他的计入当期损益。在应付职工薪酬总账下分别设置工资、职工福利、社会保险费、住房公积金、工会经费、职工教育经费、非货币性福利、辞退福利、累计带薪缺勤等明细账。

职工薪酬的纳税调整主要通过《A105050职工薪酬纳税调整明细表》体现。

一、工资、薪金支出的纳税调整

（一）会计规定

《职工薪酬准则》规定：职工工资、奖金、津贴和补贴，包括计时工资、计件工资、支付给职工的超额劳动报酬、为了补偿职工特殊或额外的劳动消耗和其他特殊原因支付给职工的津贴，以及为了保证职工工资水平不受物价影响支付给职工的奖金、津贴和物价补贴等。

(二) 税法规定

《企业所得税法实施条例》规定，企业发生的合理的工资薪金支出，准予扣除。所称的"工资薪金总额"，是企业每一纳税年度支付给本企业任职或者受雇的员工的所有现金形式或非现金形式的劳动报酬，包括基本工资、奖金、津贴、补贴、年终加薪、加班工资，以及与员工任职或者受雇有关的其他支出。

根据《国家税务总局关于企业工资薪金及职工福利费扣除问题的通知》（国税函〔2009〕3号）（以下简称国税函〔2009〕3号文件），合理工资薪金，是指企业按照股东大会、董事会、薪酬委员会或相关管理机构制定的工资薪金制度规定实际发放给员工的工资薪金。税务机关在对工资薪金进行合理性确认时，可以按照以下原则掌握：

1. 企业制订了较为规范的员工工资薪金制度；
2. 企业所制订的工资薪金制度符合行业及地区水平；
3. 企业在一定时期所发放的工资薪金是相对固定的，工资薪金的调整是有序进行的；
4. 企业对实际发放的工资薪金，已依法履行了代扣代缴个人所得税义务；
5. 有关工资薪金的安排，不以减少或逃避税款为目的。

(三) 差异分析

税法上允许扣除的工资薪金要强调两点：一是准予税前扣除的，应该是企业实际所发生的工资薪金支出，即企业已经实际支付给职工的那部分薪金支出，尚未支付的工资薪金支出，不能在其未支付的纳税年度内扣除，只有等到实际发生后，才准予税前扣除。二是所发生的工资薪金的合理性。凡是符合企业生产经营活动常规而发生的工资薪金支出都可以在税前据实扣除，支付给职工的不合理工资薪金支出，不允许税前扣除。

企业的职工除了取得劳动报酬外，可能还持有企业的股权，因此必须将工资薪金支出与股息分配区别开来，防止企业的所有者通过给自己支付高工资的办法，变相分配利润。

【综合案例】分析5-1

ABC科技应付职工薪酬中工资计提18 254 667.85元，并已实际发放，该工资标准符合当地工资水平标准，属于合理工资薪金，准予税前扣除。

二、职工福利费支出的纳税调整

（一）会计规定

根据《关于企业加强职工福利费财务管理的通知》（财企〔2009〕242号）规定，企业职工福利费是指企业为职工提供的除职工工资、奖金、津贴、纳入工资总额管理的补贴、职工教育经费、社会保险费和补充养老保险费（年金）、补充医疗保险费及住房公积金以外的福利待遇支出，包括发放给职工或为职工支付的以下各项现金补贴和非货币性集体福利：

1. 为职工卫生保健、生活等发放或支付的各项现金补贴和非货币性福利，包括职工因公外地就医费用、暂未实行医疗统筹企业职工医疗费用、职工供养直系亲属医疗补贴、职工疗养费用、自办职工食堂经费补贴或未办职工食堂统一供应午餐支出、符合国家有关财务规定的供暖费补贴、防暑降温费等。

2. 企业尚未分离的内设集体福利部门所发生的设备、设施和人员费用，包括职工食堂、职工浴室、理发室、医务所、托儿所、疗养院、集体宿舍等集体福利部门设备、设施的折旧、维修保养费用以及集体福利部门工作人员的工资薪金、社会保险费、住房公积金、劳务费等人工费用。

3. 职工困难补助，或者企业统筹建立和管理的专门用于帮助、救济困难职工的基金支出。

4. 离退休人员统筹外费用，包括离休人员的医疗费及离退休人员其他统筹外费用。企业重组涉及的离退休人员统筹外费用，按照《财政部关于企业重组有关职工安置费用财务管理问题的通知》（财企〔2009〕117号）执行。国家另有规定的，从其规定。

5. 按规定发生的其他职工福利费，包括丧葬补助费、抚恤费、职工异地安家费、独生子女费、探亲假路费，以及符合企业职工福利费定义但没有包括在本通知各条款项目中的其他支出。

企业为职工提供的交通、住房、通信待遇，已经实行货币化改革的，按月按标准发放或支付的住房补贴、交通补贴或者车改补贴、通信补贴，应当纳入职工工资总额，不再纳入职工福利费管理；尚未实行货币化改革的，企业发生的相关支出作为职工福利费管理，但根据国家有关企业住房制度改革政策的统一规定，不得再为职工购建住房。

企业给职工发放的节日补助、未统一供餐而按月发放的午餐费补贴，应当纳入工资总额管理。

（二）税法规定

1. 职工福利费开支范围

根据国税函〔2009〕3号文件，企业职工福利费包括以下内容：

（1）尚未实行分离办社会职能的企业，其内设福利部门所发生的设备、设施和人员费用，包括职工食堂、职工浴室、理发室、医务所、托儿所、疗养院等集体福利部门的设备、设施及维修保养费用和福利部门工作人员的工资薪金、社会保险费、住房公积金、劳务费等。

（2）为职工卫生保健、生活、住房、交通等所发放的各项补贴和非货币性福利，包括企业向职工发放的因公外地就医费用、未实行医疗统筹企业职工医疗费用、职工供养直系亲属医疗补贴、供暖费补贴、职工防暑降温费、职工困难补贴、救济费、职工食堂经费补贴、职工交通补贴等。

（3）按照其他规定发生的其他职工福利费，包括丧葬补助费、抚恤费、安家费、探亲假路费等。

企业发生的职工福利费，应该单独设置账册，进行准确核算。没有单独设置账册准确核算的，税务机关应责令企业在规定的期限内进行改正。逾期仍未改正的，税务机关可对企业发生的职工福利费进行合理的核定。

2. 职工福利费支出比例

企业发生的职工福利费支出，不超过工资、薪金总额14%的部分准予扣除。工资、薪金总额是指企业实际发生的合理的工资、薪金总额。

(三)税法与会计差异

会计按实际发生的职工福利费金额在计算利润总额时全额扣除,但税法则规定允许扣除的职工福利费是企业实际发生的,且不超过工资薪金总额14%的部分,超过部分,不得税前扣除。

【综合案例】分析5-2

ABC科技当年合理工资总额18 254 667.85元,以其作为计算职工福利费税前扣除限额的基数。

职工福利费扣除限额=18 254 667.85×14%=2 555 653.5(元)

实际发生的职工福利费为208 243.41元,因实际发生数未超过限额,按实际发生数扣除,无需进行纳税调整。

三、职工教育经费支出的纳税调整与申报

(一)会计规定

财政部、全国总工会等部门联合印发的《关于企业职工教育经费提取与使用管理的意见》(财建〔2006〕317号)规定:

1. 企业要足额提取职工教育培训经费。要保证经费专项用于职工特别是一线职工的教育和培训,严禁挪作他用。

2. 企业的职工教育培训经费提取、列支与使用必须严格遵守国家有关财务会计和税收制度的规定。

3. 职工教育培训经费必须专款专用,面向全体职工开展教育培训,特别是要加强各类高技能人才的培养。

4. 企业职工教育培训经费列支范围包括:①上岗和转岗培训;②各类岗位适应性培训;③岗位培训、职业技术等级培训、高技能人才培训;④专业技术人员继续教育;⑤特种作业人员培训;⑥企业组织的职工外送培训的经费支出;⑦职工参加的职业技能鉴定、职业资格认证等经费支出;⑧购置教学设备与设施;⑨职工岗位自学成才奖励费用;⑩职工教育培训管理费用;

⑪有关职工教育的其他开支。

（二）税法规定

除国务院财政、税务主管部门另有规定外，企业发生的职工教育经费支出，不超过工资、薪金总额2.5%的部分准予扣除，超过部分准予结转以后纳税年度扣除。

根据《财政部 国家税务总局关于进一步鼓励软件产业和集成电路产业发展企业所得税政策的通知》（财税〔2012〕27号）规定，集成电路设计企业和符合条件软件企业的职工培训费用，应单独进行核算并按实际发生额在计算应纳税所得额时扣除。

企业职工参加社会上的学历教育以及个人为取得学位而参加的在职教育，所需费用应由个人承担，不能挤占企业的职工教育培训经费。企业高层管理人员的境外培训和考察，其一次单项支出较高的费用应从其他管理费用中支出。

【综合案例】分析5-3

ABC科技当年实际发生的职工职工教育经费2 765 312.47元 因为ABC科技被认定为软件生产企业，其职工培训费用支出应单独进行核算并可以按实际发生额税前扣除。

（三）差异分析

会计上计入利润总额的职工教育经费，一般情况下可以通过"应付职工薪酬——职工教育经费"科目的贷方累计发生额填列，但应注意企业直接计入成本费用，没有通过该科目的职工教育经费也影响利润总额，而税收规定允许扣除的职工教育经费，是企业发生的不超过工资总额2.5%的部分，超过部分准予结转以后纳税年度扣除，二者之间的差额应当进行纳税调整。

【例5-1】 W公司2014年发生工资薪金总额350万元，当年实际发生职工教育经费支出12万元；2015年实际发生工资薪金总额600万元，当年实际发生职工教育经费支出10万元。假定该企业各年度工资薪金支出均符合合理标准，分析W公司2014年度和2015年度税前允许扣除的职工教育经费金额。

分析：

W公司2014年可在所得税前列支的职工教育经费限额=350×2.5%=8.75（万元）

因为W公司2014年实际发生的职工教育经费12万元大于税前扣除限额，所以按照税前扣除限额8.75万元扣除，2014年纳税调增3.25万元，同时未扣除的3.25万元结转到以后年度扣除。

2015年可税前列支的职工教育经费限额=600×2.5%=15（万元）

2015年W公司实际发生职工教育经费10万元以及2014年度结转下来的3.25万元合计为13.25万元，未超过税法规定的限额，可税前全部扣除。2015年度W公司纳税调减3.25万元。至此，在职工教育经费上税法和会计差异消失。

四、工会经费支出的纳税调整与申报

（一）会计规定

根据《企业财务通则》（财政部令第41号）的规定，建立工会组织的企业，按每月全部职工工资总额的2%拨缴经费，并在成本费用中列支。企业无正当理由拖延或者拒不拨缴工会经费的，基层工会或者上级工会可以向当地人民法院申请支付令；拒不执行支付令的，工会可以依法申请人民法院强制执行。

（二）税法规定

企业拨缴的工会经费，不超过工资、薪金总额2%的部分，准予扣除。企业划拨工会组织经费时，凭工会组织开具的《工会经费拨缴款专用收据》入账，在税法允许的扣除限额内扣除。在委托税务机关代收工会经费的地区，企业拨缴的工会经费也可凭合法、有效的工会经费代收凭据依法在税前扣除。企业自行列支的工会经费税前不得扣除。

(三)差异分析

税法允许扣除的工会经费的计算基数是税法口径的工资薪金,而会计上计提工会经费的基数是会计口径上的工资总额,如果会计和税法的计提基数不同,由此造成的差异需要进行纳税调整。另外,企业在划拨给企业工会组织经费时,必须取得工会组织开具的《工会经费拨缴款专用收据》,才能已税法允许的扣除限额内扣除。

五、各类基本社会保障性缴款的纳税调整

基本社会保障性缴款包括基本养老保险、基本医疗保险、失业保险、工伤保险、生育保险等。

(一)会计规定

企业应按照国家有关部门或者省级人民政府规定的范围和标准为职工缴纳各类社会保障性缴款。企业按照工资总额的一定比例计提各类社会保障性缴款,按照受益对象借记相应的成本费用账户,贷记"应付职工薪酬——社会保险"。

(二)税法规定

企业依照国务院有关主管部门或者省级人民政府规定的范围和标准为职工缴纳的基本养老保险、基本医疗保险、失业保险、工伤保险、生育保险等社会保障性缴款准予扣除。

企业依照国家有关规定为特殊工种职工支付的人身安全保险费和符合国务院财政、税务主管部门规定可以扣除的商业保险费准予扣除。

(三)差异分析

对于基本社会保障性缴款税法和会计基本上无差异,一般主要审查会计是否按国家有关主管部门或省级人民政府规定的范围和标准计提各类社会保障性缴款,其次要注意的是税前允许扣除的各类社会保障性缴款是企业已

计提并实际向当地社会保险管理机构缴纳的各种款项。

【综合案例】分析5-4

ABC科技依照国务院有关主管部门或者省级人民政府规定的范围和标准为职工缴纳的住房公积金、基本医疗保险、基本养老保险、失业保险、工伤保险、生育保险，共计2 433 654.60元，准予在税前扣除。

六、住房公积金的纳税调整

（一）会计规定

企业应按照国家有关部门或者省级人民政府规定的范围和标准为职工缴纳住房公积金。企业按照工资总额的一定比例计提住房公积金时，按照受益对象借记相应的成本费用账户，贷记"应付职工薪酬——住房公积金"。

（二）税法规定

企业依照国务院有关主管部门或者省级人民政府规定的范围和标准为职工缴纳的住房公积金准予扣除。

（三）差异分析

对于住房公积金税法和会计基本上无差异，一般主要审查会计是否按国家有关主管部门或者省级人民政府规定的范围和标准计提住房公积金，其次要注意的是税前允许扣除的住房公积金是企业已计提并实际向当地住房公积金管理机构缴纳的款项。

【综合案例】分析5-5

ABC科技住房公积金符合国务院有关部门及省级人民政府的相关规定，其实际发生的住房公积金521 475.30元准予税前扣除。

七、补充养老保险、补充医疗保险的纳税调整

（一）会计规定

《企业财务通则》规定，已参加基本养老保险、基本医疗保险的企业，具有持续盈利能力和支付能力的，可以为职工建立补充医疗保险和补充养老保险，所需费用按照省级以上人民政府规定的比例从成本费用中提取。超出规定比例的部分，由职工个人负担。

（二）税法规定

根据《财政部 国家税务总局关于补充养老保险费、补充医疗保险费有关企业所得税政策问题的通知》（财税〔2009〕27号）规定，自2008年1月1日起，企业根据国家有关政策规定，为在本企业任职或者受雇的全体员工支付的补充养老保险费、补充医疗保险费，分别在不超过职工工资总额5%标准内的部分，在计算应纳税所得额时准予扣除；超过的部分，不予扣除。

（三）差异分析

同样税法要审查的两点，一是会计是否按规定标准计提补充养老保险和补充医疗保险，二是看企业是否已实际缴纳了补充养老保险费和补充医疗保险费。企业按照规定标准已经计提但没有实际缴纳的补充养老保险费和补充医疗保险费，在计算应纳税所得额时应在会计利润的基础上进行纳税调增处理。

八、《A105050职工薪酬纳税调整明细表》的填写

与职工薪酬有关的各项支出的纳税调整需要填报《A105050职工薪酬纳税调整明细表》。

第五章 扣除类项目的纳税调整及申报

（一）行次填报

表A105050共13行，第1行、第3行、第4行、第7行、第8行、第9行、第10行、第11行、第12行分别反映工资薪金支出、职工福利费、职工教育经费支出、工会经费支出、各类基本社会保障性缴款、住房公积金、补充养老保险、补充医疗保险的纳税调整。第13行是合计行。

（二）列次填报

第1列填报账载金额，依据"应付职工薪酬"下设的各明细科目（职工工资、职工福利费、职工教育经费、工会经费、基本养老保险、基本医疗保险、失业保险、工伤保险、生育保险、住房公积金、补充养老保险、补充医疗保险）年末余额填写；

第2列填报税法规定的扣除比例；

第3列填报以前年度结转本年扣除的职工教育经费；

第4列属于据实扣除的项目，填报金额等于第1列，属于有扣除比例限制的项目，填报第1列与第2列的乘积；

第5列填报第1列-第4列纳税调整金额；

第6列填报本年累计结转以后年度扣除的职工教育经费。

（三）表间关系

1. 第13行第1列=表A105000第14行第1列。
2. 第13行第4列=表A105000第14行第2列。
3. 第13行第5列，若≥0，填入表A105000第14行第3列；若<0，将其绝对值填入表A105000第14行第4列。

【综合案例】分析5-6

ABC科技职工薪酬纳税调整的所有填报情况见表5-1。

一案解析企业所得税纳税申报

表5-1

A105050 职工薪酬纳税调整明细表

单位：元列至角分

行次	项目	账载金额 1	税收规定扣除率 2	以前年度累计结转扣除额 3	税收金额 4	纳税调整金额 5 (1-4)	累计结转以后年度扣除额 6 (1+3-4)
1	一、工资薪金支出	18 254 667.85	*	*	18 254 667.85	0	*
2	其中：股权激励		*	*		0	*
3	二、职工福利费支出	208 243.41	14%	*	208 243.41	0	*
4	三、职工教育经费支出	2 765 312.47	*		2 765 312.47	—	—
5	其中：按税收规定比例扣除的职工教育经费			*			*
6	按税收规定全额扣除的职工培训费用	2 765 312.47	100%	*	2 765 312.47		*
7	四、工会经费支出		*	*			*
8	五、各类基本社会保障性缴款	2 433 654.60	*	*	2 433 654.60	0	*
9	六、住房公积金	521 475.30	*	*	521 475.30	0	*
10	七、补充养老保险		*	*			*
11	八、补充医疗保险		*	*			*
12	九、其他		*				*
13	合计 (1+3+4+7+8+9+10+11+12)	24 183 353.63	*	*	24 183 353.63	0	0

填写要点：

（1）第1行的工资薪金支出税法和会计无差异，无需纳税调整，该行第1列和第4列分别填写实际发生数即18 254 667.85元；

（2）第3行职工福利费未超过税法的扣除限额，无需纳税调整。该行的第1列和第4列分别填写实际发生数即208 243.41元；

（3）第6行职工教育经费实际发生数可全额税前扣除，无需纳税调整。该行的第1列和第4列填写实际发生数2 765 312.47元；第4行第1列和第4列也填2 765 312.47元；

（4）第8行基本社会保障性缴款税法和会计无差异，无需纳税调整，该行第1列和第4列分别填写实际发生数2 433 654.6元；

（5）第9行住房公积金税法和会计无差异，无需纳税调整，该行第1列和第4列分别填写实际发生数即521 475.3元；

（6）第13行是合计行，第1列、第3列均为24 183 353.63元；该表为二级附表，结果需转入一级附表（A105000）第14行中；第13行第1列转入表A105000的第14行第1列"账载金额"中；第13行第4列转入表A105000的第14行第2列"税收金额"中。

第二节　广告费和业务宣传费跨年度纳税调整及申报

一、会计规定

纳税人发生的广告费和业务宣传费通常通过"销售费用"核算，根据实际发生额在计算利润总额时全额扣除。

二、税法规定

（一）一般规定

《企业所得税法实施条例》第四十四条规定：企业发生的符合条件的广

告费和业务宣传费支出，除国务院财政、税务主管部门另有规定外，不超过当年销售（营业）收入15%的部分，准予扣除；超过部分，准予在以后年度结转扣除。

（二）特殊规定

1. 根据《国家税务总局关于企业所得税应纳税所得额若干税务处理问题的公告》（国家税务总局公告2012年第15号）规定，企业在筹建期间，发生的广告费和业务宣传费，可按实际发生额计入企业筹办费，并按上述规定在税前扣除。

2.《财政部 国家税务总局关于广告费和业务宣传费支出税前扣除政策的通知》（财税〔2012〕48号）规定：

（1）对化妆品制造与销售、医药制造和饮料制造（不含酒类制造）企业发生的广告费和业务宣传费支出，不超过当年销售（营业）收入30%的部分，准予扣除；超过部分，准予在以后纳税年度结转扣除。

（2）烟草企业的烟草广告费和业务宣传费支出，一律不得在计算应纳税所得额时扣除。以上规定自2011年1月1日起至2015年12月31日止。

企业申报扣除的广告费支出应与赞助支出严格区分。企业申报扣除的广告费支出，必须符合下列条件：广告是通过工商部门批准的专门机构制作的；已实际支付费用，并已取得相应发票；通过一定的媒体传播。

【例5-2】 B公司2014年度销售收入总计900万元，实际发生的广告费和业务宣传费150万元；2015年的有关数据如下：

销售产品收入1 000万；销售材料收入10万；将自产产品用于在建工程，同类产品售价10万；将自产产品无偿赠送他人，同类产品售价5万元；接受捐赠收入5万元。

该公司2015年实际支出的广告费和业务宣传费为140万元，请问在2015年计算应纳税所得额时如何对广告费和业务宣传费进行纳税调整？

分析：

2014年实际发生的广告费和业务宣传费150万元，扣除限额=900×15%=135（万元），则税法允许税前扣除的广告费和业务宣传费为135万元,税会差异=150-135=15(万元),做2014年纳税调增处理,超标准的15万元可结转以后年度扣除。

2015年进行纳税调整时需要解决两个问题:一是广告费和业务宣传费扣除限额的计算基数,二是税法和会计的差异及纳税调整金额。

年度销售(营业)收入包括视同销售收入,则该公司的销售收入=1 000+10+10+5=1 025(万元),接受捐赠的收入为营业外收入,不在计算基数内。

广告费和业务宣传费扣除限额=1 025×15%=153.75(万元)

2015年实际广告费和业务宣传费140万元,因2014年有15万元结转过来尚未扣除的广告费和业务宣传费,总计155万元,超限额1.25万元,税法允许税前扣除的金额为153.75万元。税会差异=140-153.75=-13.75(万元),做纳税调减处理。超限额的1.25万元结转以后年度扣除。

三、差异分析

(一)金额差异

会计对发生的广告费和业务宣传费支出,按实际发生额计入当期损益,减少利润总额,而税法对此有限额规定。如果某一年度企业发生的广告费和业务宣传费超过税法规定的扣除限额,则需将超过部分进行纳税调增处理;若本年度将以前年度结转的广告费和业务宣传费在税法规定的扣除限额内进行税前扣除,则需进行纳税调减处理。

(二)范围差异

如前所述,税法所称的广告费和业务宣传费需符合一定的条件,如果没有取得合乎规定的发票,则需要将其金额从广告费和业务宣传费中扣除;反之如果符合广告性质的赞助支出,则要从"营业外支出"账中提出并入广告费和业务宣传费中一起计算税收金额。

【综合案例】分析5-7

ABC科技2015年度计入"销售费用"中的广告费和业务宣传费总计542 743.72元;营业收入总计97 847 284.52元,广告费和业务宣传费的扣除限额=97 847 284.52×15%=14 677 092.68(元),实际发生数未超过扣除限额,税法和会计无差异,纳税调整金额为0。

四、《A105060广告费和业务宣传费跨年度纳税调整明细表》的填写

对纳税人发生的广告费和业务宣传费进行纳税调整,需要填写《A105060广告费和业务宣传费跨年度纳税调整明细表》(见表5-2)(以下简称表A105060)。之后将第12行"七、本年广告费和业务宣传费支出纳税调整金额"转入《A105000纳税调整项目明细表》的第16行"(四)广告费和业务宣传费支出"中。

转入相关数据时要注意:若表A105060的第12行≥0,则纳税调增,将数据转入表A105000第16行第3列"调增金额"中;若表A105060的第12行<0,则纳税调减,将相关数据的绝对值转入表A105000第16行第4列"纳税调减"中。

【综合案例】分析5-8

ABC科技广告费和业务宣传费的填报见表5-2。

表5-2　　A105060　广告费和业务宣传费跨年度纳税调整明细表

单位:元列至角分

行次	项目	金额
1	一、本年广告费和业务宣传费支出	542 743.72
2	减:不允许扣除的广告费和业务宣传费支出	
3	二、本年符合条件的广告费和业务宣传费支出(1-2)	542 743.72
4	三、本年计算广告费和业务宣传费扣除限额的销售(营业)收入	97 847 284.52

续表

行次	项　目	金　额
5	税收规定扣除率	15%
6	四、本企业计算的广告费和业务宣传费扣除限额（4×5）	14 677 092.68
7	五、本年结转以后年度扣除额（3>6，本行=3-6；3≤6，本行=0）	0
8	加：以前年度累计结转扣除额	
9	减：本年扣除的以前年度结转额［3>6，本行=0；3≤6，本行=8或（6-3）孰小值］	
10	六、按照分摊协议归集至其他关联方的广告费和业务宣传费（10≤3或6孰小值）	
11	按照分摊协议从其他关联方归集至本企业的广告费和业务宣传费	
12	七、本年广告费和业务宣传费支出纳税调整金额（3>6，本行=2+3-6+10-11；3≤6，本行=2+10-11-9）	
13	八、累计结转以后年度扣除额（7+8-9）	

第三节　捐赠支出的纳税调整及申报

一、捐赠支出的税务处理

（一）税法关于捐赠税前扣除的规定

企业发生的公益性捐赠支出，不超过年度利润总额12%的部分，准予扣除。其中，年度利润总额是指企业依照国家统一会计制度的规定计算的年度会计利润。公益性捐赠是指企业通过公益性社会团体或者县级（含县级）以上人民政府及其部门，用于《中华人民共和国公益事业捐赠法》规定的公益事业的捐赠。

（二）公益性捐赠的界定

1. 公益性捐赠的范围

（1）救助灾害、救济贫困、扶助残疾人等困难的社会群体和个人的活动。

（2）教育、科学、文化、卫生、体育事业。

（3）环境保护、社会公共设施建设。

（4）促进社会发展和进步的其他社会公共和福利事业。

企事业单位、社会团体以及其他组织捐赠住房作为廉租住房的视同公益性捐赠，按上述规定执行。

2. 公益性社会团体的标准

所谓的公益性社会团体，是指同时符合下列条件的基金会、慈善组织等社会团体。

（1）依法登记，具有法人资格。

（2）以发展公益事业为宗旨，且不以盈利为目的。

（3）全部资产及其增值为该法人所有。

（4）收益和营运结余主要用于符合该法人设立目的的事业。

（5）终止后的剩余财产不归属任何个人或者营利组织。

（6）不经营与其设立目的无关的业务。

（7）有健全的财务会计制度。

（8）捐赠者不以任何形式参与社会团体财产的分配。

（9）国务院财政、税务主管部门会同国务院民政部门等登记管理部门规定的其他条件。

特别注意的是，每年度财税部门会公布公益性捐赠机构的名单，所以纳税人在进行捐赠的时候要关注哪些机构在公益性扣除的名单之内，如果不通过这些机构而直接向受赠人捐赠，不得税前扣除。还有就是进行公益性捐赠必须要取得合法的捐赠票据，捐赠票据是捐赠人对外捐赠并根据国家有关规定申请捐赠款项税前扣除的有效凭证。

二、捐赠支出的纳税调整

会计上将实际发生的捐赠支出计入当期损益，计算利润总额时据实扣除。但税法对此一方面要进行公益性捐赠和非公益性捐赠的划分，另一方面也对公益性捐赠支出规定了扣除限额。对于非公益性捐赠支出，税法规定不得税前扣除，做纳税调增处理；对于超限额的公益性捐赠部分，也要进行纳税调增处理。

三、《A105070捐赠支出纳税调整明细表》的填写

与捐赠支出有关的纳税调整事项，需要填写《A105070捐赠支出纳税调整明细表》，该表为《A105000纳税调整项目明细表》的附表，所以相关信息需要转入A105000中。表间关系为：

1. 第20行第2列+第6列=表A105000第17行第1列。
2. 第20行第4列=表A105000第17行第2列。
3. 第20行第7列=表A105000第17行第3列。

【综合案例】分析5-9

ABC科技公司"营业外支出——捐赠支出"借方金额8 000元，为中国社会福利基金会的捐款，属于公益性捐赠，税前扣除的限额=10 652 970.35×12%=1 278 356.44（元），本年度公益性捐赠支出额未超过税前扣除限额，可以全额税前扣除，填写方法见表5-3。

表5-3   A105070 捐赠支出纳税调整明细表

单位：元列至角分

行次	受赠单位名称	公益性捐赠				非公益性捐赠	纳税调整金额
		账载金额	按税收规定计算的扣除限额	税收金额	纳税调整金额	账载金额	
	1	2	3	4	5（2-4）	6	7（5+6）
1	中国社会福利基金会	8 000.00	1 278 356.44	8 000.00	*	0	0
2		*	*	*	*		*
3		*	*	*	*		*
4		*	*	*	*		*
5		*	*	*	*		*
6		*	*	*	*		*
7		*	*	*	*		*
8		*	*	*	*		*
9		*	*	*	*		*
10		*	*	*	*		*
11		*	*	*	*		*
12		*	*	*	*		*
13		*	*	*	*		*
14		*	*	*	*		*
15		*	*	*	*		*
16		*	*	*	*		*
17		*	*	*	*		*
18		*	*	*	*		*
19		*	*	*	*		*
20	合　计	8 000.00	1 278 356.44	8 000.00		0	0

第四节 其他扣除类的纳税调整

一、业务招待费的纳税调整

企业实际发生的与生产经营活动有关的业务招待费支出，按照发生额的60%扣除，但最高不得超过当年销售（营业）收入的5‰。从事股权投资业务的企业（包括集团公司总部、创业投资企业等），其从被投资单位所分配的股息、红利以及股权转让收入，可以按规定比例计算业务招待费扣除限额。

会计上按照实际发生的业务招待费计入当期损益，减少当期的会计利润，而税法上对业务招待费实行限额扣除，因此，对超过扣除限额的业务招待费支出，在计算应纳税所得额时应进行纳税调增处理。

【综合案例】分析5—10

ABC科技计入管理费用中的业务招待费为197 458.15元，当年营业收入共计97 847 284.52元。

业务招待费发生额的60%=197 458.15×60%=118 474.89（元）

销售（营业）收入的5‰=97 847 284.52×5‰=489 236.42（元）

由于业务招待费发生额的60%低于销售（营业）收入的5‰，所以在计算应纳税所得额时按照发生额的60%扣除，纳税调增78 983.26元。

二、利息支出的纳税调整

企业在生产、经营活动中发生的利息费用，按下列规定扣除：

非金融企业向金融企业借款的利息支出、金融企业的各项存款利息支出和同业拆借利息支出、企业经批准发行债券的利息支出可据实扣除。

非金融企业向非金融企业借款的利息支出，不超过按照金融企业同期同类贷款利率计算的数额的部分可据实扣除，超过部分不许扣除。

企业为购置、建造固定资产、无形资产和经过12个月以上的建造才能达到预定可销售状态的存货发生借款的，在有关资产购置、建造期间发生的合理的借款费用，应予以资本化，作为资本性支出计入有关资产的成本；有关资产交付使用后发生的借款利息，可在发生当期扣除。

【综合案例】分析5-11

ABC科技2015年度发生的借款利息支出2 156 168.51元全部是向金融机构的借款利息和相关手续费，可税前据实扣除，不做纳税调整。

三、罚金、罚款和被没收财物的损失的纳税调整

企业实际发生的各种罚金、罚款和被没收财物的损失通常通过"营业外支出"核算，但是，在计算应纳税所得额时，罚金、罚款和被没收财物的损失不得扣除。

其中，罚金、罚款和被没收财物的损失是因为企业生产、经营违反国家法律、法规和规章，被司法机关、政府有关部门处以的罚款以及被没收财务的损失，属于行政性罚款和损失，不得税前扣除。

企业正常生产经营期间因违背经营合同而支付的违约金、罚款等因没有违法违规行为，如银行罚息，未按期交货支付的违约金等属于经营性罚款和损失，符合税前扣除的相关性原则，准予税前扣除。

【例5-3】2015年A公司支付"营业外支出"核算的各种罚款如下：

1. 没有按期偿还工商银行贷款，支付工商银行逾期贷款的罚款和罚息1万元。
2. 没有按合同约定期限交货，支付合同违约金2万元。
3. 没有按税法规定的期限缴纳企业所得税，支付税务机关罚款3万元。
4. 没有按规定处理污水，支付环保部门罚款1.5万元。

请分析哪些罚款可以在税前扣除，哪些罚款不可以在税前扣除？

分析：

A公司支付工商银行逾期贷款的罚款、罚息1万元以及合同违约金2万元是经营性罚款，在计算应纳税所得额时准予扣除；A公司支付支付税务机关罚款3万元和环保部门罚款1.5万元是行政性罚款，在计算应纳税所得额时不准予扣除。

四、税收滞纳金、加收利息的纳税调整

企业实际发生税收滞纳金、加收利息通常通过"营业外支出"核算，在计算应纳税所得额时，纳税人违反税收法规，被税务机关处以的滞纳金不得扣除。

税收滞纳金是企业未按规定期限缴纳税款，而被税务机关处以从滞纳税款之日起，按日加收滞纳税款0.05%的款项。

加收利息是税务机关根据《企业所得税法》及其实施条例的规定，对企业做出特别纳税调整的，应对2008年1月1日以后发生交易补征的企业所得税税款，按日加收的利息。

【综合案例】分析5-12

ABC科技2015年"营业外支出"中有税务机关的罚款和滞纳金2 575.16元不得在税前扣除，需要纳税调增。

五、赞助支出的纳税调整与申报

企业实际发生的赞助支出通常通过"营业外支出"核算，在计算应纳税所得额时，非广告性质的赞助支出不得扣除，广告性质的赞助支出应该并入广告费按照相关规定扣除。

六、跨期扣除项目的纳税调整

跨期扣除项目是指会计上根据权责发生制可以预提并计入相应期间成本

费用科目中的维简费、安全生产费、预提费用、预计负债等。但是税前扣除项目在一定程度上要遵循收付实现制,并且这些项目是估计数额,不符合税前扣除原则中的确定性原则,因此企业预提的费用不得税前扣除,要进行纳税调增,在实际发生支出时允许扣除。

【综合案例】分析5-13

ABC科技"预计负债"有贷方发生额224 022.45元,为计提的产品质量保障金,会计处理:

借:销售费用　　　　　　　　　　　　　224 022.45
　贷:预计负债　　　　　　　　　　　　　224 022.45

ABC科技2015年未发生产品质量问题,没有实际支出。所以税前允许扣除金额为0。预提的产品质量保障金全额纳税调增。

七、其他不得扣除项目的纳税调整

企业实际发生与取得收入无关的支出时,因不符合税前扣除原则中的相关性原则,因此在计算应纳税所得额时不得税前扣除,应在会计利润的基础上进行纳税调增处理。

与其他扣除类相关的纳税申报将在第七章第五节中介绍。

第六章　资产类项目的纳税调整及申报

【学习目标】
1. 掌握固定资产折旧的纳税调整及申报；
2. 掌握无形资产摊销的纳税调整及申报；
3. 了解长期待摊费用的纳税调整及申报；
4. 掌握资产损失税前扣除的确认及申报。

第一节　资产折旧、摊销的纳税调整及申报

【案例6-1】

A公司是一家生物药品制造企业，2015年固定资产变动情况如下：

1. 1月20日购入货车3辆，购买价款及相关税费共计120万元，拟将折旧年限缩短为3年。

2. 3月6日以分期付款方式购入一台大型设备，价款共计500万元，在2015—2019年内每年末支付100万元，未发生其他费用，A公司适用的折现率为10%，采用平均年限法计提折旧，折旧年限10年。

3. 6月21日融资租入一条药品生产线，合同约定租赁期开始日为2015年7

月1日，租赁期为6年，该资产尚可使用8年，市场公允价值为300万元，合同约定每年12月31日支付租金60万元，合同规定利率为8%，采用平均年限法计提折旧，折旧年限10年，按实际利率法分摊未确认融资费用，发生相关手续费10 000元。

4. 8月1日购入研发用的电子设备1台，购买价款及相关税费共计80万元，拟在所得税前一次性扣除。

5. 7—10月对公司厂房进行了改扩建，提升使用功能，该厂房账面价值为1 520万元，改扩建过程中发生的可予以资本化的支出为300万元，达到可使用状态后，该厂房尚可使用10年。

假定A公司所有固定资产残值为零。

请完成下列问题：

1. A公司2015年新增各项固定资产的入账价值和计税基础分别为多少？
2. 分析A公司2015年各项新增资产应计提的折旧及纳税调整。
3. 根据A公司2015年度新增固定资产填写《A105081固定资产加速折旧、扣除明细表》。

一、固定资产的税务处理及纳税调整

固定资产是指企业为生产产品、提供劳务、出租或者经营管理而持有的、使用时间超过12个月的非货币性资产，包括房屋、建筑物、机器、机械、运输工具以及其他与生产经营活动有关的设备、器具、工具等。由于所得税法和会计准则在固定资产初始计量和后续计量的规定方面存在一些差异，因而需要进行纳税调整。

（一）固定资产初始入账价值及计税基础的确定

固定资产初始入账价值及计税基础的确定见表6-1。

表6-1　　　　　　　　固定资产初始入账价值及计税基础的确定

取得形式	计税基础	入账价值	
外购	购买价款和支付的相关税费以及直接归属于使该资产达到预定用途发生的其他支出	一般情形	企业外购固定资产的成本,包括购买价款、相关税费(不含可抵扣的增值税进项税额)、使固定资产达到预定可使用状态前所发生的可归属于该项资产的运输费、装卸费、安装费和专业人员服务费等
		分期付款	购买固定资产的价款超过正常信用条件延期支付,实质上具有融资性质的,固定资产的成本以购买价款的现值为基础确定。实际支付的价款与购买价款的现值之间的差额,应当在信用期间内计入当期损益。其中,购买价款的现值是指以各期支付的款项按照适当的折现率进行折现后的金额
自行建造	竣工结算前发生的全部支出	建造该项资产达到预定可使用状态前所发生的必要支出	
融资租入	以租赁合同约定的付款总额和承租人在签订租赁合同过程中发生的相关费用为计税基础,租赁合同未约定付款总额的,以该资产的公允价值和承租人在签订租赁合同过程中发生的相关费用为计税基础	在租赁期开始日,承租人应当将租赁资产公允价值与最低租赁付款额的现值两者中较低者作为租入资产的入账价值,承租人在租赁谈判和签订租赁合同过程中发生的,可归属于租赁项目的手续费等初始直接费用,计入租入资产价值。其中,最低租赁付款额的现值以各期支付的租金按照一定折现率折现计算,折现率可以选择出租人租赁内含利率、租赁协议规定的利率或银行同期贷款利率	
盘盈	以同类固定资产的重置完全价值	作为前期差错处理,在按管理权限报经批准前通过"以前年度损益调整"核算	
捐赠、投资、非货币性资产交换、债务重组	按该资产的公允价值和应支付的相关税费作为计税基础	捐赠、投资、具有商业实质非货币性资产交换、债务重组	按该资产的公允价值和应支付的相关税费作为初始入账价值
		不具有商业实质的非货币性资产交换	换入资产就应当按照换出资产的账面价值作为计量基础
改建	除已足额提取折旧固定资产的改建支出和租入固定资产的改建支出以外,以改建过程中发生的改建支出增加计税基础	固定资产更新改造支出符合资本化条件的,要计入固定资产成本	

（二）固定资产初始计量的税会差异分析

1. 外购取得固定资产时，计税基础与入账价值的差异体现在分期付款购入固定资产，税法以取得该资产实际发生的支出为计税基础，会计以购买价款的现值作为固定资产入账价值，实际支付的价款与现值间的差额计入"未确认融资费用"。

【案例6-1】分析1

3月6日以分期付款购入的大型设备，计税基础为实际支付的价款500万元；初始入账价值为购买价款的现值，即每年末支付100万元，分5年支付，折现率为10%，该设备的现值=100×（P/A，10%，5）=100×3.7908=379.08（万元），会计处理为：

借：固定资产——机器设备	3 790 800
未确认融资费用	1 209 200
贷：长期应付款	5 000 000

分期付款购入固定资产由于初始入账价值与计税基础的差异，将对该资产的后续计量产生两个方面的影响，一是由于计提折旧的基础不同，在折旧方法相同的情况下，对固定资产折旧额产生影响；二是未确认融资费用在以后年度需要按照实际利率法进行摊销，确认为财务费用，税会差异引起的相关纳税调整见"案例【6-1】分析4"。

2. 自行建造的固定资产，税会差异主要是达到预定可使用状态至竣工决算前的支出，按照税法规定应当作为计税基础，而会计将该支出资本化，导致资产账面价值低于计税基础。

3. 融资租入的固定资产，计税基础与入账价值的差异主要体现：计税基础是租赁合同约定的付款总额和承租人在签订租赁合同过程中发生的相关费用，入账价值以租赁资产公允价值与最低租赁付款额的现值两者中较低者加上相关初始费用。

【案例6-1】分析2

6月21日租入的药品生产线，租赁期（6年）占该资产尚可使用年限（8年）的75%，满足融资租赁的标准，合同约定每年12月31日支付租金60万元，6年共计支付租金360万元，相关手续费1万元，该资产的计税基础为361万元；最低付款额现值=600 000×（P/A，8%，6）=600 000×4.6229=2 773 740（元），低于市场公允价值3 000 000元，因此，初始入账价值为最低付款额现值与手续费之和2 783 740元，会计处理为：

借：固定资产——融资租入固定资产　　　2 783 740
　　未确认融资费用　　　　　　　　　　　826 260
　　贷：长期应付款——应付融资租赁款　　　　3 600 000
　　　　银行存款　　　　　　　　　　　　　　　10 000

融资租赁固定资产由于初始入账价值与计税基础的差异，将对该资产的后续计量产生两个方面的影响，一是由于计提折旧的基础不同，在折旧方法相同的情况下，对固定资产折旧额产生影响；二是未确认融资费用在以后年度需要按照实际利率法进行摊销，确认为财务费用，税会差异引起的相关纳税调整见"案例【6-1】分析4"。

4.以捐赠、投资、非货币性资产交换、债务重组等形式取得固定资产，计税基础与入账价值的差异主要体现在不具有商业实质的非货币性资产交换，税法规定按资产的公允价值加相关税费作为计税基础，会计上以换出资产的账面价值加相关税费作为换入资产的入账价值。

5.固定资产改扩建过程中新增的固定资产税法与会计的处理相同，都将改扩建发生的支出作为固定资产成本。《国家税务总局关于企业所得税若干问题的公告》（国家税务总局公告2011年第34号）中明确了：从2011年7月1日起，企业对房屋、建筑物固定资产在未足额提取折旧前进行改扩建的，如属于推倒重置的，该资产原值减除提取折旧后的净值，应并入重置后的固定资产计税成本，并在该固定资产投入使用后的次月起，按照税法规定的折旧年限，一并计提折旧；如属于提升功能、增加面积的，该固定资产的改扩建支出，并入固定资产计税基础，并从改扩建完工投入使用后的次月起，重新按税法规定的该固定资产折旧年限计提折旧,如该改扩建后的固定资产尚可使用的年限低于税法规定的最低年限的,可以按尚可使用的年限计提折旧。

【案例6-1】分析3

7—10月对公司厂房进行改扩建,厂房的账面价值为1 520万元,改扩建过程中发生的可予以资本化的支出为300万元,则计税基础为1 820万元,初始入账价值为1 820万元。

(三)固定资产折旧的税会差异分析

固定资产折旧税法与会计规定比较见表6-2。

表6-2 固定资产折旧税法与会计规定比较

项目	税法规定	会计规定
折旧的资产范围	企业按规定计算的固定资产折旧,准予扣除。 下列固定资产不得计算折旧扣除: 1. 房屋、建筑物以外未投入使用的固定资产; 2. 以经营租赁方式租入的固定资产; 3. 以融资租赁方式租出的固定资产; 4. 已足额提取折旧仍继续使用的固定资产; 5. 与经营活动无关的固定资产; 6. 单独估价作为固定资产入账的土地; 7. 其他不得计算折旧扣除的固定资产	企业应对所有固定资产计提折旧,但是,以下情况除外: 1. 已提足折旧仍继续使用的固定资产; 2. 按规定单独估价作为固定资产入账的土地; 3. 融资租赁方式租出的固定资产; 4. 以经营租赁方式租入的固定资产
折旧的时间范围	企业应自固定资产投入使用月份的次月起计提折旧;停止使用的固定资产,应自停止使用的次月起停止折旧	企业在具体计提折旧时,一般应按月提取折旧,当月增加的固定资产,当月不提折旧,从下月起计提折旧;当月减少的固定资产,当月照提折旧,从下月起停止折旧。 固定资产提足折旧后,不论能否继续使用,均不再提取折旧;提前报废的固定资产,也不再补提折旧。 已达到预定可使用状态尚未办理竣工决算的固定资产,应当按照估计价值确定其成本,并计提折旧;待办理竣工决算后,再按实际成本调整原来的暂估价值,但不需要调整原已计提的折旧额

续表

项 目	税法规定	会计规定
折旧年限	除国务院财政、税务主管部门另有规定外，固定资产计税折旧的最低年限如下： 1. 房屋、建筑物，为20年； 2. 飞机、火车、轮船、机器、机械和其他生产设备，为10年； 3. 与生产经营活动有关的器具、工具、家具等，为5年； 4. 飞机、火车、轮船以外的运输工具，为4年； 5. 电子设备，为3年	企业根据资产的预计生产能力活实物产量，有形损耗和无形损耗以及其他因素确定固定资产使用寿命
影响折旧的因素	固定资产计税基础、折旧年限、预计净残值	固定资产原值、使用寿命、预计净残值、固定资产减值准备
折旧方法	固定资产按照直线法计提折旧，特殊情况下允许采用加速折旧方法	年限平均法、工作量法、双倍余额递减法、年数总和法

从表6-2中可以看出税法与会计在折旧方面的差异主要体现在以下几方面：

1. 折旧资产范围方面，税法允许计提折旧的固定资产范围小于会计，除房屋、建筑物以外未投入使用的固定资产，与生产经营活动无关的固定资产不得计提折旧。

2. 折旧的时间范围方面，对自建固定资产，会计规定在达到预定可使用状态后就可以按暂估成本计提折旧，税法未做出明确规定，但是自建固定资产计税基础是在竣工决算后确定，计提折旧的时间也应当是竣工决算后。

3. 折旧年限规定方面，税法对最低折旧年限做出明确规定，而会计没有明确的规定。

4. 影响折旧因素方面，税法规定：企业按会计规定提取的固定资产减值准备不得税前扣除，因此，在其他因素相同情况下，当会计计提固定资产折旧时考虑了固定资产减值准备，会产生税会差异，需要按照税法规定进行调整。

5. 折旧方法方面，税法规定按直线法计提折旧，只有特殊情况允许加速折旧，会计可以根据与固定资产有关的经济利益的预期实现方式，合理选择折旧方法。

6. 另外在《国家税务总局关于企业所得税应纳税所得额若干问题的公告》（国家税务总局公告2014年第29号）中进一步明确：

（1）企业固定资产会计折旧年限如果短于税法规定的最低折旧年限，其按会计折旧年限计提的折旧高于按税法规定的最低折旧年限计提的折旧部分，应调增当期应纳税所得额；企业固定资产会计折旧年限已期满且会计折旧已提足，但税法规定的最低折旧年限尚未到期且税收折旧尚未足额扣除，其未足额扣除的部分准予在剩余的税收折旧年限继续按规定扣除。

（2）企业固定资产会计折旧年限长于税法规定的最低折旧年限，其折旧应按照会计折旧年限计算扣除。

（3）企业按会计规定提取的固定资产减值准备，不得税前扣除，其折旧仍按税法确定的固定资产计税基础计算扣除。

（四）固定资产加速折旧的税务处理

关于固定资产加速折旧的税务处理在《企业所得税法》及其实施条例、《国家税务总局关于企业固定资产加速折旧所得税处理有关问题的通知》（国税发〔2009〕81号）、《财政部 国家税务总局关于进一步鼓励软件产业和集成电路产业发展企业所得税政策的通知》（财税〔2012〕27号）、《财政部 国家税务总局发布关于完善固定资产加速折旧企业所得税政策的通知》（财税〔2014〕75号）、《国家税务总局关于进一步完善固定资产加速折旧企业所得税政策有关问题的公告》（国家税务总局公告2015年第68号）中做出如下规定：

1. 适用于所有行业的规定

企业的固定资产由于技术进步等原因，确需加速折旧的，可以缩短折旧年限或者采取加速折旧的方法。

可以采取缩短折旧年限或者采取加速折旧的方法的固定资产，包括：

（1）由于技术进步，产品更新换代较快的固定资产；

（2）常年处于强震动、高腐蚀状态的固定资产。

采取缩短折旧年限方法的，最低折旧年限不得低于实施条例所规定折旧年限的60%；若为购置已使用过的固定资产，其最低折旧年限不得低于实施条例规定的最低折旧年限减去已使用年限后剩余年限的60%。最低折旧年限一经确定，一般不得变更。采取加速折旧方法的，可以采取双倍余额递减法或者年数总和法。

对于采取缩短折旧年限的固定资产，足额计提折旧后继续使用而未进行处置（包括报废等情形）超过12个月的，今后对其更新替代、改造改建后形成的功能相同或者类似的固定资产，不得再采取缩短折旧年限的方法。

2014年1月1日后新购进的专门用于研发的仪器、设备，单位价值不超过100万元的，允许一次性计入当期成本费用在计算应纳税所得额时扣除，不再分年度计算折旧；单位价值超过100万元的，可缩短折旧年限或采取加速折旧的方法。

2014年1月1日起，对所有行业企业持有的单位价值不超过5000元的固定资产，允许一次性计入当期成本费用在计算应纳税所得额时扣除，不再分年度计算折旧。

2. 针对特定行业、产业的规定

（1）6大行业的加速折旧

生物药品制造业，专用设备制造业，铁路、船舶、航空航天和其他运输设备制造业，计算机、通信和其他电子设备制造业，仪器仪表制造业，信息传输、软件和信息技术服务业6大行业（以下简称6大行业）的企业，2014年1月1日后新购进的固定资产，可缩短折旧年限或采取加速折旧的方法。

上述6大行业的小型微利企业2014年1月1日后新购进的研发和生产经营共用的仪器、设备，单位价值不超过100万元的，允许一次性计入当期成本费用在计算应纳税所得额时扣除，不再分年度计算折旧；单位价值超过100万元的，可缩短折旧年限或采取加速折旧的方法。

（2）4个领域重点行业加速折旧

轻工、纺织、机械、汽车4个领域重点行业（以下简称4个领域重点行业）企业，2015年1月1日后新购进的固定资产（包括自行建造），允许缩短折旧年限或采取加速折旧方法。

对4个领域重点行业小型微利企业2015年1月1日后新购进的研发和生产经营共用的仪器、设备，单位价值不超过100万元（含）的，允许在计算应纳税所得额时一次性全额扣除；单位价值超过100万元的，允许缩短折旧年限或采取加速折旧方法。

（3）软件产业和集成电路产业的加速折旧

企业外购的软件，凡符合固定资产或无形资产确认条件的，可以按照固定资产或无形资产进行核算，其折旧或摊销年限可以适当缩短，最短可为2年（含）。

集成电路生产企业的生产设备，其折旧年限可以适当缩短，最短可为3年（含）。

【案例6-1】分析4

A公司2015年度新增各项固定资产折旧计提如下：

1. A公司属于生物药品制造业，2014年1月1日后新购入的固定资产可以采用加速折旧的方法，因此：

1月20日购入货车，属于税法中规定的"飞机、货车、轮船以外的运输工具"，最低折旧年限为4年，采用缩短年限的方式加速折旧，不得低于最低折旧年限的60%，即不得低于2.4年，A公司拟将折旧年限缩短为3年，长于税法的折旧年限，按会计折旧年限计算扣除，2015年度应计提的折旧$=120\div3\times\frac{11}{12}\approx36.67$（万元），税法与会计计提的折旧相同。

2. 3月6日分期付款购入的固定资产，计税基础为500万元，初始入账价值为379.08万元，采用平均年限法折旧，折旧年限为10年，按税法规定计提的折旧额$=500\div10\times\frac{9}{12}=37.5$（万元），会计计提折旧额$=379.08\div10\times\frac{9}{12}=28.43$（万元），会计计提的折旧额低于税法允许扣除的折旧额，可以纳税调减9.07万元，但同时，初始确认的"未确认融资费用120.92万元"12月31日需要按照实际利率法进行摊销，本期摊销额为$379.08\times10\%=37.908$（万元），会计处理为：

借：财务费用　　　　　　　　　　　　　379 080
　　贷：未确认融资费用　　　　　　　　　379 080
借：长期应付款　　　　　　　　　　　1 000 000
　　贷：银行存款　　　　　　　　　　　1 000 000

该笔财务费用不得税前扣除，需要纳税调增379 080元，填写在A105000

纳税调整项目明细表中第29行"其他"中。

3．6月21日融资租入生产线，计税基础为3 610 000元，初始入账价值为2 783 740元，采用平均年限法折旧，折旧年限为10年，按税法规定计提的折旧额=3 610 000÷10×$\frac{6}{12}$=180 500（元），会计计提折旧额=2 783 740÷10×$\frac{6}{12}$=139 187（元），会计计提的折旧额低于税法允许扣除的折旧额，可以纳税调减41 313元，但同时，初始确认的"未确认融资费用826 260元"12月31日需要按照实际利率法进行摊销，本期摊销额为2 783 740×8%=222 699.2（元），会计处理为：

　　借：财务费用　　　　　　　　　　　　　222 699.2
　　　　贷：未确认融资费用　　　　　　　　222 699.2
　　借：长期应付款　　　　　　　　　　　　600 000
　　　　贷：银行存款　　　　　　　　　　　600 000

该笔财务费用不得税前扣除，需要纳税调增222 699.2元，填写在A105000纳税调整项目明细表中第29行"其他"中。

4．8月1日购入的研发电子设备，属于2014年1月1日后新购进的专门用于研发的仪器、设备，单位价值不超过100万元的，税法规定允许一次性计入当期成本费用在计算应纳税所得额时扣除，因此，设备购买价款及相关税费共计80万元可以所得税前一次性扣除，税法与会计规定相同。

5．7—9月对公司厂房进行改扩建，计税基础与初始入账价值相同，改扩建后按资产尚可使用的年限为10年，按尚可使用的年限计提折旧，本年应计提的折旧额=18 200 000÷10×$\frac{3}{12}$=455 000（元）。

二、生产性生物资产的税务处理及纳税调整

生产性生物资产是指为产出农产品、提供劳务或出租等目的而持有的生物资产，包括经济林、薪炭林、产畜和役畜等。生产性生物资产在一定程度上具有固定资产的特征。

（一）生产性生物资产的计税基础

生产性生物资产按照以下方法确定计税基础：

1. 外购的生产性生物资产，以购买价款和支付的相关税费为计税基础；

2. 通过捐赠、投资、非货币性资产交换、债务重组等方式取得的生产性生物资产，以该资产的公允价值和支付的相关税费为计税基础。

（二）生产性生物资产的折旧

生产性生物资产按照直线法计算的折旧，准予扣除。

企业应当自生产性生物资产投入使用月份的次月起计算折旧；停止使用的生产性生物资产，应当自停止使用月份的次月起停止计算折旧。

企业应当根据生产性生物资产的性质和使用情况，合理确定生产性生物资产的预计净残值。生产性生物资产的预计净残值一经确定，不得变更。

林木类生产性生物资产最短折旧年限为10年；畜类生产性生物资产最短折旧年限为3年。

（三）生产性生物资产的税会差异

1. 允许采用的折旧方法不同

会计准则规定：企业应当根据生产性生物资产的性质、使用情况和有关经济利益的预期实现方式，合理确定其使用寿命、预计净残值和折旧方法。可选用的折旧方法包括年限平均法、工作量法、产量法等。生产性生物资产的使用寿命、预计净残值和折旧方法一经确定，不得随意变更。

税法只允许采用直线法计提折旧。

2. 关于生物资产减值准备规定不同

会计准则规定：企业至少应当于每年年度终了对消耗性生物资产和生产性生物资产进行检查，有确凿证据表明由于遭受自然灾害、病虫害、动物疫病侵袭或市场需求变化等原因，使消耗性生物资产的可变现净值或生产性生物资产的可收回金额低于其账面价值的，应当按照可变现净值或可收回金额低于账面价值的差额，计提生物资产跌价准备或减值准备，并计入当期损益。

税法规定未经核定的生产性生物资产准备不得扣除。

（四）生产性生物资产的纳税调整

1. 因生产性生物资产的账面价值与计税基础的差异而导致的当年会计计提的生产性生物资产折旧与税法允许计提的折旧的差异。

2. 因会计采用的折旧方法与税法允许采用的折旧方法不一致而导致的会计与税法折旧的差异。

3. 调整的方法

本期纳税调整额=会计本期计提的折旧−税法允许计提的折旧

三、无形资产的税务处理及纳税调整

【案例6-2】

A公司2015年新增的无形资产如下：

1. 3月18日，A公司购入一项商品生产特许权，实际支付价款300万元，相关税费2万元，专业服务费5万元，为引入该商品发生了广告宣传费3万元，预计使用寿命为10年。

2. 5月12日，采用分期付款方式购入一项商标权，每年末支付50万元，分6年付清，银行同期贷款利率为5%，假定不考虑其他税费，该资产预计使用寿命为10年。

3. 7月18日，购入一项市场领先产品的专利权，成本1 000万元，该专利还有5年的保护期，但是在保护期届满时，A公司可以申请延期，有关调查表明，根据产品生命周期、市场竞争力等方面综合判断，该专利权将在不定期内带来现金流量，2015年年底，对该专利权进行减值测试，表明该资产已发生减值，其公允价值为800万元。

假定A公司无形资产采用直线法摊销。

请完成下列问题：

1. A公司2015年新增各项无形资产的入账价值和计税基础分别为多少？

2. 分析A公司2015年各项新增无形资产应计提的摊销及纳税调整。

（一）无形资产计税基础及初始入账价值的差异分析

无形资产通常包括专利权、非专利技术、商标权、著作权、特许权、土地使用权等。

表6-3 无形资产初始计税基础及入账价值确定

取得形式	计税基础	入账价值	
外购	购买价款和支付的相关税费以及直接归属于使该资产达到预定用途发生的其他支出	一般情形	企业外购无形资产的成本，包括购买价款、相关税费以及直接归属于资产达到预定用途发生的其他支出。下列各项不包括在无形资产的初始成本中： 1. 为引入新产品进行宣传发生的广告费、管理费用及其他间接费用； 2. 无形资产已达到预定用途后发生的费用
		分期付款	购买无形资产超过正常信用条件延期支付价款，实质上具有融资性质的，无形资产的成本以购买价款的现值为基础确定。实际支付的价款与购买价款的现值之间的差额，应当在信用期间内计入当期损益
自行开发	以开发过程中该资产符合资本化条件后达到预定用途发生的其他支出为计税基础	开发阶段将符合资本化条件的支出计入无形资产成本	
捐赠、投资、非货币性资产交换、债务重组	按该资产的公允价值和应支付的相关税费作为计税基础	捐赠、投资、具有商业实质非货币性资产交换、债务重组	按该资产的公允价值和应支付的相关税费作为初始入账价值
		不具有商业实质的非货币性资产交换	换入资产就应当按照换出资产的账面价值作为计量基础

从表6-3中可以得出取得无形资产时计税基础和入账价值的税会差异体现在以下几方面：

1. 初始购入时，与引入新产品相关的宣传费不计入无形资产的初始入账价值，而计税基础则应当包括资产达到预定用途发生的各项支出。

2. 分期付款购入无形资产的税会差异同分期付款购入固定资产,这里不再赘述。

3. 不具有商业实质的非货币性资产交换,换入的无形资产以换出资产的账面价值加相关税费作为初始入账价值,计税基础仍按公允价值。

【案例6-2】分析1

2015年A公司新增的无形资产计税基础及初始入账价值分别为:

1. 3月18日购入一项商品生产特许权,计税基础为实际支付价款300万元与相关税费2万元,专业服务费5万元,以及为引入该商品发生了广告宣传费3万元之和,共310万元;入账价值不包括为引入该商品发生的广告宣传费3万元,应当是307万元。

2. 5月12日分期付款方式,计税基础为付款总额,每年年末支付50万元,分6年付清,共计300万元;初始入账价值为未来应付款的现值 $=500\,000\times(P/A,5\%,6)=500\,000\times5.0757=2\,537\,850$(元),相关会计处理为:

借:无形资产　　　　　　　　　　　2 537 850
　　未确认融资费用　　　　　　　　　462 150
　　贷:长期应付款　　　　　　　　　　　3 000 000

3. 7月18日购入的无形资产计税基础和初始入账价值均为1 000万元。

(二)无形资产后续计量的税会差异分析

表6-4　　　　　　　无形资产摊销税法与会计规定比较

项目	税法规定	会计规定
摊销范围	下列无形资产不得计算摊销费用扣除: (1)自行开发的支出已在计算应纳税所得额时扣除的无形资产; (2)自创商誉; (3)与经营活动无关的无形资产; (4)其他不得计算摊销费用扣除的无形资产	使命寿命有限的无形资产在估计使用寿命采用系统合理的方法进行摊销 使用寿命不确定的无形资产不需要摊销

续表

项目	税法规定	会计规定
摊销期	摊销期限不得低于10年	按预计使用寿命内进行摊销。估计无形资产使用寿命应当考虑的因素包括：该资产通常的产品寿命周期、技术工艺等方面的现实情况、现在和潜在的竞争者预期采取的行动等。使用寿命不确定的无形资产，在持有期内不需要摊销，但在每个会计期间进行减值测试
	自无形资产可供使用时起至终止确认时止，当月增加的无形资产当月开始摊销，当月减少的无形资产，当月不再摊销	自无形资产可供使用时起至终止确认时止，当月增加的无形资产当月开始摊销，当月减少的无形资产，当月不再摊销
摊销方法	直线法	直线法、产量法等

从表6-4可以看出，无形资产后续计量方面存在如下差异：

1. 在摊销范围方面，税法与会计的差异主要是两个方面：一是"与经营活动无关的无形资产"税法规定不得摊销，会计没有相关规定；二是税法未对使用寿命不确定的无形资产是否需要摊销做出规定，而会计上规定不需要摊销。

关于"自行开发的支出已在计算应纳税所得额时扣除的无形资产、自创商誉不得摊销扣除"，在会计处理中商誉是企业在合并或整体转让时才确认，自行研发无形资产的研发支出属于费用化的支出，在计算应纳税所得额时已经扣除，属于资本化的支出计入无形资产的价值进行摊销，因此，税法和会计的规定不存在差异。

2. 在摊销年限方面，税法有明确的摊销年限规定，会计对使用寿命确定的无形资产按预计寿命摊销，使用寿命不确定的无形资产不计提摊销。

3. 在摊销方法方面，税法规定采用直线法，会计有多种方法可以选择。

【案例6-2】分析2

A公司2015年各项新增无形资产应计提的摊销及纳税调整:

1. 3月18日购入商品生产特许权,计税基础为310万元,按税法规定当年可以税前扣除的摊销额=$3\,100\,000÷10×\frac{10}{12}$=258 333.3(元);入账价值307万元,会计当年计提的摊销额=$3\,070\,000÷10×\frac{10}{12}$=255 833.3(元);不需要纳税调整。

2. 5月12日分期付款方式购入一项商标权,计税基础为3 000 000元,按税法规定当年可以税前扣除的摊销额=$3\,000\,000÷10×\frac{8}{12}$=200 000(元);入账价值为2 537 850元,预计使用寿命10年,当年会计摊销额=$2\,537\,850÷10×\frac{8}{12}$=169 190(元),无须纳税调整;当年摊销的未确认融资费用为462 150元,12月31日需要按照实际利率法进行摊销,本期摊销额为2 537 850×5%=126 892.5(元)。会计处理为:

借:财务费用　　　　　　　　　　　126 892.5
　　贷:未确认融资费用　　　　　　　　126 892.5
借:长期应付款　　　　　　　　　　500 000
　　贷:银行存款　　　　　　　　　　　500 000

该笔财务费用不得税前扣除,需要纳税调增126 892.5元,填写在《A105000纳税调整项目明细表》第29行"其他"中。

3. 7月18日,购入的专利权,计税基础为1 000万元,按税法规定当年可以税前扣除的摊销额=$10\,000\,000÷10×\frac{6}{12}$=500 000(元),会计对使用寿命不确定的无形资产不进行摊销,2015年年底进行减值测试,其公允价值为800万元,会计处理:

借:资产减值损失　　　　　　　　　2 000 000
　　贷:无形资产减值准备——专利权　　2 000 000

税法规定会计计提的减值准备税前一律不得扣除,因此,需要纳税调增2 000 000元。

四、长期待摊费用的税务处理及纳税调整

表6-5　　　　　　　　长期待摊费用税法及会计规定比较

项目	税法规定	会计规定
核算范围	企业发生的下列支出作为长期待摊费用，按照规定摊销的，准予扣除： 1. 已足额提取折旧的固定资产的改建支出； 2. 租入固定资产的改建支出； 3. 固定资产的大修理支出； 4. 其他应当作为长期待摊费用的支出	核算企业已经支出，但摊销期限在1年以上（不含1年）的各项费用，包括固定资产修理支出、租入固定资产的改良支出以及摊销期限在1年以上的其他待摊费用
摊销年限	税法规定了长期待摊费用的最短摊销年限： 1. 已足额提取折旧的固定资产的改建支出按照固定资产预计尚可使用年限分期摊销。 2. 租入固定资产的改建支出按照合同约定的剩余租赁期限分期摊销。 3. 固定资产的大修理支出按照固定资产尚可使用年限分期摊销。 4. 其他应当作为长期待摊费用的支出，自支出发生月份的次月起，分期摊销，摊销年限不得低于3年	企业在筹建期间发生的费用，除购置和建造固定资产以外，应先在长期待摊费用中归集，待企业开始生产经营起一次计入开始生产经营当期的损益。 租入固定资产改良支出应当在租赁期限与预计可使用年限两者孰短的期限内平均摊销。 固定资产大修理支出采取待摊方法的，实际发生的大修理支出应当在大修理间隔期内平均摊销。 其他长期待摊费用应当在受益期内平均摊销

根据表6-5税法与会计在长期待摊费用规定方面的差异主要体现为：

1. 在核算范围方面，税法对长期待摊费用做出更明确的规定，如已足额提取折旧和租入的固定资产的改建支出才可以作为长期待摊费用；固定资产的大修理支出需要同时符合下列条件：修理支出达到取得固定资产时的计税基础50%以上；修理后固定资产的使用年限延长2年以上。

2. 在摊销年限方面，关于筹建期间发生的费用，税法中应按照其他长期待摊费用，摊销期不得低于3年，会计上在企业开始生产经营起一次计入开始生产经营当期的损益；租入固定资产改良支出，税法按照合同约定的剩余租赁期限分期摊销，会计选用租赁期限与预计可使用年限两者孰短摊销。

第二节 《A105080资产折旧、摊销情况及纳税调整明细表》及附表的填写

一、《A105081固定资产加速折旧、扣除明细表》的填写

在年度报表体系中，《A105081固定资产加速折旧、扣除明细表》（以下简称表A105081）属于三级附表，本表主要用于加速折旧税收优惠统计，不承担纳税调整职责。统计范围包括二大类：一类是依据财税〔2014〕75号、财税〔2015〕106号等规定，享受固定资产加速折旧和一次性扣除优惠政策的查账征税纳税人；另一类是依据国税发〔2009〕81号、财税〔2012〕27号规定，享受技术进步、更新换代、强震动、高腐蚀固定资产加速折旧，以及外购软件、集成电路企业生产设备加速折旧或摊销的查账征税纳税人的备案。其统计结果需要结转至二级附表《A105080资产折旧、摊销情况及纳税调整明细表》（以下简称表A105080）。

（一）行次填报

按行次分，本表分为四大部分：

1.第一部分包括第1行～第3行，填写重要行业企业固定资产加速折旧。

其中，重要行业是指生物药品制造业，专用设备制造业，铁路、船舶、航空航天和其他运输设备制造业，计算机、通信和其他电子设备制造业，仪器仪表制造业，信息传输、软件和信息技术服务业6个行业，以及轻工、纺织、机械、汽车四大领域18个行业。

（1）第2行和第3行"项目"列空白处，由企业按照财税〔2014〕75号和财税〔2015〕106号文件规定的行业范围，选择填写其从事行业代码，依据总局公告2016年3号中公布的《重要领域（行业）固定资产加速折旧行业代码表》填写。

第2行和第3行，由企业按照不同税会处理方式，填写固定资产加速折旧

情况。"税会处理不一致"包括税法和会计都加速折旧，但税会折旧方法不一致的情况。

（2）第1行"一、重要行业固定资产加速折旧"=第2行+第3行。

2. 第二部分包括第4行~第6行，填写重要行业以外的其他企业，购入单位价值超过100万元以上专用研发设备，采取缩短折旧年限或采用加速折旧方法计提的固定资产折旧。

（1）第5行和第6行，由企业根据其不同的税会处理方式，填写固定资产加速折旧情况。

（2）第4行"二、其他行业研发设备加速折旧"=第5行+第6行。

3. 第三部分包括第7行~第13行，填写新购进单位价值不超过100万元研发设备和单位价值不超过5 000元固定资产，按照税法规定一次性在当期扣除金额。

（1）第8行"1.单价不超过100万元研发设备"：由重要行业中小型微利企业和重要行业以外的其他企业填报。填写单位价值不超过100万元研发设备一次性当期税前扣除金额，本行=第9行+第10行。

（2）第9行和第10行"项目"列空白处选择"重要行业小微"或"其他企业"。"重要行业小微"指"重要行业"中的小型微利企业，对其新购进研发和生产经营共用的仪器、设备，单位价值不超过100万元的，允许一次性扣除。"其他企业"（包括"重要行业"非小型微利企业和"重要行业"以外的企业）对新购进专门用于研发活动的仪器、设备，单位价值不超过100万元的，可以一次性扣除。

选择"重要行业小微"时，第2行和第3行"项目"列空白处需同时按规定填报所属重要行业代码。第9行和第10行，由企业根据不同类型（重要行业小微、其他企业）和税会处理方式，填写固定资产加速折旧情况。

（3）第11行"2.5000元以下固定资产一次性扣除"：填写单位价值不超过5000元的固定资产，按照税法规定一次性在当期税前扣除的固定资产，本行=第12行+第13行。

（4）第12行和第13行，由企业根据不同的税会处理方式，填写固定资产加速折旧情况。

（5）第7行=第8行+第11行，第14行=第1行+第4行+第7行。

4. 第四部分包括第15行~第27行，填写其他固定资产加速折旧备案信息。有下列两种情形填报：一是技术进步、产品更新换代快固定资产和常年强震动、高腐蚀固定资产加速折旧；二是财税〔2012〕27号文件规定外购软件、集成电路企业生产设备加速折旧。

（1）第16行"1.技术进步、更新换代固定资产"：填写企业固定资产因技术进步、产品更新换代较快，按税法规定享受固定资产加速折旧金额。本行=第17行+第18行。

（2）第17行和第18行，由企业选择不同税会处理方式，填写固定资产加速折旧情况。

（3）第19行"2.常年强震动、高腐蚀固定资产"：填写常年处于强震动、高腐蚀状态的固定资产，按税法规定享受固定资产加速折旧有关金额。本行=第20行+第21行。

（4）第20行和第21行，由企业选择不同税会处理方式，填写固定资产加速折旧情况。

（5）第22行"3.外购软件折旧（摊销）"：填报企业外购软件，按财税〔2012〕27号文件规定享受加速折旧、摊销的金额。本行=第23行+第24行。

（6）第23行和第24行，由企业选择不同的税会处理方式，填写固定资产加速折旧情况。

（7）第25行"4.集成电路企业生产设备"：填报集成电路生产企业的生产设备，按照财税〔2012〕27号文件规定享受加速折旧政策的金额。本行=第26行+第27行。

（8）第26行和第27行，由企业选择不同税会处理方式，填写固定资产加速折旧情况。

（二）列次填报

本表列次分两大部分：

1. 第一部分：第1列~第12列按固定资产类别分别反映有关固定资产原值、折旧额。其中：

（1）原值：填写固定资产的计税基础。对于年度内只要有1个月税法折旧额大于会计折旧额的，其原值填入对应"原值"列。对于全年所有月份税法折旧额都小于会计折旧额的固定资产，其原值不填本表。

（2）税收折旧（扣除）额：当税法折旧额大于会计折旧额时，填报该项固定资产本年度税法折旧额。

对于本年度某些月份税法折旧额大于会计折旧额、某些月份税法折旧额小于会计折旧额的，只填报税法折旧额大于会计折旧额状态下的税法折旧额。

2. 第二部分：第13列～第18列"税收折旧（扣除）额合计"填报本年度税法折旧额大于会计折旧额情况下，固定资产加速折旧的纳税调整（此处只用于统计，不实际调整）和估算的加速折旧优惠统计额。

（1）第13列"原值"：等于第1列、第3列、第5列、第7列、第9列、第11列之和。

（2）第14列"会计折旧额"：税收加速折旧、会计未加速折旧的，或者会计与税法均加速折旧但折旧方法不一致的，本列填固定资产会计实际账载折旧额。会计与税法均加速折旧且折旧方法一致的，不填写本列。

（3）第15列"正常折旧额"：会计与税法均加速折旧且折旧方法一致的，为统计企业享受优惠情况，假定该资产未享受加速折旧政策，本列填报该固定资产视同按照税法规定最低折旧年限用直线法估算折旧额，当估算的"正常折旧额"大于税法折旧额时，不再填报。

（4）第16列"税收加速折旧额"：税法折旧额大于会计折旧额状态下，填报税法加速折旧额。等于第2列、第4列、第6列、第8列、第10列、第12列之和。

（5）第17列"纳税减少额"：填报税收上加速折旧额与会计折旧额的差额，本行用于统计，不实际进行纳税调减。第17列=第16列-第14列。

（6）第18列"加速折旧优惠统计额"：填报会计与税法对固定资产均加速折旧且折旧方法一致的，以税法实际加速折旧额减去假定未加速折旧估算的"正常折旧额"，据此统计加速折旧情况。第18列=第16列-第15列。

另外，在第9行、第10行和第12行、第13行中：

第1列=第2列、第3列=第4列、第5列=第6列、第7列=第8列、第9列=第10列、第11列=第12列。

（三）表间关系

1. 第1行第16列=表A105080第1行第7列。
2. 第1行第2列=表A105080第2行第7列。
3. 第1行第4列=表A105080第3行第7列。
4. 第1行第6列=表A105080第4行第7列。
5. 第1行第8列=表A105080第5行第7列。
6. 第1行第10列=表A105080第6行第7列。
7. 第1行第12列=表A105080第7行第7列。

（四）案例解析

【案例6-1】分析5

根据A公司2015年度新增固定资产填写《A105081固定资产加速折旧、扣除明细表》，见表6-6。

一案解析企业所得税纳税申报

表6-6

A105081 固定资产加速折旧、扣除明细表

序号	项目	房屋、建筑物		飞机、火车、轮船、机器、机械和其他生产设备		与生产经营活动有关的器具、工具、家具		飞机、火车、轮船以外的运输工具		电子设备		其他		税收折旧（扣除）合计				纳税减少额	加速折旧优惠统计额
		原值	税收折旧（扣除）额	原值	税收折旧（扣除）额	原值	税收折旧（扣除）额	原值	税收折旧（扣除）额	原值	税收折旧（扣除）额	原值	税收折旧（扣除）额	原值	会计折旧额	正常折旧额	税收折旧额		
		1	2	3	4	5	6	7	8	9	10	11	12	13	14	15	16	17	18
	一、重要行业固定资产加速折旧							1 200 000.00	366 666.67					1 200 000.00		275 000.00	366 666.67		91 666.67
1	税会处理一致							1 200 000.00	366 666.67					1 200 000.00	*	275 000.00	366 666.67	*	91 666.67
2	税会处理不一致															*			*
3	二、其他行业研发设备加速折旧																		
4																			

续表

序号	项目	房屋、建筑物 原值 1	房屋、建筑物 税收折旧(扣除)额 2	飞机、火车、轮船、机器、机械和其他生产设备 原值 3	飞机、火车、轮船、机器、机械和其他生产设备 税收折旧(扣除)额 4	与生产经营活动有关的器具、工具、家具 原值 5	与生产经营活动有关的器具、工具、家具 税收折旧(扣除)额 6	飞机、火车、轮船以外的运输工具 原值 7	飞机、火车、轮船以外的运输工具 税收折旧(扣除)额 8	电子设备 原值 9	电子设备 税收折旧(扣除)额 10	其他 原值 11	其他 税收折旧(扣除)额 12	税收折旧(扣除)额合计 原值 13	税收折旧(扣除)额合计 会计折旧额 14	税收折旧(扣除)额合计 正常折旧额 15	税收折旧(扣除)额合计 税收折旧额 16	纳税减少额 17	加速折旧优惠统计额 18
5	100万元以上专用研发设备 税会处理一致														*	*		*	
6	税会处理不一致																		
7	三、允许一次性扣除的固定资产										800 000.00	800 000.00		800 000.00		88 888.89	800 000.00		711 111.11
8	1.单价不超过100万元研发设备										800 000.00	800 000.00		800 000.00		88 888.89	800 000.00		711 111.11

续表

序号	项目	房屋、建筑物 原值	房屋、建筑物 税收折旧（扣除）额	飞机、火车、轮船、机器、机械和其他生产设备 原值	飞机、火车、轮船、机器、机械和其他生产设备 税收折旧（扣除）额	与生产经营活动有关的器具、工具、家具 原值	与生产经营活动有关的器具、工具、家具 税收折旧（扣）额	飞机、火车、轮船以外的运输工具 原值	飞机、火车、轮船以外的运输工具 税收折旧（扣除）额	电子设备 原值	电子设备 税收折旧（扣除）额	其他 原值	其他 税收折旧（扣除）额	税收折旧（扣除）额合计 原值	税收折旧（扣除）额合计 合计折旧额	税收折旧（扣除）额合计 正常折旧额	税收折旧（扣除）额合计 税收折旧额	纳税减少额	加速折旧优惠统计额
		1	2	3	4	5	6	7	8	9	10	11	12	13	14	15	16	17	18
9	其他 企业 税会处理一致									800 000.00	800 000.00			800 000.00	*	88 888.89	800 000.00	*	711 111.11
10	税会处理不一致															*			
11	2. 5000元以下固定资产														*				
12	税会处理一致															*		*	
13	* 税会处理不一致															*			*

第六章 资产类项目的纳税调整及申报

续表

序号	项目	房屋、建筑物 原值 1	房屋、建筑物 税收折旧（扣除）额 2	飞机、火车、轮船、机器、机械和其他生产设备 原值 3	飞机、火车、轮船、机器、机械和其他生产设备 税收折旧（扣除）额 4	与生产经营活动有关的器具、工具、家具 原值 5	与生产经营活动有关的器具、工具、家具 税收折旧（扣除）额 6	飞机、火车、轮船以外的运输工具 原值 7	飞机、火车、轮船以外的运输工具 税收折旧（扣除）额 8	电子设备 原值 9	电子设备 税收折旧（扣除）额 10	其他 原值 11	其他 税收折旧（扣除）额 12	税收折旧（扣除）额合计 原值 13	税收折旧（扣除）额合计 合计折旧额 14	税收折旧（扣除）额合计 正常折旧额 15	税收折旧（扣除）额合计 税收折旧额 16	纳税减少额 17	加速折旧优惠统计额 18
14	合计（1行+4行+7行）							1 200 000.00	366 666.67	800 000.00	800 000.00			2 000 000.00	*	363 888.89	1 166 666.67		802 777.78
15	四、其他固定资产加速折旧备案信息																		
16	1. 技术进步、更新换代固定资产																		
17	*　税会处理一致														*			*	
18	税会处理不一致																		
19	2. 常年强震动、高腐蚀固定资产																		

续表

序号	项目	房屋、建筑物		飞机、火车、轮船、机器、机械和其他生产设备		与生产经营活动有关的器具、工具、家具		飞机、火车、轮船以外的运输工具		电子设备		其他		税收折旧（扣除）额合计			
		原值	税收折旧（扣除）额	原值	税收折旧（扣除）额	原值	税收折旧（扣除）额	原值	税收折旧（扣除）额	原值	税收折旧（扣除）额	原值	税收折旧（扣除）额	合计折旧额	正常折旧额	税收折旧额	纳税减少额	加速折旧优惠统计额
		1	2	3	4	5	6	7	8	9	10	11	12	13	14	15	16	17	18
20	税会处理一致														*			*
21	* 税会处理不一致																		
22	3. 外购软件折旧（摊销）																		
23	税会处理一致														*			*	
24	* 税会处理不一致																		

续表

序号	项目	房屋、建筑物		飞机、火车、轮船、机器、机械和其他生产设备		与生产经营活动有关的器具、工具、家具		飞机、火车、轮船以外的运输工具		电子设备		其他		税收折旧（扣除）额合计				
		原值	税收折旧（扣除）额	原值	税收折旧（扣除）额	原值	税收折旧（扣除）额	原值	税收折旧（扣除）额	原值	税收折旧（扣除）额	原值	税收折旧（扣除）额	原值	合计折旧额	正常折旧额	税收折旧额	纳税减少额	加速折旧优惠统计额
		1	2	3	4	5	6	7	8	9	10	11	12	13	14	15	16	17	18
25	4.集成电路企业生产设备																		*
26	税会处理一致														*				
27	*税会处理不一致															*		*	
28	合计（16行+19行+22行+25行）																		

填写要点：

A公司属于生物药品制造业，2014年1月1日后新购入的固定资产可以采用加速折旧的方法，相关加速折旧的内容在"一、重要行业固定资产"部分填写。

1月20日购入货车，会计采用缩短折旧年限法加速折旧，不低于税法最低折旧年限的60%，且税法与会计计提的折旧相同，相关加速折旧信息填写在第2行。属于税法中规定的"飞机、货车、轮船以外的运输工具"，第7列"原值"填1 200 000元，第8列"税收折旧（扣除）额"为366 666.67元，第13列"原值"等于第1列、第3列、第5列、第7列、第9列、第11列之和1 200 000元，第15列"正常折旧额"，依据税法规定：飞机、货车、轮船以外的运输工具最低折旧年限为4年，正常折旧额=1 200 000÷4×11/12=275 000（元），第16列"税收折旧额"等于第2列、第4列、第6列、第8列、第10列、第12列之和366 666.67元，第18列=第16列-第15列为91 666.67元。

第1行=第2行+第3行，第7列填1 200 000元，第8列填366 666.67元，第13列填1 200 000元，第15列填275 000元，第16列填366 666.67元，第18列=第16列-第15列，填91 666.67元。

8月1日购入的研发电子设备，属于2014年1月1日后新购进的专门用于研发的仪器、设备，单位价值不超过100万元的，税法规定允许一次性计入当期成本费用在计算应纳税所得额时扣除，填写"三、允许一次性扣除的固定资产"。在第9行、第10行空白处填"其他企业"，由于会计与税法采用相同的折旧政策，因此，填写第9行。第9列"原值"填800 000元，第10列"税收折旧（扣除）额"填800 000元，第13列"原值"填800 000元，第15列"正常折旧额"，依据税法规定：电子设备最低折旧年限为3年，正常折旧额=1 200 000÷3×4/12=88 888.89（元），第16列"税收折旧额"填800 000元，第18列=第16列-第15列，填711 111.11元。

第8行=第9行+第10行，第7行=第8行+第11行，相关列次金额与第9行相等。

第14行=第1行+第4行+第7行，第7列填1 200 000元，第8列填366 666.67元，第9列填800 000元，第10列填800 000元，第13列填2 000 000元，第15列

填363 888.89元，第16列填1 166 666.67元，第18列填802 777.78元。

二、《A105080资产折旧、摊销情况及纳税调整明细表》的填写

A105080属于二级附表，填报纳税人发生资产折旧、摊销及相关纳税调整，相关纳税调整结果结转至《A105000纳税调整项目明细表》。本表的结构如下。

(一) 行次填报

本表共27行，分六大部分：

1. 第一部分反映固定资产计提的折旧及相关纳税调整，按固定资产类别分为6项，包括房屋、建筑物；飞机、火车、轮船、机器、机械和其他生产设备；与生产经营活动有关的器具、工具、家具等；飞机、火车、轮船以外的运输工具；电子设备及其他，分别在第2行~第7行填列，第1行是固定资产折旧及相关纳税调整的合计数。

2. 第二部分反映生产性生物资产计提的折旧及相关纳税调整，分为林类、畜类生产性生物资产，分别在第9行、第10行填写，第8行是生产性生物资产折旧及相关纳税调整的合计数。

3. 第三部分反映无形资产的摊销及相关纳税调整，分为专利权、商标权、著作权、土地使用权、非专利技术、特许权使用费及其他，分别在第12~18行反映，第11行是无形资产摊销及相关纳税调整的合计数。

4. 第四部分反映长期待摊费用的摊销及相关纳税调整，分为已足额提取折旧的固定资产的改建支出、租入固定资产的改建支出、固定资产的大修理支出、开办费及其他，分别在第20行~第24行反映，第19行是长期待摊费用的摊销及相关纳税调整的合计数。

5. 第五、六部分反映的是油气勘探投资和油气开发投资的相关摊销及纳税调整，在第25行、第26行反映。

第27行是各项资产折旧、摊销及相关纳税调整的合计数。

（二）列次填报

本表共10列，分三部分：

1. 第一部分反映资产折旧、摊销的会计记录，包括：

（1）各项资产的账载金额填写第1列；

（2）本期折旧、摊销额填写第2列；

（3）累计折旧、摊销额填写第3列。

2. 第二部分反映资产折旧、摊销的税收金额，包括：

（1）各项资产的计税基础填写第4列；

（2）按税收一般规定计算的本年折旧、摊销额填写第5列，注意本列不包括加速折旧部分和由于不征税收入形成的资产，其折旧、摊销额；

（3）本年加速折旧额填写第6列，注意本列包括《国家税务总局关于企业固定资产加速折旧所得税处理有关问题的通知》（国税发〔2009〕81号）规定的固定资产计提的加速折旧额和2014年及以后年度新增固定资产加速折旧额的合计数，其中：2014年及以后年度新增固定资产加速折旧额需要在第7列单独反映，相关行次数据来源于表A105081；

（4）累计折旧、摊销额填写第9列。

3. 第三部分反映资产折旧、摊销的纳税调整金额，填写第9列，计算方法用会计折旧、摊销额减去税收一般规定计算的本年折旧、摊销额和本年加速折旧额。各项资产纳税调整额的合计数在27行第9列，若≥0，填入表A105000第31行第3列；若<0，将绝对值填入表A105000第31行第4列。

（三）案例解析

【综合案例】

根据综合案例中关于ABC科技资产折旧、摊销的资料，填写《A105080资产折旧、摊销情况及纳税调整明细表》，见表6-7。

表6-7 A105080 资产折旧、摊销情况及纳税调整明细表

单位：元列至角分

行次	项目	账载金额			税收金额				纳税调整	
		资产账载金额	本年折旧、摊销额	累计折旧、摊销额	资产计税基础	按税收规定计算的本年折旧、摊销额	本年加速折旧额	其中：2014年及以后年度新增固定资产加速折旧额（填写A105081）	累计折旧、摊销额	调整原因
		1	2	3	4	5	6	7	8	9（2-5-6）	10
1	一、固定资产（2+3+4+5+6+7）	5 034 939.98	1 051 462.28	2 114 637.38	5 034 939.98	1 051 462.28			2 114 637.38	0.00	
2	（一）房屋、建筑物										
3	（二）飞机、火车、轮船、机器、机械和其他生产设备										
4	（三）与生产经营活动有关的工具、器具、家具等	695 259.33	134 310.12	251 068.57	695 259.33	134 310.12			251 068.57		

续表

行次	项目	账载金额 资产账载金额 1	账载金额 本年折旧、摊销额 2	账载金额 累计折旧、摊销额 3	税收金额 资产计税基础 4	税收金额 按税收规定计算的本年折旧、摊销额 5	税收金额 本年加速折旧额 6	税收金额 其中：2014年及以后年度新增固定资产加速折旧额（填写A105081） 7	税收金额 累计折旧、摊销额 8	纳税调整 金额 9 (2-5-6)	纳税调整 调整原因 10
5	（四）飞机、火车、轮船以外的运输工具	1 239 542.00	154 123.64	261 736.45	1 239 542.00	154 123.64			261 736.45		
6	（五）电子设备	3 100 138.65	763 028.52	1 601 832.36	3 100 138.65	763 028.52			1 601 832.36		
7	（六）其他										
8	二、生产性生物资产（9+10）						*	*			
9	（一）林木类							*			
10	（二）畜类						*				
11	三、无形资产（12+13+14+15+16+17+18）	8 293 866.75	1 049 454.39	2 501 149.53	8 293 866.75	524 727.19		*	1 229 255.68	524 727.20	
12	（一）专利权										

续表

行次	项目	账载金额			税收金额				纳税调整	
		资产账载金额	本年折旧、摊销额	累计折旧、摊销额	资产计税基础	按税收一般规定计算的本年折旧、摊销额	本年加速折旧额	其中：2014年及以后年度新增固定资产加速折旧额（填写A105081）	累计折旧、摊销额	金额	调整原因
		1	2	3	4	5	6	7	8	9 (2-5-6)	10
13	（二）商标权						*	*			
14	（三）著作权	7 968 854.50	994 253.16	2 458 511.36	7 968 854.50	497 126.58	*	*	1 229 255.68	497 126.58	
15	（四）土地使用权						*	*		0.00	
16	（五）非专利技术						*	*		0.00	
17	（六）特许权使用费	325 012.25	55 201.23	42 638.17	325 012.25	27 600.61	*	*	21 319.09	27 600.62	
18	（七）其他						*	*			
19	四、长期待摊费用(20+21+22+23+24)	1 249 678.82	536 791.34	985 694.76	1 249 678.82	536 791.34	*	*	985 694.76	0.00	
20	（一）已足额提取折旧的固定资产的改建支出						*	*			

续表

行次	项目	账载金额 资产账载金额 1	账载金额 本年折旧、摊销额 2	账载金额 累计折旧、摊销额 3	税收金额 资产计税基础 4	税收金额 按税收一般规定计算的本年折旧、摊销额 5	税收金额 本年加速折旧额 6	税收金额 其中：2014年及以后年度新增固定资产加速折旧额（填写A105081） 7	税收金额 累计折旧、摊销额 8	纳税调整 金额 9 (2-5-6)	纳税调整 调整原因 10
21	（二）租入固定资产的改建支出	1 249 678.82	536 791.34	985 694.76	1 249 678.82	536 791.34	*	*	985 694.76		
22	（三）固定资产的大修理支出						*	*			
23	（四）开办费						*	*			
24	（五）其他						*	*			
25	五、油气勘探投资						*	*			
26	六、油气开发投资						*	*			
27	合计（1+8+11+19+25+26）	14 578 485.55	2 637 708.01	5 601 481.67	14 578 485.55	2 112 980.81			4 329 587.82	524 727.20	*

第六章 资产类项目的纳税调整及申报

填写要点：

ABC科技各项长期资产账载金额与计税基础相等，会计计提的固定资产折旧金额与企业所得税法规定一致，固定资产没有纳税调整；长期待摊费用的账面摊销金额与税法规定一致，没有纳税调整；所有无形资产会计摊销年限均为5年，税法规定的最低折旧年限为10年，会计多计提的摊销额，需要进行纳税调增。

因此根据综合案例：四、主要财务信息中的（三）资产折旧、摊销明细表，填写结果如下：

1. 固定资产折旧部分的填写

第4行第1列填695 259.33元，第2列填134 310.12元，第3列填251 068.57元，第4列填695 259.33元，第5列填134 310.12元，第8列填251 068.57元，第9列为0。

第5行第1列填1 239 542.00元，第2列填154 123.64元，第3列填261 736.45元，第4列填1 239 542.00元，第5列填154 123.64元，第8列填261 736.45元，第9列为0。

第6行第1列填3 100 138.65元，第2列填763 028.52元，第3列填1 601 832.36元，第4列填3 100 138.65元，第5列填763 028.52元，第8列填1 601 832.36元，第9列为0。

第1行为第2行～第6行的合计数，第1列填5 034 939.98元，第2列填1 051 462.28元，第3列填2 114 637.38元，第4列填5 034 939.98元，第5列填1 051 462.28元，第8列填2 114 637.38元，第9列为0。

2. 无形资产摊销部分的填写

第14行第1列填7 968 854.50元，第2列填994 253.16元，第3列填2 458 511.36元，第4列填7 968 854.50元，第5列等于第2列的1/2为497 126.58元，第8列等于第3列的1/2，1 229 255.68元，第9列为497 126.58元。

第17行第1列填325 012.25元，第2列填55 201.23元，第3列填42 638.17元，第4列填325 012.25元，第5列等于27 600.61元，第8列等于第3列的1/2为21 319.09元，第9列为27 600.62元。

第11行是第12行～第18行的合计数，第1列填8 293 866.75元，第2列填1 049 454.39元，第3列填2 501 149.53元，第4列填8 293 866.75元，第5列等于

524 727.19元，第8列等于1 229 255.68元，第9列为524 727.20元。

3. 长期待摊费用部分的填写

第21行第1列填1 249 678.82元，第2列填536 791.34元，第3列填985 694.76元，第4列填1 249 678.82元，第5列填536 791.34元，第8列填985 694.76元，第9列为0。

第27行是第1行、第8行、第11行、第19行、第25行、第26行的合计数，第1列填14 578 485.55元，第2列填2 637 708.01元，第3列填5 601 481.67元，第4列填14 578 485.55元，第5列等于2 112 980.81元，第8列等于4 329 587.82元，第9列为524 727.20元。同时，将第3列5 601 481.67元转入A105000第31行"（一）资产折旧、摊销"第1列"账载金额"，第8列4 329 587.82元转入第2列"税收金额"，第9列转入第3列"调增金额"524 727.20元。

第三节 资产损失的税务处理及申报

【案例6-3】

A公司是一家商业零售企业，2015年度发生了以下资产损失：

1. 2月15日进行存货盘点，发现部分甲商品变质损坏，账面成本为30万元，转出增值税5.1万元，甲商品账面总成本为200万元，已计提减值准备2万元，2月26日查明原因是管理不善造成的，要求责任人赔偿1万元，其余损失A公司承担。乙商品属于易碎品，在搬运过程中损坏0.5万元。

2. 3月14日因客户B公司在地震中发生了巨大损失，其所欠货款23.4万元无法收回，A公司声明放弃债权。

3. 4月25日盘点当日收取的现金，发现短缺80元，属于收银员少收，由责任人赔偿。

4. 6月2日出售一台不需用的机器设备，设备原价50万元，已计提折旧8万元，计提减值准备1万元，购入时已抵扣进项税额8.5万元，出售设备取得增值税专用发票，注明价款40万元，增值税税额6.8万元。

5. 10月26日被投资企业C公司因经营管理不善而破产，A公司投资额100万元全部无法收回。

根据以上资料完成下列问题：

1. 分析上述各项资产损失会计确认的损失金额和税收确认的损失金额各为多少？

2. 判断哪些损失属于清单申报或哪些属于专项申报的范围，需要报送的材料有哪些？

3. 填写《A105090资产损失税前扣除及纳税调整明细表》和《A105091资产损失（专项申报）税前扣除及纳税调整明细表》。

资产损失，是指企业在生产经营活动中实际发生的、与取得应税收入有关的资产损失。这里的资产是指企业拥有或者控制的、用于经营管理活动相关的资产，包括现金、银行存款、应收及预付款项（包括应收票据、各类垫款、企业之间往来款项）等货币性资产，存货、固定资产、无形资产、在建工程、生产性生物资产等非货币性资产，以及债权性投资和股权（权益）性投资。

关于资产损失的税前扣除，先后在《企业所得税法》及其实施条例、《财政部　国家税务总局关于企业资产损失税前扣除政策的通知》（财税〔2009〕57号）、《企业资产损失所得税税前扣除管理办法》（国家税务总局公告2011年第25号）、《国家税务总局关于企业股权投资损失所得税处理问题的公告》（国家税务总局公告2010年第6号）、《国家税务总局关于商业零售企业存货损失税前扣除问题的公告》（国家税务总局公告2014年第3号）、《国家税务总局关于电网企业输电线路部分报废损失税前扣除问题的公告》（国家税务总局公告2010年第30号）、《国家税务总局关于企业因国务院决定事项形成的资产损失税前扣除问题的公告》（国家税务总局公告2014年第18号）中做出了明确的规定。

在企业所得税税前准予扣除的资产损失包括两类，一类是企业在实际处置、转让上述资产过程中发生的合理损失，一类是企业虽未实际处置、转让上述资产，但符合相关规定条件计算确认的损失。

一、资产损失的确认依据

确认企业资产损失相关的证据包括具有法律效力的外部证据和特定事项的企业内部证据。

（一）具有法律效力的外部证据

具有法律效力的外部证据，是指经司法机关、行政机关、专业技术鉴定部门等依法出具的与本企业资产损失相关的具有法律效力的书面文件，主要包括：

1. 司法机关的判决或者裁定；
2. 公安机关的立案结案证明、回复；
3. 工商部门出具的注销、吊销及停业证明；
4. 企业的破产清算公告或清偿文件；
5. 行政机关的公文；
6. 专业技术部门的鉴定报告；
7. 具有法定资质的中介机构的经济鉴定证明；
8. 仲裁机构的仲裁文书；
9. 保险公司对投保资产出具的出险调查单、理赔计算单等保险单据；
10. 符合法律规定的其他证据。

（二）特定事项的企业内部证据

特定事项的企业内部证据，是指会计核算制度健全、内部控制制度完善的企业，对各项资产发生毁损、报废、盘亏、死亡、变质等提供的内部证明或承担责任的声明，主要包括：

1. 有关会计核算资料和原始凭证；
2. 资产盘点表；
3. 相关经济行为的业务合同；
4. 企业内部技术鉴定部门的鉴定文件或资料；
5. 企业内部核批文件及有关情况说明；

6. 对责任人由于经营管理责任造成损失的责任认定及赔偿情况说明；

7. 法定代表人、企业负责人和企业财务负责人对特定事项真实性承担法律责任的声明。

【案例6-3】分析1

1. 2月15日存货盘点中，甲商品的会计处理为：

借：待处理财产损溢——待处理流动资产损溢　　331 000

　　存货跌价准备　　　　　　　　　　　　　　 20 000

　　贷：库存商品——甲商品　　　　　　　　　　300 000

　　　　应交税费——应交增值税（进项税额转出）51 000

乙商品损失计入该商品存货成本，待存货发出时进行成本结转。

2月26日甲商品的损失查明原因后，

借：管理费用　　　　　　　　　　　　　　　　321 000

　　其他应收款　　　　　　　　　　　　　　　 10 000

　　贷：待处理财产损溢——待处理流动资产损溢　331 000

会计确认的损失为30+5.1−2−1=32.1（万元），所得税法规定减值准备税前不得扣除，准予税前扣除的损失为30+5.1−1=34.1（万元）

2. 3月14日无法收回的应收账款会计确认营业外支出23.4万元，税收应当确认的损失也为23.4万元。

3. 4月25日，短缺现金由责任人赔偿，企业会计不确认损失，税收也不确认损失。

4. 6月2日出售机器设备的会计处理：

借：固定资产清理　　　　　　　　　　　　　　410 000

　　累计折旧　　　　　　　　　　　　　　　　 80 000

　　固定资产减值准备　　　　　　　　　　　　 10 000

　　贷：固定资产　　　　　　　　　　　　　　　500 000

借：银行存款　　　　　　　　　　　　　　　　468 000

　　贷：固定资产清理　　　　　　　　　　　　　400 000

　　　　应交税费——应交增值税（销项税额）　　68 000

借：营业外支出——非流动资产处置损失　　　　　10 000
　　贷：固定资产清理　　　　　　　　　　　　　　　　　10 000

会计确认的损失为1万元，准予税前扣除的损失为50-8-40=2（万元）。

5. 10月26日无法收回的投资损失100万元，会计全部确认为损失，准予税前扣除的损失为100万元。

二、资产损失申报管理

企业在进行企业所得税年度汇算清缴申报时，可将资产损失申报材料和纳税资料作为企业所得税年度纳税申报表的附件一并向税务机关报送。

企业资产损失按其申报内容和要求的不同，分为清单申报和专项申报两种申报形式。

（一）清单申报的资产损失

下列资产损失，应以清单申报的方式向税务机关申报扣除：

1. 企业在正常经营管理活动中，按照公允价格销售、转让、变卖非货币资产的损失。

2. 企业各项存货发生的正常损耗；商业零售企业存货因零星失窃、报废、废弃、过期、破损、腐败、鼠咬、顾客退换货等正常因素形成的损失，为存货正常损失，准予按会计科目进行归类、汇总，然后再将汇总数据以清单的形式进行企业所得税纳税申报，同时出具损失情况分析报告。

3. 企业固定资产达到或超过使用年限而正常报废清理的损失。

4. 企业生产性生物资产达到或超过使用年限而正常死亡发生的资产损失。

5. 企业按照市场公平交易原则，通过各种交易场所、市场等买卖债券、股票、期货、基金以及金融衍生产品等发生的损失。

（二）专项申报的资产损失

属于清单申报外的资产损失，应以专项申报的方式向税务机关申报扣除。企业无法准确判别是否属于清单申报扣除的资产损失，可以采取专项申报的形式申报扣除。专项申报的资产损失,企业应逐项(或逐笔)报送申请报告,同时附送会计核算资料及其他相关的纳税资料。专项申报的资产损失具体包括以下几类:

1. 货币资产损失

(1)现金损失,如现金盘亏、短缺、收缴假币等损失。

(2)因金融机构清算而发生的存款类资产损失。

(3)因债务人破产、停止营业、死亡、失踪、债务重组、遭受自然灾害、战争等不可抗力因素而导致企业应收及预付款项坏账损失;以及逾期3年以上的应收款项和逾期1年以上,单笔数额不超过5万元或者不超过企业年度收入总额0.01%的应收款项,会计上已经作为损失处理的,可以作为坏账损失,但应说明情况,并出具专项报告。

2. 非货币性资产损失

(1)存货非正常损失,包括存货的盘亏损失;存货报废、毁损或变质损失,如果该项损失数额较大(指占企业该类资产计税成本10%以上,或减少当年应纳税所得、增加亏损10%以上,下同),应有专业技术鉴定意见或法定资质中介机构出具的专项报告;存货被盗损失。商业零售企业存货因风、火、雷、震等自然灾害,仓储、运输失事,重大案件等非正常因素形成的损失,为存货非正常损失,应当以专项申报形式进行企业所得税纳税申报。

(2)固定资产非正常损失,包括固定资产盘亏、丢失损失,损失金额较大的,应有专业技术鉴定报告或具有法定资质中介机构出具的专项报告等;固定资产报废、毁损损失,损失金额较大的或自然灾害等不可抗力原因,应有专业技术鉴定意见或具有法定资质中介机构出具的专项报告等;固定资产被盗损失。

(3)在建工程非正常损失,包括在建工程停建、报废损失,其中因质量原因和因自然灾害和意外事故停建、报废的工程项目,应出具专业技术鉴定意见和责任认定、赔偿情况的说明。

(4)生产性生物资产非正常损失,包括生产性生物资产盘亏损失,损失金额较大的,企业应有专业技术鉴定意见和责任认定、赔偿情况的说明等;因森林病虫害、疫情、死亡而产生的生产性生物资产损失;对被盗伐、被盗、丢失而产生的生产性生物资产损失。

（5）未能按期赎回抵押资产，使抵押资产被拍卖或变卖，其账面净值大于变卖价值的差额的资产损失。

（6）被其他新技术所代替或已经超过法律保护期限，已经丧失使用价值和转让价值，尚未摊销的无形资产损失。

3. 投资损失

（1）债权投资损失，包括由于下列原因导致无法收回的债权：债务人或担保人依法被宣告破产、关闭、被解散或撤销、被吊销营业执照、失踪或者死亡等；债务人遭受重大自然灾害或意外事故；债务人因承担法律责任，其资产不足归还所借债务；债务人和担保人不能偿还到期债务，企业提出诉讼或仲裁的，经人民法院对债务人和担保人强制执行，债务人和担保人均无资产可执行，人民法院裁定终结或终止（中止）执行的；债务人和担保人不能偿还到期债务，企业提出诉讼后被驳回起诉的、人民法院不予受理或不予支持的，或经仲裁机构裁决免除（或部分免除）债务人责任，经追偿后无法收回的债权；经国务院专案批准核销的债权。

（2）股权投资损失，由于被投资企业依法宣告破产、关闭、解散或撤销、吊销营业执照、停止生产经营活动、失踪等原因使股权投资无法收回的损失。企业对外进行股权投资所发生的损失，在经确认的损失发生年度，作为企业损失在计算企业应纳税所得额时一次性扣除。

（3）企业按独立交易原则向关联企业转让资产而发生的损失，或向关联企业提供借款、担保而形成的债权损失，准予扣除，但企业应作专项说明，同时出具中介机构出具的专项报告及其相关的证明材料。

（4）下列股权和债权不得作为损失在税前扣除：

① 债务人或者担保人有经济偿还能力，未按期偿还的企业债权；

② 违反法律、法规的规定，以各种形式、借口逃废或悬空的企业债权；

③ 行政干预逃废或悬空的企业债权；

④ 企业未向债务人和担保人追偿的债权；

⑤ 企业发生非经营活动的债权；

⑥ 其他不应当核销的企业债权和股权。

4. 其他资产损失

（1）企业将不同类别的资产捆绑（打包），以拍卖、询价、竞争性谈判、招标等市场方式出售，其出售价格低于计税成本的差额，可以作为资产损失并准予在税前申报扣除。

（2）企业正常经营业务因内部控制制度不健全而出现操作不当、不规范或因业务创新但政策不明确、不配套等原因形成的资产损失，应由企业承担的金额，可以作为资产损失并准予在税前申报扣除。

（3）企业因刑事案件原因形成的损失，应由企业承担的金额，或经公安机关立案侦查两年以上仍未追回的金额，可以作为资产损失并准予在税前申报扣除。

【案例6-3】分析2

A公司2015年度资产损失中，属于清单申报的损失有：

1. 2月15日盘点乙商品正常损耗0.5万元，属于存货正常损耗，直接进行清单申报。

2. 6月2日出售不需要的机器设备，发生的资产处置损失，属于"企业在正常经营管理活动中，按照公允价格销售、转让、变卖非货币资产的损失"，可以进行清单申报。

属于专项申报的损失有：

1. 2月15日盘亏甲商品，属于存货非正常损失，该项损失数额较大，损失资产30万元，占该类资产计税成本200万元的15%，在专项申报时应当提供下列资料：存货计税成本的确定依据；企业内部关于存货报废、毁损、变质、残值情况说明及核销资料；责任人赔偿情况说明，有专业技术鉴定意见或具有法定资质中介机构出具的专项报告。

2. 3月14日无法收回的应收账款23.4万元属于因自然灾害、战争等不可抗力而无法收回的货币性资产损失，需要做专项申报，提供债务人受灾情况说明以及放弃债权的申明。

3. 10月26日因被投资企业破产无法收回的股权投资，应当进行专项申报，需要提供股权投资计税基础证明材料，被投资企业破产公告、破产清偿文件，被投资企业资产处置方案、成交及入账材料，企业法定代表人、主要负责人和财务负责人签章证实有关投资（权益）性损失的书面申明，会计核算资料等其他相关证据材料。

三、资产损失税前扣除的纳税申报

关于资产损失税前扣除主要在《A105091资产损失（专项申报）税前扣除及纳税调整明细表》（以下简称表A105091）和《A105090资产损失税前扣除及纳税调整明细表》（以下简称表A105090）中反映。

（一）《A105091资产损失（专项申报）税前扣除及纳税调整明细表》的填写

本表属于3级报表，列示专项申报扣除的资产损失，相关结果结转至表A105090。

1. 行次填报

（1）第一部分反映货币性资产损失，包括现金、银行存款、应收预付款的损失，在第1行~第5行反映。

（2）第二部分反映非货币性资产损失，包括存货、固定资产、无形资产、在建工程等非正常损失，在第6行~第10行反映。

（3）第三部分反映投资损失，包括债权性投资、股权投资损失、关联方转让资产，在第11行~第15行反映。

（4）第四部分反映其他可以税前扣除，但需要专项申报的损失。在第16行~第19行反映。

第20行是合计数。

2. 列次填报

（1）第1列"项目"：填报纳税人发生资产损失的具体项目名称；

（2）第2列"账载金额"：填报纳税人会计核算计入本年损益的资产损失金额；

（3）第3列"处置收入"：填报纳税人处置发生损失的资产可收回的残值或处置收益；

（4）第4列"赔偿收入"：填报纳税人发生的资产损失，取得的相关责任人、保险公司赔偿的金额；

（5）第5列"计税基础"：填报按税法规定计算的发生损失时资产的计税基础，含损失资产涉及的不得抵扣增值税进项税额；

（6）第6列"税收金额"：填报按税法规定确定的允许当期税前扣除的资产损失金额，为第5列–第3列–第4列的余额。

（7）第7列"纳税调整金额"：填报第2列–第6列的余额。

3.案例解析

根据【案例6-3】资料A公司的资产损失相关申报填写表6-8、表6-9。

表6-8　　A105091 资产损失（专项申报）税前扣除及纳税调整明细表

单位：元列至角分

行次	项目	账载金额	处置收入	赔偿收入	计税基础	税收金额	纳税调整金额
	1	2	3	4	5	6（5-3-4）	7（2-6）
1	一、货币资产损失（2+3+4+5）	234 000	—	—	234 000	234 000	—
2	应收账款损失	234 000	—	—	234 000	234 000	—
3							
4							
5							
6	二、非货币资产损失（7+8+9+10）	321 000	—	10 000	351 000	341 000	-20 000
7	存货损失	321 000	—	10 000	351 000	341 000	-20 000
8							
9							
10						—	—

第六章 资产类项目的纳税调整及申报

续表

行次	项目	账载金额 1	处置收入 3	赔偿收入 4	计税基础 5	税收金额 6 (5-3-4)	纳税调整金额 7 (2-6)
11	三、投资损失（12+13+14+15）	1 000 000	—	—	1 000 000	1 000 000	—
12	股权投资损失	1 000 000	—	—	1 000 000	1 000 000	—
13							
14							
15							
16	四、其他（17+18+19）	—	—	—	—	—	—
17							
18							
19							
20	合计（1+6+11+16）	1 555 000	—	10 000	1 585 000	1 575 000	−20 000

填写要点：

（1）3月14日无法收回的应收账款属于货币性资产损失，填写第2行，第1列填写应收账款损失，第2列填写234 000元，第3列填0，第4列填0，第5列填234 000元，第6列填234 000元，第7列填0；第1行是第2行~第5行合计数，第2列转至表A105090第10行第1列，第6列转至表A105090第10行第2列，第7列转至表A105090第10行第3列。

（2）2月15日盘亏甲商品属于非货币性资产损失，填写第7行，第1列填写存货损失，第2列填写321 000元，第3列填0，第4列填10 000元，第5列填351 000元，第6列填341 000元，第7列填-20 000元；第6行为第7行~第10行的合计数，第2列转至表A105090第11行第1列，第6列转至表A105090第11行第2列，第7列转至表A105090第11行第3列。

（3）10月26日无法收回的股权投资属于投资损失，填写第12行，第1列填写股权投资损失，第2列填写1 000 000元，第3列填0，第4列填0，第5列填1 000 000元，第6列填1 000 000元，第7列填0；第11行为第12行~第15行的合计数，第2列转至表A105090第12行第1列，第6列转至表A105090第12行第2列，第7列转至表A105090第12行第3列。

第20行是第1行、第6行、第11行、第16行的合计数，第2列填1 555 000元，第3列填0，第4列填10 000元，第5列填1 585 000元，第6列填1 575 000元，第7列填-20 000元。

（二）《A105090资产损失税前扣除及纳税调整明细表》的填写

本表属于2级附表，列示资产损失税前扣除的项目及纳税调整，相关调整结果转至表A105000。

1. 行次填报

本表分为二部分，第一部分填写清单申报资产损失的项目，第2行~第8行是清单申报的各项目，第1行是合计数；第二部分专项申报资产损失的各项目来源于表A105091。

2. 列次填报

第1列填写会计账载金额，第2列填写税收金额，第3列=第1列-第2列，反映纳税调整金额。

3. 案例解析

表6-9　　　A105090　资产损失税前扣除及纳税调整明细表

单位：元

行次	项目	账载金额	税收金额	纳税调整金额
		1	2	3（1-2）
1	一、清单申报资产损失（2+3+4+5+6+7+8）	15 000	25 000	-10 000
2	（一）正常经营管理活动中，按照公允价格销售、转让、变卖非货币资产的损失	10 000	20 000	-10 000
3	（二）存货发生的正常损耗	5 000	5 000	0
4	（三）固定资产达到或超过使用年限而正常报废清理的损失			
5	（四）生产性生物资产达到或超过使用年限而正常死亡发生的资产损失			
6	（五）按照市场公平交易原则，通过各种交易场所、市场等买卖债券、股票、期货、基金以及金融衍生产品等发生的损失			
7	（六）分支机构上报的资产损失			
8	（七）其他			
9	二、专项申报资产损失（填写表A105091）	1 555 000	1 575 000	-20 000
10	（一）货币资产损失（填写表A105091）	234 000	234 000	0
11	（二）非货币资产损失（填写表A105091）	321 000	341 000	-20 000
12	（三）投资损失（填写表A105091）	1 000 000	1 000 000	0
13	（四）其他（填写表A105091）			
14	合计（1+9）	1 570 000	1 600 000	-30 000

填写要点:

(1) 6月2日处置固定资产填写第2行,第1列填10 000元,第2列填20 000元,第3列纳税调增为–10 000元。

(2) 2月15日存货盘点中乙商品属于正常损耗,直接清单申报,填写第3行,第1列填5 000元,第2列填5 000元,第3列填0。

(3) 第1行是清单申报资产损失的合计数,第1列填15 000元,第2列填25 000元,第3列填–10 000元。

(4) 专项申报的数字全部来源于表6-8,第1列=表6-8第2列;第2列=表6-8第6列,第3列=表6-8第7列。

(5) 第14行是清单申报资产损失和专项申报资产损失的合计数。

第七章 特殊事项纳税调整及申报

【学习目标】

1. 掌握企业重组的税务处理及纳税调整；
2. 掌握政策性搬迁的税务处理及纳税调整；
3. 理解特殊行业准备金的纳税调整；
4. 了解特别纳税调整；
5. 熟悉《A105000纳税调整项目明细表》的体系。

第一节 企业重组的纳税调整及申报

【案例7-1】

A公司2015年发生下列重组业务：

1. 因发生财务困难，欠B公司货款58.5万元3月1日到期无法支付，经双方协商，B公司同意A公司以其生产的产品抵偿债务，B公司3月25日收到抵债产品，该产品市场公允价值35万元，成本20万元。A公司为增值税一般纳税人，适用增值税税率为17%，A公司2015年度应纳税所得额为30万元，B公司已计提3万元坏账准备。

2. 7月A公司通过向B公司定向增发股票的形式，收购B公司持有的×股票100%股权，X股票的公允价值为900万元，B公司X股票的账面价值为600万元（假设与计税基础一致）。A公司定向增发300万股，每股面值1元，公允价值900万元。7月底完成股权变更手续。

3. 8月A公司以自产的产品对外投资，成立C公司，该产品账面价值为100万元，与计税基础一致，市场价格为150万元。

根据资料完成下列问题：
1. 进行A公司、B公司的财务及税务处理，分析税会差异。
2. 填写A公司2015年度《A105100企业重组纳税调整明细表》。

关于企业重组业务的相关税务处理，《企业所得税法》及其实施条例、《财政部　国家税务总局关于企业重组业务企业所得税处理若干问题的通知》（财税〔2009〕59号）、《财政部　国家税务总局关于促进企业重组有关企业所得税处理问题的通知》（财税〔2014〕109号）、《财政部　国家税务总局关于非货币性资产投资企业所得税政策问题的通知》（财税〔2014〕116号）（以下简称财税〔2014〕116号文件）、《国家税务总局关于非货币性资产投资企业所得税有关征管问题的公告》（国家税务总局公告2015年第33号）、《国家税务总局关于企业重组业务企业所得税征收管理若干问题的公告》（国家税务总局公告2015年第48号）等文件做出了详细的规定。

企业在日常经营活动之外发生法律结构或经济结构重大改变的交易，包括企业法律形式改变、债务重组、股权收购、资产收购、合并、分立等。

一、债务重组的税务处理及纳税调整

（一）债务重组的税务及会计处理

债务重组，是指在债务人发生财务困难的情况下，债权人按照其与债务人达成的书面协议或者法院裁定书，就其债务人的债务做出让步的事项；债务重组的主要形式包括以现金清偿债务、以非货币性资产清偿债务、债务转资本等。债务重组的税务及会计处理规定见表7-1。

表7-1　　　　　　　　　债务重组的税务及会计处理

形式	一般性税务处理	特殊性税务处理	会计处理
以非货币资产清偿债务	应当分解为转让相关非货币性资产和按非货币性资产公允价值清偿债务2项业务确认相关资产的所得或损失	企业债务重组确认的应纳税所得额占该企业当年应纳税所得额50%以上，可以在5个纳税年度的期间内，均匀计入各年度的应纳税所得额（下同）	以非现金资产清偿债务的，债务人应当将重组债务的账面价值与转让的非现金资产公允价值之间的差额，计入当期损益（营业外收入）。转让的非现金资产公允价值与其账面价值之间的差额，计入当期损益。债权人按照重组债权的账面余额与非现金资产公允价值间的差额冲减已计提的减值准备后作为债务重组损失
债权转股权	应当分解为债务清偿和股权投资2项业务，确认有关债务清偿所得或损失	企业发生债权转股权业务，对债务清偿和股权投资两项业务暂不确认有关债务清偿所得或损失，股权投资的计税基础以原债权的计税基础确定。企业的其他相关所得税事项保持不变	将债务转为资本的，债务人应当将债权人放弃债权而享有股份的面值总额确认为股本（或者实收资本），股份的公允价值总额与股本（或者实收资本）之间的差额确认为资本公积。重组债务的账面价值与股份的公允价值总额之间的差额，计入当期损益（营业外收入）
现金清偿	债务人应当按照支付的债务清偿额低于债务计税基础的差额，确认债务重组所得；债权人应当按照收到的债务清偿额低于债权计税基础的差额，确认债务重组损失		以现金清偿债务的，债务人应当将重组债务的账面价值与实际支付现金之间的差额，计入当期营业外收入。债权人应当将重组债权的账面余额与收到的现金之间的差额，扣除已计提的减值准备计入营业外支出

（二）债务重组的税会差异分析

对应纳税所得额有重大影响的债务重组（以下简称重大债务重组）的税会差异：在债务重组过程中，重大债务重组是指企业债务重组确认的应纳税所得额占该企业当年应纳税所得额50%以上的，税法规定可以进行特殊性税务处理，可以在5个纳税年度期间内，均匀计入各年度的应纳税所得额。会计上债务重组业务的结果均计入当期损益。

1. 以非货币性资产清偿债务的税会差异

（1）因非现金资产的账面价值与计税基础的差异而产生会计与税法确认的资产转让收益不同。

以非现金资产清偿债务时，债务人确认转让相关非货币性资产损益时，会计按公允价值与账面价值的差额，税法按公允价值与计税基础的差额，如果用于偿债的资产已计提减值准备，会计确认的债务重组收益就小于税法确认的收益，应当纳税调增。

（2）因重组债权的计税基础与账面余额不同而产生会计与税法债务重组损失不同。

债权人的处理，税法允许税前扣除的债务重组损失等于重组债权的计税基础扣除接受的非现金资产公允价值间的差额，会计确认的债务重组损失以重组债权的账面余额为基础计算，当债权人对应收账款计提坏账准备时，会计确认的债务重组损失小于税法允许扣除的损失，应当进行纳税调减。

2. 以债权转股权清偿债务的税会差异

（1）重大债务重组的特殊税务处理，税法规定暂不确认有关债务清偿所得或损失，股权投资的计税基础以原债权的计税基础确定；会计以重组债务的账面价值与股份的公允价值总额之间的差额，计入当期损益。

（2）重组债权的计税基础与账面余额不同而产生会计与税法债务重组损失不同。相关分析在非现金资产清偿债务的税会差异中已分析，这里不再赘述。

【案例7-1】分析1

表7-2　　　　A公司、B公司的财务、税务处理及税会差异

项目	债务人A公司	债权人B公司
财务处理	借：应付账款　　　　585 000 　　贷：主营业务收入　　　350 000 　　　　应交税费——应交增值税 　　　　（销项税额）　　　59 500 　　　　营业外收入——债务重组利得 　　　　　　　　　　　　175 500 借：主营业务成本　　　200 000 　　贷：库存商品　　　　200 000	借：库存商品　　　　　350 000 　　应交税费——应交增值税 　　　（进项税额）　　　59 500 　　坏账准备　　　　　　30 000 　　营业外支出——债务重组损失 　　　　　　　　　　　145 500 　　贷：应收账款　　　　585 000
税务处理	债务重组利得=585 000（应付账款计税基础）-350 000（抵债产品公允价值）-595 000（抵债产品增值税销项税额）=175 500（元） 债务重组利得占应纳税所得额的比重=175 500/300 000=58.5%可以适用特殊性税务处理，债务重组利得分5年确认，2015年确认的债务重组利得=175 500/5=35 100元	债务重组损失=585 000（应收账款计税基础）-350 000（抵债产品公允价值）-595 000（抵债产品增值税进项税额）=175 500（元） 债务重组损失应履行专项申报手续，填报表A105090和表A105091
税会差异	会计确认收益为175 500元，税法规定可以在5个纳税年度内均匀计入应纳税所得额，2015年确认35 100元，A公司纳税调减140 400元	会计确认的损失为145 500元，税收允许税前扣除的损失为175 500元，2015年度B公司纳税调减30 000元

二、股权、资产收购的税务处理及纳税调整

（一）股权、资产收购的税务及会计处理

股权收购，是指一家企业（以下简称收购企业）购买另一家企业（以下简称被收购企业）的股权，以实现对被收购方控制的交易。收购方支付对价的形式包括股权支付、非股权支付或两者的组合；资产收购，是指一家企业（以下简称受让企业）购买另一家企业（以下简称转让企业）实质经营性资产的交易。受让方支付对价的形式包括股权支付、非股权支付或两者的组合；股权、资产收购的税务及会计处理见表7-3。

表7-3　　　　　　　　　股权、资产收购的税务及会计处理

一般性税务处理	特殊性税务处理		会计处理	
除特殊性税务处理之外的股权、资产收购	收购企业购买的股权、资产不低于被收购企业全部股权、资产的50%，且收购企业在该股权收购发生时的股权支付金额不低于其交易支付总额的85%		适用《企业会计准则2号——长期股权投资》《企业会计准则7号——非货币性资产交换》等准则。分为形成控股合并的长期股权投资和不形成控股合并的长期股权投资，控股合并分为同一控制下的合并和非同一控制下的合并	
被收购方应确认股权、资产转让所得或损失。被收购方的相关所得税事项原则上保持不变	收购方取得股权、资产的计税基础应以公允价值为基础确定	被收购企业的股东取得收购企业股权的计税基础以被收购股权、资产的原有计税基础确定	收购企业取得被收购企业股权、资产的计税基础，以被收购股权、资产的原有计税基础确定	同一控制下合并：合并方在企业合并中取得的资产和负债，应当按照合并日在被合并方的账面价值计量。合并方取得的净资产账面价值与支付对价的合并对价账面价值（或发行股份面值总额）的差额，应当调整资本公积（资本溢价或股本溢价）；资本公积（资本溢价或股本溢价）不足冲减的，调整留存收益	非同一控制下合并：即将企业合并视为购买企业以一定的价款购进被并企业的机器设备、存货等资产项目，同时承担该企业的所有负债的行为，应按合并时的公允价值计量被并企业的净资产，将投资成本（购买价格）超过净资产公允价值的差额确认为商誉的会计处理

（二）股权、资产收购的税会差异分析

1.适用一般性税务处理时的税会差异

收购方在收购股权或资产比例较低时，适用一般性税务处理，收购方以实际支付的购买价款作为长期股权投资的初始成本，以收到资产的公允价值为基础确定其入账价值；被收购方确认股权、资产转让所得或损失。

税法和会计的差异体现在账面余额与计税基础的不同，如分期付款购入资产、融资租赁租入资产、不具有商业实质的非货币性资产交易取得资产，以及计提资产减值准备等情形下，因会计资产价值计量与计税基础不同，产生资产转让时的所得或损失不同。

2.适用特殊性税务处理时的税会差异

收购方在收购股权或资产符合特殊性税务处理的条件时，同一控制下的企业合并税会差异主要体现在账面价值和计税基础的差异，非同一控制下的

企业合并税会差异主要体现在税法以被收购企业股权、资产的计税基础作为收购企业股东取得股权的计税基础，会计上以公允价值计量被合并企业的净资产，投资成本超过净资产公允价值的差额确认为商誉。

【案例7-1】分析2

表7-4　　　　A公司、B公司的财务、税务处理及税会差异

项目	收购方A公司	被收购方B公司
财务处理	借：长期股权投资——×股票 　　　　　　　　　9 000 000 　贷：股本　　　　3 000 000 　　　资本公积——股本溢价 　　　　　　　　　6 000 000	借：长期股权投资——A公司 　　　　　　　　　9 000 000 　贷：长期股权投资——×股票 　　　　　　　　　6 000 000 　　　投资收益　　3 000 000
税务处理	A公司收购B公司股权占B公司全部股权的100%，适用特殊性税务处理，收购的×股票计税基础是其原有计税基础，即6 000 000元	B公司取得A公司股票的入账价值应当以被收购×股票的原有计税基础来确定，即账面价值应当是6 000 000元
税会差异	会计入账价值9 000 000元，计税基础6 000 000元，会计上确认为递延所得税负债，对所得税费用影响为3 000 000×25%=750 000元，需要纳税调增750 000元	会计入账价值为9 000 000元，计税基础为6 000 000元，B公司确认的投资收益需要纳税调减3 000 000元，对所得税费用影响为3 000 000×25%=750 000元，需要纳税调增750 000元

三、企业合并、分立的税务处理及纳税调整

（一）企业合并、分立的税务及会计处理

合并，是指一家或多家企业（以下简称被合并企业）将其全部资产和负债转让给另一家现存或新设企业（以下简称合并企业），被合并方股东换取合并方的股权或非股权支付，实现两个或两个以上企业的依法合并。

分立，是指一家企业（以下简称被分立企业）将部分或全部资产分离转让给现存或新设的企业（以下简称分立企业），被分立企业股东换取分立企业的股权或非股权支付，实现企业的依法分立。

其中：股权支付，是指企业重组中购买、换取资产的一方支付的对价

中，以本企业或其控股企业的股权、股份作为支付的形式；非股权支付，是指以本企业的现金、银行存款、应收款项、本企业或其控股企业股权和股份以外的有价证券、存货、固定资产、其他资产以及承担债务等作为支付的形式。企业合并、分立的会计处理适用企业合并准则（见表7-5），股权资产收购的相关会计处理、税务处理见表7-3。

表7-5　　　　　　　　企业合并、分立税务会计处理

企业合并		
一般性税务处理		特殊性税务处理
		适用范围： 企业股东在该企业合并发生时取得的股权支付金额不低于其交易支付总额的85%，以及同一控制下且不需要支付对价的企业合并，可以选择按以下规定处理
合并企业应按公允价值确定接受被合并企业各项资产和负债的计税基础	被合并企业及其股东都应按清算进行所得税处理。被合并企业的亏损不得在合并企业结转弥补	合并企业接受被合并企业资产和负债的计税基础，以被合并企业的原有计税基础确定。合并企业弥补的被合并企业亏损的限额=被合并企业净资产公允价值×截至合并业务发生当年年末国家发行的最长期限的国债利率	被合并企业合并前的相关所得税事项由合并企业承继。被合并企业股东取得合并企业股权的计税基础，以其原持有的被合并企业股权的计税基础确定

企业分立		
一般性税务处理		特殊性税务处理
		适用范围： 被分立企业所有股东按原持股比例取得分立企业的股权，分立企业和被分立企业均不改变原来的实质经营活动，且被分立企业股东在该企业分立发生时取得的股权支付金额不低于其交易支付总额的85%，可以选择按以下规定处理
被分立企业对分立出去资产应按公允价值确认资产转让所得或损失。被分立企业继续存在时，其股东取得的对价应视同被分立企业分配进行处理。被分立企业不再继续存在时，被分立企业及其股东都应按清算进行所得税处理	分立企业应按公允价值确认接受资产的计税基础。企业分立相关企业的亏损不得相互结转弥补	被分立企业已分立出去资产相应的所得税事项由分立企业承继。被分立企业未超过法定弥补期限的亏损可按分立资产占全部资产的比例进行分配，由分立企业继续弥补	分立企业接受被分立企业资产和负债的计税基础，以被分立企业的原有计税基础确定。被分立企业的股东取得分立企业的股权（以下简称"新股"），如需部分或全部放弃原持有的被分立企业的股权（以下简称"旧股"），"新股"的计税基础应以放弃"旧股"的计税基础确定

（二）合并、分立的税会差异

会计上的合并是将两个或两个以上单独的企业合并形成一个报告主体的交易或事项，是指通过合并取得对另一个或多个企业（或业务）的控制权，所合并的企业必须构成业务。购买子公司的少数股权，两方或多方形成合营企业，不属于企业合并。因此，会计上的合并业务都应当适用特殊性税务处理。

同一控制下的合并，会计规定在企业合并中，合并方取得的资产和负债，应当按照合并日在被合并方的账面价值计量，税法规定以被合并企业的原有计税基础确定，因此，同一控制下的合并税会差异体现在资产负债原有计税基础与账面价值的差异。各类资产计量的税会差异在本书第六章第一节已进行过分析，不再赘述。

非同一控制下的合并，会计规定将企业合并视为购买企业以一定的价款购进被并企业的机器设备、存货等资产项目，同时承担该企业的所有负债的行为，从而按合并时的公允价值计量被合并企业的净资产，税法规定以被合并企业的原有计税基础确定。因此，非同一控制下的合并税会差异体现在计税基础和公允价值的不同。

四、非货币性资产对外投资的税务处理及纳税调整

财税〔2014〕116号文件对非货币性资产投资做出了详细的规定。

非货币性资产投资，限于居民企业（以下简称企业）以非货币性资产出资设立新的居民企业，或将非货币性资产注入现存的居民企业。非货币性资产，是指现金、银行存款、应收账款、应收票据以及准备持有至到期的债券投资等货币性资产以外的资产。

（一）非货币性资产对外投资的税务处理

1.非货币性资产转让所得的确认及税务处理

非货币性资产转让所得，是指企业以非货币性资产对外投资，以非货币性资产评估后的公允价值扣除计税基础后的余额确认转让所得。非货币性资

产转让所得，可在不超过5年期限内，分期均匀计入相应年度的应纳税所得额，按规定计算缴纳企业所得税。企业以非货币性资产对外投资取得的被投资企业的股权，应以非货币性资产的原计税成本为计税基础，加上每年确认的非货币性资产转让所得，逐年进行调整。

2. 非货币性资产投资未到期转让收回的税务处理

企业在对外投资5年内转让上述股权或投资收回的，应停止执行递延纳税政策，并就递延期内尚未确认的非货币性资产转让所得，在转让股权或投资收回当年的企业所得税年度汇算清缴时，一次性计算缴纳企业所得税。

3. 非货币性资产注销的税务处理

企业在对外投资5年内注销的，应停止执行递延纳税政策，并就递延期内尚未确认的非货币性资产转让所得，在注销当年进行企业所得税年度汇算清缴时，一次性计算缴纳企业所得税。

（二）非货币性资产对外投资的会计处理

非货币型资产投资业务应遵循《企业会计准则7号——非货币性资产交换》，具有商业实质的非货币性资产交换，换入资产的成本应以换出资产的公允价值和应支付的相关税费确认，公允价值与换出资产账面价值的差额计入当期损益。

（三）非货币性资产对外投资的税会差异及纳税调整

非货币性资产对外投资的税会差异主要体现在两个方面：

一是非货币性资产转让所得确认的时间，会计计入当期损益，税法允许在不超过5年期限内均匀计入应纳税所得额。

二是确认非货币性资产所得时，会计按照公允价值与换出资产账面价值的差额确认，税法按照公允价值扣除计税基础后的余额确认，当账面价值与计税基础不一致时，非货币性资产转让所得将存在差异。

【案例7-1】分析3

2015年8月，A公司的会计处理：

借：长期股权投资——C公司　　　　　　　　1 755 000

　　　　贷：主营业务收入　　　　　　　　　　　1 500 000
　　　　　　应交税费——应交增值税（销项税额）255 000
　　借：主营业务成本　　　　　　　　　　　　1 000 000
　　　　贷：库存商品　　　　　　　　　　　　　1 000 000
税务处理：

A公司以非货币性资产对外投资，转让所得=非货币性资产评估后的公允价值扣除150万元-计税基础后100万元=50（万元），可在不超过5年的期限内分期均匀计入应纳税所得额，因此，2015年计入应纳税所得额为10万元，当年纳税调减40万元，在以后年度再逐年纳税调增。

五、《A105100企业重组纳税调整明细表》的填写

（一）报表结构及填写要点

《A105100企业重组纳税调整明细表》适用于发生企业重组纳税调整项目的纳税人，在企业重组日所属纳税年度分析填报。

1. 行次填报

本表共14行分六个部分，分别反映债务重组、股权收购、资产收购、企业合并、企业分立及其他形式的企业重组的纳税调整。

（1）第一部分债务重组的纳税调整，填写第1行～第3行，其中以非货币性资产清偿债务和债转股单独列示；

（2）第二部分股权收购的纳税调整，填写第4行～第5行，其中涉及跨境重组的股权收购单独列示；

（3）第三部分资产收购的纳税调整，填写第6行～第7行，其中涉及跨境重组的资产收购单独列示；

（4）第四部分企业合并的纳税调整，填写第8行～第10行，按同一控制下的企业合并和非同一控制下的企业合并分别列示，第8行为合计数；

（5）第五部分企业分立的纳税调整，填写第11行；

（6）第六部分其他重组的纳税调整，填写第12行～第13行，其中以非货币性资产对外投资单独列示；

第14行为合计行，等于第1行+第4行+第6行+第8行+第11行+第12行。

2. 列次填报

本表列次共分7列，分别反映在各类重组方式下，适用一般性重组、特殊性重组的纳税调整，以及纳税调整的合计数。

（1）适用一般性重组填写第1列~第3列，第1列填写"账载金额"，第2列填写"税收金额"，第3列填写纳税调整额=第2列–第1列；

（2）适用特殊性重组填写第4列~第6列，第4列填写"账载金额"，第5列填写"税收金额"，第6列填写纳税调整额=第5列–第4列；

第7列=第3列+第6列

对于发生债务重组业务且选择特殊性税务处理（即债务重组所得可以在5个纳税年度均匀计入应纳税所得额）的纳税人，重组日所属纳税年度的以后纳税年度，也在本表进行债务重组的纳税调整。除上述债务重组所得可以分期确认应纳税所得额的企业重组外，其他涉及资产计税基础与会计核算成本差异调整的企业重组，本表不作调整，在《A105080资产折旧、摊销情况及纳税调整明细表》进行纳税调整。

3. 表间关系

（1）第14行第1列+第4列=表A105000第36行第1列。

（2）第14行第2列+第5列=表A105000第36行第2列。

（3）第14行第7列金额，若≥0，填入表A105000第36行第3列；若<0，将绝对值填入表A105000第36行第4列。

（二）案例解析

根据【案例7-1】A公司2015年度《A105100企业重组纳税调整明细表》填写见表7-6。

表7-6

A105100 企业重组纳税调整明细表

单位：元

行次	项目	一般性税务处理			特殊性税务处理			纳税调整金额 7（3+6）
		账载金额 1	税收金额 2	纳税调整金额 3（2-1）	账载金额 4	税收金额 5	纳税调整金额 6（5-4）	
1	一、债务重组				175 500	35 100	-140 400	-140 400
2	其中：以非货币性资产清偿债务				175 500	35 100	-140 400	-140 400
3	债转股							
4	二、股权收购				-750 000	0	750 000	750 000
5	其中：涉及跨境重组的股权收购							
6	三、资产收购							
7	其中：涉及跨境重组的资产收购							
8	四、企业合并（9+10）							
9	其中：同一控制下企业合并							
10	非同一控制下企业合并							
11	五、企业分立							
12	六、其他				500 000	100 000	-400 000	-400 000
13	其中：以非货币性资产对外投资				500 000	100 000	-400 000	-400 000
14	合计（1+4+6+8+11+12）				-74 500	135 100	209 600	209 600

填写要点：

3月进行的债务重组属于以非货币性资产抵偿债务，同时属于税法规定的特殊性重组，因此填第2行，第4列填175 500元，第5列填35 100元，第6列填–140 400元，第7列填–140 400元，A公司本年度无其他形式债务重组，因此第1行与第2行填写的金额相同。

7月进行股权收购填写第4行，第4列–750 000元，第5列填0，第6列填750 000元，第7列填750 000元。

8月进行的投资属于以非货币性资产对外投资，填写第13行第4列500 000元，第5列填100 000元，第6列填–400 000元，第7列填–400 000元。

第14行合计数第4列填–74 500元，第5列填135 100元，第6列填209 600元，第7列填209 600元。本表14行第1列+第4列合计数–74 500元转入表A105000第36行第1列"账载金额"，第2列+第5列合计数135 100元转入表A105000第36行第2列"税收金额"，第7列209 600元>0，填入表A105000第36行第3列"调增金额"。

第二节　政策性搬迁的纳税调整及申报

【案例7-2】

A公司2013年3月因市政规划需要，与政府签订了《搬迁补偿协议》，实施整体搬迁，搬迁中发生以下业务：

1. 2014年1月收到财政预算直接拨付补偿款3 000万元；

2. 2014年5月采用置换形式取得新土地一块，换出土地使用权原价2 000万元，累计摊销500万元；

3. 2014年7月在被搬迁当月报废固定资产，账面原值为1 800万元，累计折旧600万元，取得处置收入30万元，保险公司赔偿80万元；

4. 2014年9月销售以前年度存货，取得不含税收入500万元，该存货成本

为200万元;

5. 2014年12月支付职工安置费300万元;

6. 2015年2月购置固定资产归管理部门使用,取得增值税专用发票注明价款300万元,税款51万元,预计使用年限10年,采用直线法折旧(不考虑残值)。

7. 2015年12月搬迁完成。企业搬迁符合政策性搬迁条件,并向税务机关报送相关材料。

请完成下列问题:

1. 请计算A公司政策性搬迁过程中的搬迁收入、搬迁支出和搬迁所得。
2. 进行相关会计处理,分析与税务规定的差异。
3. 完成A公司《A105110政策性搬迁纳税调整明细表》的填写。

一、政策性搬迁的范围

企业政策性搬迁,是指由于社会公共利益的需要,在政府主导下企业进行整体搬迁或部分搬迁。但是,企业自行搬迁或商业性搬迁不属于政策性搬迁的范畴。关于政策性搬迁适用的税收政策主要包括《国家税务总局关于发布〈企业政策性搬迁所得税管理办法〉的公告》(国家税务总局公告2012年第40号)(以下简称国家税务总局公告2012年第40号文件)、《国家税务总局关于企业政策性搬迁所得税有关问题的公告》(国家税务总局公告2013年第11号)(以下简称国家税务总局公告2013年第11号文件)等相关规定。

企业满足下列需要之一的,并能够提供相关文件证明资料的,属于政策性搬迁:

1. 国防和外交的需要;
2. 由政府组织实施的能源、交通、水利等基础设施的需要;
3. 由政府组织实施的科技、教育、文化、卫生、体育、环境和资源保护、防灾减灾、文物保护、社会福利、市政公用等公共事业的需要;
4. 由政府组织实施的保障性安居工程建设的需要;
5. 由政府依照《中华人民共和国城乡规划法》有关规定组织实施的对危房集中、基础设施落后等地段进行旧城区改建的需要;

6.法律、行政法规规定的其他公共利益的需要。

二、政策性搬迁的税务处理

（一）搬迁收入

在政策性搬迁过程中，企业取得的搬迁收入分为两部分：一是搬迁补偿收入，二是搬迁资产处置收入。

1.搬迁补偿收入，是指企业从本企业以外（包括政府或其他单位）因搬迁而取得的货币性和非货币性补偿收入。

具体包括：对被征用资产价值的补偿；因搬迁、安置而给予的补偿；对停产停业形成的损失而给予的补偿；资产搬迁过程中遭到毁损而取得的保险赔款；其他补偿收入。

2.搬迁资产处置收入，是指企业由于搬迁而处置企业各类资产所取得的收入。

企业由于搬迁处置存货而取得的收入，应按正常经营活动取得的收入进行所得税处理，不作为企业搬迁收入。

【案例7-2】分析1

A公司政策性搬迁过程中的搬迁收入包括：

2014年1月收到的财政预算直接拨付补偿款3 000万元，2014年7月取得的处置收入为30万元，保险赔款80万元，共计3 110万元。

（二）搬迁支出

企业的搬迁支出分为两部分：一是搬迁费用支出，二是搬迁所发生的企业资产处置支出。

1.搬迁费用支出，是指企业搬迁期间所发生的各项费用，包括安置职工实际发生的费用、停工期间支付给职工的工资及福利费、临时存放搬迁资产而发生的费用、各类资产搬迁安装费用以及其他与搬迁相关的费用。

2.资产处置支出，是指企业由于搬迁而处置各类资产所发生的支出，包括变卖及处置各类资产的净值、处置过程中所发生的税费等支出。企业由于搬迁而报废的资产，如无转让价值，其净值作为企业的资产处置支出。

【案例7-2】分析2

A公司政策性搬迁过程中的搬迁支出包括：

2014年7月报废固定资产的支出1 200万元（1 800-600）；2014年12月支付职工安置费300万元；共计1 500万元。

（三）搬迁资产税务处理

企业搬迁的资产税务处理分以下几种情况：

1. 简单安装或不需要安装即可继续使用的搬迁资产，在该项资产重新投入使用后，就其净值按所得税法及其实施条例规定的该资产尚未折旧或摊销的年限，继续计提折旧或摊销。

2. 需要进行大修理后才能重新使用的，应就该资产的净值，加上大修理过程所发生的支出，作为该资产的计税成本。在该项资产重新投入使用后，按该资产尚可使用的年限，计提折旧或摊销。

3. 搬迁中被征用的土地，采取土地置换的，以及该换入土地投入使用前所发生的各项费用支出，为该换入土地的计税成本，在该换入土地投入使用后，按《企业所得税法》及其实施条例规定年限摊销。

4. 采取资产置换的，其换入资产的计税成本按被征用资产的净值，加上换入资产所支付的税费（涉及补价，还应加上补价款）计算确定。

5. 搬迁期间新购置的各类资产，应按《企业所得税法》及其实施条例等有关规定，计算确定资产的计税成本及折旧或摊销年限。企业发生的购置资产支出，不得从搬迁收入中扣除。

【案例7-2】分析3

2014年5月采用置换形式取得新土地一块，换出土地使用权原价2 000万元，累计摊销500万元，换入土地的计税成本为1 500万元。

（四）应税所得

1. 搬迁所得的处理

搬迁所得是企业的搬迁收入，是扣除搬迁支出后的余额。如果为负数则作为搬迁损失，可以在搬迁完成年度一次性作为损失进行扣除，或自搬迁完成年度起分3个年度均匀在税前扣除。企业自行选择任意一种方法，但一经选定，不得改变。

企业在搬迁期间发生的搬迁收入和搬迁支出，可以暂不计入当期应纳税所得额，而在完成搬迁的年度，对搬迁收入和支出进行汇总清算。

2. 搬迁完成的条件

当企业同时符合下列条件时，视为已经完成搬迁：搬迁规划已基本完成；当年生产经营收入占规划搬迁前年度生产经营收入50%以上。

在搬迁完成年度，企业应进行搬迁清算，计算搬迁所得，搬迁完成年度指符合下列情形之一的：从搬迁开始，5年内（包括搬迁当年度）任何一年完成搬迁的；从搬迁开始，搬迁时间满5年（包括搬迁当年度）的年度。

3. 以前年度亏损的弥补

企业以前年度发生尚未弥补的亏损，凡企业由于搬迁停止生产经营无所得的，从搬迁年度次年起，至搬迁完成年度前一年度止，可作为停止生产经营活动年度，从法定亏损结转弥补年限中减除；企业边搬迁、边生产的，其亏损结转年度应连续计算。

企业边搬迁、边生产的，搬迁年度应从实际开始搬迁的年度计算。

【案例7-2】分析4

2015年12月搬迁完毕，确认搬迁所得1 610万元（3 110-1 500）。

三、政策性搬迁税会差异

关于政策性搬迁的会计处理按照《财政部关于印发企业会计准则解释第3号的通知》（财会〔2009〕8号）和《企业会计准则第16号——政府补助》进行。

（一）搬迁收入的会计核算

企业取得搬迁收入，会计核算时分以下几种情况：

1. 企业因城镇整体规划、库区建设、棚户区改造、沉陷区治理等公共利益进行搬迁，收到政府从财政预算直接拨付的搬迁补偿款，应作为专项应付款处理。

其中，属于对企业在搬迁和重建过程中发生的固定资产和无形资产损失、有关费用性支出、停工损失及搬迁后拟新建资产进行补偿的，应自专项应付款转入递延收益，并按照《企业会计准则第16号——政府补助》进行会计处理。

企业取得的搬迁补偿款扣除转入递延收益的金额后如有结余的，应当作为资本公积处理。

2. 企业收到除上述之外的搬迁补偿款，应当按照《企业会计准则第4号——固定资产》《企业会计准则第16号——政府补助》等会计准则进行处理。

与资产相关的政府补助，应当确认为递延收益，并在相关资产使用寿命期内平均分配，计入当期损益。

与收益相关的政府补助，分别处理：

（1）用于补偿企业以后期间的相关费用或损失的，确认为递延收益，并在确认相关费用的期间，计入当期损益；

（2）由于补偿企业已发生的相关费用或损失的，直接计入当期损益。

会计上在取得搬迁收入时按上述方法确定，按照税法规定在搬迁完成年度确认搬迁所得，应当调减应纳税所得额。

（二）搬迁支出的会计核算

企业发生的搬迁费用支出在发生的当期计入损益，资产处置支出应当在处置或报废过程中将资产的净值和处置过程中的费用计入当期损益。

企业重建或恢复生产过程中购置的各类资产，应当按照搬迁协议签订的时间来确认是否属于税收规定的搬迁支出。以国家税务总局公告2012年第40号文件生效的时间为准：

（1）国家税务总局公告2012年第40号文件生效前已经签订搬迁协议且尚未完成搬迁清算的企业政策性搬迁项目，企业在重建或恢复生产过程中购置的各类资产，可以作为搬迁支出，从搬迁收入中扣除。但购置的各类资产，应剔除该搬迁补偿收入后，作为该资产的计税基础，并按规定计算折旧或费用摊销。

（2）凡在国家税务总局公告2012年第40号文件生效后签订搬迁协议的政策性搬迁项目，应按国家税务总局公告2012年第40号文件有关规定执行。

会计上在发生搬迁支出时按上述方法确认，按照税法规定在搬迁完成年度确认搬迁所得，应当调增应纳税所得额。

【案例7-2】分析5

A公司政策性搬迁过程中的相关会计处理

1. 2014年1月收到财政预算直接拨付补偿款3 000万元

借：银行存款　　　　　　　　　　　　30 000 000
　　贷：专项应付款　　　　　　　　　　　　30 000 000

2. 2014年5月采用置换形式取得新土地一块

借：无形资产——土地使用权（新）　　15 000 000
　　累计摊销　　　　　　　　　　　　 5 000 000
　　贷：无形资产——土地使用权（旧）　　　20 000 000

3. 2014年7月在被搬迁当月报废固定资产

借：固定资产清理　　　　　　　　　　12 000 000
　　累计折旧　　　　　　　　　　　　 6 000 000
　　贷：固定资产　　　　　　　　　　　　　18 000 000

收到处置收入

借：银行存款　　　　　　　　　　　　　　300 000
　　其他应收款——保险赔款　　　　　　　　800 000
　　贷：固定资产清理　　　　　　　　　　　 1 100 000

借：营业外支出——非流动资产处置损失　10 900 000
　　贷：固定资产清理　　　　　　　　　　　10 900 000

搬迁中发生的资产损失，自专项应付款转入递延收益

借：专项应付款　　　　　　　　　　　　　　10 900 000
　　贷：递延收益　　　　　　　　　　　　　　　10 900 000
借：递延收益　　　　　　　　　　　　　　　　10 900 000
　　贷：营业外收入　　　　　　　　　　　　　　10 900 000

4. 2014年9月销售以前年度存货

借：银行存款　　　　　　　　　　　　　　　　5 850 000
　　贷：主营业务收入　　　　　　　　　　　　　5 000 000
　　　　应交税费——应交增值税（销项税额）　　850 000
借：主营业务成本　　　　　　　　　　　　　　2 000 000
　　贷：库存商品　　　　　　　　　　　　　　　2 000 000

5. 2014年12月支付职工安置费300万元

借：管理费用　　　　　　　　　　　　　　　　3 000 000
　　贷：银行存款　　　　　　　　　　　　　　　3 000 000
借：专项应付款　　　　　　　　　　　　　　　3 000 000
　　贷：递延收益　　　　　　　　　　　　　　　3 000 000
借：递延收益　　　　　　　　　　　　　　　　3 000 000
　　贷：营业外收入　　　　　　　　　　　　　　3 000 000

税法规定搬迁收入和搬迁支出在搬迁完成时确认，2014年度搬迁收入、搬迁支出暂不计入应纳税所得额，会计上作为收入的，做纳税调减，会计上作为支出的，做纳税调增。

6. 2015年2月购置固定资产归管理部门使用，取得增值税专用发票注明价款300万元，税款51万元，预计使用年限10年，采用直线法折旧（不考虑残值）。

借：固定资产　　　　　　　　　　　　　　　　3 000 000
　　应交税费——应交增值税（进项税额）　　　　510 000
　　贷：银行存款　　　　　　　　　　　　　　　3 510 000

2015年计提折旧额 = 3 000 000 ÷ 10 × $\frac{10}{12}$ = 250 000（元）

借：管理费用　　　　　　　　　　　　　　　　250 000
　　贷：累计折旧　　　　　　　　　　　　　　　250 000

搬迁期间企业购置的资产支出,不得从搬迁收入中扣除。

7. 2015年12月搬迁完成,企业搬迁符合政策性搬迁条件,并向税务机关报送相关材料。按税法规定确认搬迁收入,搬迁支出,计算搬迁所得。

四、《A105110政策性搬迁纳税调整明细表》的填写

(一)报表结构及填写要点

本表适用于发生政策性搬迁纳税调整项目的纳税人在完成搬迁年度及以后进行损失分期扣除的年度填报。共分七个部分。

第一部分反映搬迁收入,包括搬迁取得的各类补偿收入和资产处置收入,在第2行~第8行填列,第1行是搬迁收入的合计数;

第二部分反映搬迁支出,包括搬迁过程中发生的各类搬迁费用支出和资产处置支出,在第10行~第16行填列,第9行是搬迁支出的合计数;

第三部分是搬迁所得(损失),填报第1行与第9行的差额;

第四部分应计入本年应纳税所得额的搬迁所得或损失,在第19行~第21行填列搬迁所得和一次性或分期扣除的搬迁损失,第18行填报第19行~第21行的合计数;

第五部分应计入当期损益的搬迁收益或损失,第22行填报政策性搬迁项目会计核算计入当期损益的金额,损失以负数填报;

第六部分以前年度搬迁损失当期扣除金额,第23行填报以前年度完成搬迁形成的损失,按照税法规定在当期扣除的金额;

第七部分纳税调整金额,第24行填报第18行-第22行-第23行的余额。

第24行,若≥0,填入表A105000第37行第3列;若<0,将绝对值填入表A105000第37行第4列。

(二)案例解析

根据【案例7-2】A公司2015年12月搬迁完毕,确认相关搬迁收入和支出及所得,并填写《A105110政策性搬迁纳税调整明细表》,见表7-7。

表7-7　　　　　A105110　政策性搬迁纳税调整明细表

单位：元

行次	项　目	金额
1	一、搬迁收入（2+8）	31 100 000
2	（一）搬迁补偿收入（3+4+5+6+7）	30 000 000
3	1.对被征用资产价值的补偿	30 000 000
4	2.因搬迁、安置而给予的补偿	
5	3.对停产停业形成的损失而给予的补偿	
6	4.资产搬迁过程中遭到毁损而取得的保险赔款	
7	5.其他补偿收入	
8	（二）搬迁资产处置收入	1 100 000
9	二、搬迁支出（10+16）	15 000 000
10	（一）搬迁费用支出（11+12+13+14+15）	3 000 000
11	1.安置职工实际发生的费用	3 000 000
12	2.停工期间支付给职工的工资及福利费	
13	3.临时存放搬迁资产而发生的费用	
14	4.各类资产搬迁安装费用	
15	5.其他与搬迁相关的费用	
16	（二）搬迁资产处置支出	12 000 000
17	三、搬迁所得或损失（1-9）	16 100 000
18	四、应计入本年应纳税所得额的搬迁所得或损失（19+20+21）	16 100 000
19	其中：搬迁所得	16 100 000
20	搬迁损失一次性扣除	
21	搬迁损失分期扣除	
22	五、计入当期损益的搬迁收益或损失	—
23	六、以前年度搬迁损失当期扣除金额	
24	七、纳税调整金额（18-22-23）	16 100 000

填写要点：

2014年1月收到财政预算直接拨付补偿款30 000 000元，填入第2行；

2014年7月报废固定资产取得处置收入为300 000元，保险公司赔偿800 000万元，属于搬迁资产处置收入共计1 100 000元，填入第8行；

第1行"搬迁收入"合计为31 100 000元；

2014年12月支付职工安置费3 000 000元，填入第11行；

2014年7月报废固定资产的资产处置支出等于固定资产净值=18 000 000-6 000 000=12 000 000（元），填入第16行；

第9行"搬迁支出"合计为15 000 000元；

第17行"搬迁所得"等于第1行减第9行16 100 000元；

第19行本年度的搬迁所得16 100 000元，第18行"应计入本年度的搬迁所得或损失"16 100 000元；

第24行"纳税调整金额"等于16 100 000元，将该金额转入表A105000第37行第3列。

第三节　特殊行业准备金的纳税调整及申报

【案例7-3】

C保险公司2015年度资产总额为187 123万元，计提的准备金如下：

1. 经保险精算师确定计提未到期责任准备金74 112万元，寿险责任准备金64 597万元，长期健康责任准备金6 784万元；

2. 已发生已报案确定2015年应由C公司赔偿的总额为30 611万元，计提相关准备金30 611万元，2015年C公司的实际赔偿支出为191 252万元，计提已发生未报案未决赔款准备金19 125万元；

3. C公司经营财政补贴的农业险种，2015年共取得保费收入32 754万元，计提巨灾风险准备金8 120万元；

4. C公司保险保障金明细表见表7-8。

表7-8　　　　　　　　　　C公司保险保障金明细表

单位：万元

保险保障金	保费（业务）收入	规定计提比例	保险保障金
非投资型财产保险业务	96 145	0.80%	769.16
有保证收益的人寿保险业务	156 477	0.15%	234.715 5
无保证收益的人寿保险业务	153 330	0.05%	76.665
短期健康保险业务	3 198	0.80%	25.584
长期健康保险业务	4 514	0.15%	6.771
合计	413 664		1 112.895 5

根据上述资料完成下列问题：

1. 分析C公司本年度准予税前扣除的准备金是多少？
2. 请填写C公司《A105120特殊行业准备金纳税调整明细表》。

一、特殊行业准备金的纳税调整

特殊行业包括保险公司、证券行业、期货行业、金融企业、中小企业信用担保机构，财政部、国家税务总局对特殊行业准备金的计提标准有明确规定。

（一）保险公司准备金的纳税调整

财政部、国家税务总局在《关于保险公司准备金支出企业所得税税前扣除有关政策问题的通知》（财税〔2012〕45号）、《关于保险公司农业巨灾风险准备金企业所得税税前扣除政策的通知》（财税〔2012〕23号）中做出了关于保险公司计提准备金的相关规定。

保险公司按国务院财政部门的相关规定提取的未到期责任准备金、寿险责任准备金、长期健康险责任准备金、已发生已报案未决赔款准备金和已发生未报案未决赔款准备金，准予在税前扣除。

其中，未到期责任准备金，是指保险人为尚未终止的非寿险保险责任提取的准备金；寿险责任准备金，是指保险人为尚未终止的人寿保险责任提取的准备金；长期健康险责任准备金，是指保险人为尚未终止的长期健康保险责任提取的准备金。已发生已报案未决赔款准备金，是指保险人为非寿险保险事故已经发生并已向保险人提出索赔、尚未结案的赔案提取的准备金；已发生未报案未决赔款准备金，是指保险人为非寿险保险事故已经发生、尚未向保险人提出索赔的赔案提取的准备金。具体的提取标准如下：

1. 未到期责任准备金、寿险责任准备金、长期健康险责任准备金依据经中国保监会核准任职资格的精算师或出具专项审计报告的中介机构确定的金额提取。

2. 已发生已报案未决赔款准备金，按最高不超过当期已经提出的保险赔款或者给付金额的100%提取；已发生未报案未决赔款准备金按不超过当年实际赔款支出额的8%提取。

3. 保险公司计提的巨灾风险准备金符合下列规定，准予所得税前扣除：

保险公司经营财政给予保费补贴的种植业险种（以下简称补贴险种）的，按不超过补贴险种当年保费收入25%的比例计提的巨灾风险准备金，准予在企业所得税前据实扣除。具体计算公式如下：

本年度扣除的巨灾风险准备金=本年度保费收入×25%-上年度已在税前扣除的巨灾风险准备金结存余额

按上述公式计算的数额如为负数，应调增当年应纳税所得额。

其中，补贴险种是指各级财政部门根据财政部关于种植业保险保费补贴管理的相关规定确定，各级财政部门补贴比例之和不低于保费60%的种植业险种。

4. 保险保障基金，是指按照《中华人民共和国保险法》和《保险保障基金管理办法》（保监会、财政部、人民银行令2008年第2号）规定缴纳形成的，在规定情形下用于救助保单持有人、保单受让公司或者处置保险业风险的非政府性行业风险救助基金。

保险公司按下列规定缴纳的保险保障基金，准予据实税前扣除：

（1）非投资型财产保险业务，不得超过保费收入的0.8%。

（2）投资型财产保险业务，有保证收益的，不得超过业务收入的

0.08%，无保证收益的，不得超过业务收入的0.05%。

（3）有保证收益的人寿保险业务，不得超过业务收入的0.15%；无保证收益的人寿保险业务，不得超过业务收入的0.05%。

（4）短期健康保险业务，不得超过保费收入的0.8%；长期健康保险业务，不得超过保费收入的0.15%。

（5）非投资型意外伤害保险业务，不得超过保费收入的0.8%；投资型意外伤害保险业务，有保证收益的，不得超过业务收入的0.08%，无保证收益的，不得超过业务收入的0.05%。

其中，保费收入，是指投保人按照保险合同约定，向保险公司支付的保险费；业务收入，是指投保人按照保险合同约定，为购买相应的保险产品支付给保险公司的全部金额；非投资型财产保险业务，是指仅具有保险保障功能而不具有投资理财功能的财产保险业务；投资型财产保险业务，是指兼具有保险保障与投资理财功能的财产保险业务；有保证收益，是指保险产品在投资收益方面提供固定收益或最低收益保障；无保证收益，是指保险产品在投资收益方面不提供收益保证，投保人承担全部投资风险。

保险公司有下列情形之一的，其缴纳的保险保障基金不得在税前扣除：

（1）财产保险公司的保险保障基金余额达到公司总资产6%的。

（2）人身保险公司的保险保障基金余额达到公司总资产1%的。

【案例7-3】分析1

1. C公司计提的未到期责任准备金74 112万元，寿险责任准备金64 597万元，长期健康责任准备金6 784万元是经保险精算师确定的金额，按照税法规定准予税前扣除。

2. C公司2015年计提的已发生已报案未决赔款准备金30 611万元，未超过当年赔款金额，准予税前扣除；税法规定已发生未报案未决赔款准备金的提取比例不超过当年实际赔偿支出的8%，C公司当年准予税前扣除的金额=191 252×8%=15 300.16（万元），实际计提金额为19 125万元，多计提3 824.84万元需要做纳税调增。

3. C公司经营财政补贴的农业险种，准予税前扣除的巨灾风险准备金=32 754×25%=8 188.5（万元），C公司计提巨灾风险准备金8 120万元未超过税前扣除的标准，准予税前扣除。

4. C公司计提保险保障金共计1 112.895 5万元，各项保险保障金的计提比例符合税法允许税前扣除的规定，总额未超过资产187 123万元的1%，因此保险保障金准予税前扣除。

（二）证券行业准备金

财政部、国家税务总局在《关于证券行业准备金支出企业所得税税前扣除有关政策问题的通知》（财税〔2012〕11号）中做了关于证券行业准备金计提的相关规定。

1. 证券交易所风险基金

上海、深圳证券交易所依据有关规定，按证券交易所交易收取经手费的20%、会员年费的10%提取的证券交易所风险基金，在各基金净资产不超过10亿元的额度内，准予在企业所得税税前扣除。

2. 证券结算风险基金

中国证券登记结算公司所属上海分公司、深圳分公司依据有关规定，按证券登记结算公司业务收入的20%提取的证券结算风险基金，在各基金净资产不超过30亿元的额度内，准予在企业所得税税前扣除。

证券公司依据有关规定，作为结算会员按人民币普通股和基金成交金额的十万分之三、国债现货成交金额的十万分之一、1天期国债回购成交额的千万分之五、2天期国债回购成交额的千万分之十、3天期国债回购成交额的千万分之十五、4天期国债回购成交额的千万分之二十、7天期国债回购成交额的千万分之五十、14天期国债回购成交额的十万分之一、28天期国债回购成交额的十万分之二、91天期国债回购成交额的十万分之六、182天期国债回购成交额的十万分之十二逐日交纳的证券结算风险基金，准予在企业所得税税前扣除。

3. 证券投资者保护基金

上海、深圳证券交易所依据有关规定，在风险基金分别达到规定的上限后，按交易经手费的20%缴纳的证券投资者保护基金，准予在企业所得税税前扣除。

证券公司依据有关规定，按其营业收入0.5%~5%缴纳的证券投资者保护基金，准予在企业所得税税前扣除。

（三）期货行业准备金

1. 期货交易所风险准备金

大连商品交易所、郑州商品交易所和中国金融期货交易所依据有关规定，分别按向会员收取手续费收入的20%计提的风险准备金，在风险准备金余额达到有关规定的额度内，准予在企业所得税税前扣除。

2. 期货公司风险准备金

期货公司依据有关规定，以其收取的交易手续费收入减去应付期货交易所手续费后的净收入的5%提取的期货公司风险准备金，准予在企业所得税税前扣除。

3. 期货投资者保障基金

上海期货交易所、大连商品交易所、郑州商品交易所和中国金融期货交易所依据有关规定，按其向期货公司会员收取的交易手续费的3%缴纳的期货投资者保障基金，在基金总额达到有关规定的额度内，准予在企业所得税税前扣除。

期货公司依据有关规定，从其收取的交易手续费中按照代理交易额的千万分之五至千万分之十的比例缴纳的期货投资者保障基金，在基金总额达到有关规定的额度内，准予在企业所得税税前扣除。

上述准备金如发生清算、退还，应按规定补征企业所得税。

（四）金融行业准备金

政策性银行、商业银行、财务公司、城乡信用社和金融租赁公司等金融企业提取的贷款损失准备金税前扣除政策问题在财政部、国家税务总局《关于金融企业贷款损失准备金企业所得税税前扣除政策的通知》（财税〔2012〕5号）、《关于金融企业涉农贷款和中小企业贷款损失准备金税前扣除有关问题的通知》（财税〔2015〕3号）中做出相关规定。

1. 准予税前提取贷款损失准备金的贷款资产范围包括：

（1）贷款（含抵押、质押、担保等贷款）；

（2）银行卡透支、贴现、信用垫款（含银行承兑汇票垫款、信用证垫款、担保垫款等）、进出口押汇、同业拆出、应收融资租赁款等各项具有贷款特征的风险资产；

（3）由金融企业转贷并承担对外还款责任的国外贷款，包括国际金融组织贷款、外国买方信贷、外国政府贷款、日本国际协力银行不附条件贷款和外国政府混合贷款等资产。

2.贷款损失准备金的计提比例

金融企业根据《贷款风险分类指引》（银监发〔2007〕54号），对其涉农贷款和中小企业贷款进行风险分类后，按照以下比例计提的贷款损失准备金，准予在计算应纳税所得额时扣除：

（1）关注类贷款，计提比例为2%；

（2）次级类贷款，计提比例为25%；

（3）可疑类贷款，计提比例为50%；

（4）损失类贷款，计提比例为100%。

（5）其他贷款损失准备金按贷款资产余额的1%计提。

准予当年税前扣除的贷款损失准备金计算公式如下：

准予当年税前扣除的贷款损失准备金=本年末准予提取贷款损失准备金的贷款资产余额×1%－截至上年末已在税前扣除的贷款损失准备金的余额

不得提取贷款准备金在税前扣除的项目包括：金融企业的委托贷款、代理贷款、国债投资、应收股利、上交央行准备金以及金融企业剥离的债权和股权、应收财政贴息、央行款项等不承担风险和损失的资产。

金融企业发生的符合条件的贷款损失，应先冲减已在税前扣除的贷款损失准备金，不足冲减部分可据实在计算当年应纳税所得额时扣除。

（五）中小企业信用担保机构

在财政部、国家税务总局《关于中小企业信用担保机构有关准备金企业所得税税前扣除政策的通知》（财税〔2012〕25号）中，对中小企业信用担保机构计提的担保赔偿准备和未到期责任准备的所得税前扣除问题做出了相关规定。

中小企业信用担保机构是指以中小企业为主要服务对象，当年新增中小企业信用担保和再担保业务收入占新增担保业务收入总额的70%以上（上述收入不包括信用评级、咨询、培训等收入）；中小企业信用担保业务的平均年担保费率不超过银行同期贷款基准利率的50%；同时具有融资性担保机构监管部门颁发的经营许可证的担保机构。

1. 担保赔偿准备金

符合条件的中小企业信用担保机构按照不超过当年年末担保责任余额1%的比例计提的担保赔偿准备，允许在企业所得税税前扣除，同时将上年度计提的担保赔偿准备余额转为当期收入。

2. 未到期责任准备金

符合条件的中小企业信用担保机构按照不超过当年担保费收入50%的比例计提的未到期责任准备，允许在企业所得税税前扣除，同时将上年度计提的未到期责任准备余额转为当期收入。

中小企业信用担保机构实际发生的代偿损失，符合税收法律法规关于资产损失税前扣除政策规定的，应冲减已在税前扣除的担保赔偿准备，不足冲减部分据实在企业所得税税前扣除。

二、《A105120特殊行业准备金纳税调整明细表》的填写

（一）报表结构及填写要点

表A105120适用于发生特殊行业准备金纳税调整项目的纳税人填报，特殊行业包括保险公司、证券行业、期货行业、金融企业、中小企业信用担保机构及其他行业。

1. 行次填报

本表共包括6部分：

（1）第一部分，保险公司各类准备金，在第2行～第10行填写，第1行填写第2行、第3行、第6行、第7行、第8行、第9行、第10行的合计数；

（2）第二部分，证券行业各类准备金，在第12行～第15行填写，第11行填写合计数；

（3）第三部分，期货行业各类准备金，在第17行～第20行填写，第16行填写合计数；

（4）第四部分，金融企业各类准备金，在第22行~第24行填写，第21行填写合计数；

（5）第五部分，中小企业信用担保机构各类准备金，在第26行~第28行填写，第25行填写合计数；

（6）第六部分，其他行业提取的准备金，在第29行填写，第30行填写第1行、第11行、第16行、第21行、第25行、第29行的合计数。

2. 列次填报

（1）第1列填写"账载金额"，是会计账面记录的各项准备金额；

（2）第2列填写"税收金额"是税法准予税前扣除的金额；

（3）第3列=第1列-第2列，计算出纳税调整金额；

（4）第30行第1列=表A105000第38行第1列；

（5）第30行第2列=表A105000第38行第2列；

（6）第30行第3列，若≥0，填入表A105000第38行第3列；若<0，将绝对值填入表A105000第38行第4列。

（二）案例解析

根据【案例7-3】资料，《A105120特殊行业准备金纳税调整明细表》的填写结果见表7-9。

表7-9　　　　A105120　特殊行业准备金纳税调整明细表

单位：元

行次	项　目	账载金额	税收金额	纳税调整金额
		1	2	3（1-2）
1	一、保险公司（2+3+6+7+8+9+10）	2 044 618 955	2 006 370 555	38 248 400
2	（一）未到期责任准备金	741 120 000	741 120 000	0
3	（二）未决赔款准备金（4+5）	497 360 000	459 111 600	38 248 400
4	其中：已发生已报案未决赔款准备金	306 110 000	306 110 000	0
5	已发生未报案未决赔款准备金	191 250 000	153 001 600	38 248 400
6	（三）巨灾风险准备金	81 200 000	81 200 000	0

续表

行次	项　　目	账载金额	税收金额	纳税调整金额
		1	2	3（1-2）
7	（四）寿险责任准备金	645 970 000	645 970 000	0
8	（五）长期健康险责任准备金	67 840 000	67 840 000	0
9	（六）保险保障基金	11 128 955	11 128 955	0
10	（七）其他			
11	二、证券行业（12+13+14+15）			
12	（一）证券交易所风险基金			
13	（二）证券结算风险基金			
14	（三）证券投资者保护基金			
15	（四）其他			
16	三、期货行业（17+18+19+20）			
17	（一）期货交易所风险准备金			
18	（二）期货公司风险准备金			
19	（三）期货投资者保障基金			
20	（四）其他			
21	四、金融企业（22+23+24）			
22	（一）涉农和中小企业贷款损失准备金			
23	（二）贷款损失准备金			
24	（三）其他			
25	五、中小企业信用担保机构（26+27+28）			
26	（一）担保赔偿准备			
27	（二）未到期责任准备			
28	（三）其他			
29	六、其他			
30	合计（1+11+16+21+25+29）	2 044 618 955	2 006 370 555	38 248 400

填写要点：

（1）第2行"未到期责任准备金"第1列、第2列填741 120 000元，第3列为0；

（2）第4行"已发生已报案未决赔款准备金"第1列、第2列填306 110 000元，第3列为0；

（3）第5行"已发生未报案未决赔款准备金"第1列填191 250 000元，第2列填153 001 600元，第3列填38 248 400元；

（4）第3行"未决赔款准备金"是第4行、第5行的合计数，第1列填497 360 000元，第2列填459 111 600元，第3列填38 248 400元；

（5）第6行"巨灾风险准备金"第1列、第2列填81 200 000元，第3列为0；

（6）第7行"寿险责任准备金"第1列、第2列填645 970 000元，第3列为0；

（7）第8行"长期健康责任准备金"第1列、第2列填67 840 000元，第3列为0；

（8）第9行"保险保障金"第1列、第2列填11 128 955元，第3列为0。

（9）第30行合计第1列填2 044 618 955元，第2列填2 006 370 555元，第3列填38 248 400元。

第四节　特别纳税调整应税所得

特别纳税调整是指企业与其关联方之间的业务往来，不符合独立交易原则而减少企业或者其关联方应纳税收入或者所得额的，税务机关有权按照合理方法进行调整。

关于特别纳税调整，在《企业所得税法》及其实施条例、《国家税务总局关于印发〈特别纳税调整实施办法（试行）〉的通知》（国税发〔2009〕2号）、《关于征求〈特别纳税调整实施办法〉征求意见的通知》等文件中对特别纳税调整的适用范围、方法等做出明确规定。

一、特别纳税调整的适用范围

(一)特别纳税调整适用的纳税人范围

当企业与其关联方之间的业务往来,不符合独立交易原则而减少企业或者其关联方应纳税收入或者所得额的,税务机关有权按照合理方法进行调整。

1.关联方的确定

关联方通常是指企业与其他企业、组织或个人具有下列之一的关系:

(1)一方直接或间接持有另一方的股份总和达到25%以上,或者双方直接或间接同为第三方所持有的股份达到25%以上。若一方通过中间方对另一方间接持有股份,只要一方对中间方持股比例达到25%以上,则一方对另一方的持股比例按照中间方对另一方的持股比例计算。

(2)一方与另一方(独立金融机构除外)之间借贷资金占一方实收资本50%以上,或者一方借贷资金总额的10%以上是由另一方(独立金融机构除外)担保。

(3)一方半数以上的高级管理人员(包括董事会成员和经理)或至少一名可以控制董事会的董事会高级成员是由另一方委派,或者双方半数以上的高级管理人员(包括董事会成员和经理)或至少一名可以控制董事会的董事会高级成员同为第三方委派。

(4)一方半数以上的高级管理人员(包括董事会成员和经理)同时担任另一方的高级管理人员(包括董事会成员和经理),或者一方至少一名可以控制董事会的董事会高级成员同时担任另一方的董事会高级成员。

(5)一方的生产经营活动必须由另一方提供的工业产权、专有技术等特许权才能正常进行。

(6)一方的购买或销售活动主要由另一方控制。

(7)一方接受或提供劳务主要由另一方控制。

(8)一方对另一方的生产经营、交易具有实质控制,或者双方在利益上具有相关联的其他关系,包括虽未达到本条第(1)项持股比例,但一方与另一方的主要持股方享受基本相同的经济利益,以及家族、亲属关系等。

2. 关联方业务范围

有形资产的购销、转让和使用,无形资产的转让和使用,融通资金,包括各类长短期资金拆借和担保,以及各类计息预付款和延期付款等业务,提供劳务等。独立交易原则是指没有关联关系的交易各方,按照公平成交价格和营业常规进行业务往来遵循的原则。

(二)特别纳税调整的具体事项

特别纳税调整管理的事项具体包括:税务机关对企业的转让定价、预约定价安排、成本分摊协议、受控外国企业、资本弱化以及一般反避税等的管理。

1. 转让定价管理,是指税务机关按照有关规定,对企业与其关联方之间的业务往来(以下简称关联交易)是否符合独立交易原则进行审核评估和调查调整等工作的总称。

2. 预约定价安排管理,是指税务机关按照有关规定,对企业提出的未来年度关联交易的定价原则和计算方法进行审核评估,并与企业协商达成预约定价安排等工作的总称。

3. 成本分摊协议管理,是指税务机关按照有关规定,对企业与其关联方签署的成本分摊协议是否符合独立交易原则进行审核评估和调查调整等工作的总称。

4. 受控外国企业管理,是指税务机关按照有关规定,对受控外国企业不作利润分配或减少分配进行审核评估和调查,并对归属于中国居民企业所得进行调整等工作的总称。

5. 资本弱化管理,是指税务机关按照有关规定,对企业接受关联方债权性投资与企业接受的权益性投资的比例是否符合规定比例或独立交易原则进行审核评估和调查调整等工作的总称。

6. 一般反避税管理,是指税务机关按照有关规定,对企业实施其他不具有合理商业目的的安排而减少其应纳税收入或所得额进行审核评估和调查调整等工作的总称。

二、特别纳税调整管理的内容

(一)转让定价管理

1. 转让定价的方法

转让定价方法包括可比非受控价格法、再销售价格法、成本加成法、交易净利润法、利润分割法和其他符合独立交易原则的方法。

(1)可比非受控价格法以非关联方之间进行的与关联交易相同或类似业务活动所收取的价格作为关联交易的公平成交价格。

(2)再销售价格法以关联方购进商品再销售给非关联方的价格减去可比非关联交易毛利后的金额作为关联方购进商品的公平成交价格。

(3)成本加成法以关联交易发生的合理成本加上可比非关联交易毛利作为关联交易的公平成交价格。

(4)交易净利润法以可比非关联交易的利润率指标确定关联交易的净利润。利润率指标包括资产收益率、销售利润率、完全成本加成率、贝里比率等。

(5)利润分割法根据企业与其关联方对关联交易合并利润的贡献计算各自应该分配的利润额。利润分割法分为一般利润分割法和剩余利润分割法。一般利润分割法根据关联交易各参与方所执行的功能、承担的风险以及使用的资产,确定各自应取得的利润。剩余利润分割法将关联交易各参与方的合并利润减去分配给各方的常规利润的余额作为剩余利润,再根据各方对剩余利润的贡献程度进行分配。

2. 可比性分析考虑的因素

选用转让定价方法时,要进行可比性分析,需要考虑以下因素:

(1)交易资产或劳务的特性,主要包括有形资产的物理特性、质量、数量等,劳务的性质和范围,无形资产的类型、交易形式、期限、范围、预期收益等。

(2)交易各方功能和风险,功能主要包括研发、设计、采购、加工、装配、制造、存货管理、分销、售后服务、广告、运输、仓储、融资、财务、会计、法律及人力资源管理等，在比较功能时，应关注企业为发挥功能所使用资产的相似程度；风险主要包括研发风险、采购风险、生产风险、分销风险、市场推广风险、管理及财务风险等。

（3）合同条款，主要包括交易标的，交易数量、价格，收付款方式和条件，交货条件，售后服务范围和条件，提供附加劳务的约定，变更、修改合同内容的权利，合同有效期，终止或续签合同的权利。

（4）经济环境，主要包括行业概况、地理区域、市场规模、市场层级、市场占有率、市场竞争程度、消费者购买力、商品或劳务可替代性、生产要素价格、运输成本、政府管制等。

（5）经营策略，主要包括创新和开发策略、多元化经营策略、风险规避策略、市场占有策略等。

（二）预约定价安排管理

1. 预约定价安排的适用范围

预约定价安排一般适用于同时满足以下条件的企业：

（1）年度发生的关联交易金额在4 000万元人民币以上；

（2）依法履行关联申报义务；

（3）按规定准备、保存和提供同期资料。

2. 预约定价安排的程序

企业可以依据所得税法及其他相关规定，与税务机关就企业未来年度关联交易的定价原则和计算方法达成预约定价安排。预约定价安排的谈签与执行通常经过预备会谈、正式申请、审核评估、磋商、签订安排和监控执行6个阶段。预约定价安排包括单边、双边和多边3种类型。预约定价安排适用于自企业提交正式书面申请年度的次年起3~5个连续年度的关联交易。

（三）成本分摊协议管理

成本分摊协议是指参与方共同签署的对开发、受让的无形资产或参与的劳务活动享有受益权、并承担相应的活动成本的协议。参与方使用成本分摊协议所开发或受让的无形资产不需另支付特许权使用费。

1. 成本分摊协议的内容

（1）参与方的名称、所在国家（地区）、关联关系、在协议中的权利和义务；

（2）成本分摊协议所涉及的无形资产或劳务的内容、范围，协议涉及研发或劳务活动的具体承担者及其职责、任务；

（3）协议期限；

（4）参与方预期收益的计算方法和假设；

（5）参与方初始投入和后续成本支付的金额、形式，价值确认的方法以及符合独立交易原则的说明；

（6）参与方会计方法的运用及变更说明；

（7）参与方加入或退出协议的程序及处理规定；

（8）参与方之间补偿支付的条件及处理规定；

（9）协议变更或终止的条件及处理规定；

（10）非参与方使用协议成果的规定。

2. 成本分摊协议的税务处理

对于符合独立交易原则的成本分摊协议，有关税务处理如下：

（1）企业按照协议分摊的成本，应在协议规定的各年度税前扣除；

（2）涉及补偿调整的，应在补偿调整的年度计入应纳税所得额；

（3）涉及无形资产的成本分摊协议，加入支付、退出补偿或终止协议时对协议成果分配的，应按资产购置或处置的有关规定处理。

企业与其关联方签署成本分摊协议，有下列情形之一的，其自行分摊的成本不得税前扣除：

（1）不具有合理商业目的和经济实质；

（2）不符合独立交易原则；

（3）没有遵循成本与收益配比原则；

（4）未按有关规定备案或准备、保存和提供有关成本分摊协议的同期资料；

（5）自签署成本分摊协议之日起经营期限少于20年。

(四)受控外国企业管理

1. 受控外国企业的范围

受控外国企业是指由居民企业,或者由居民企业和居民个人(以下统称中国居民股东,包括中国居民企业股东和中国居民个人股东)控制的设立在实际税负低于我国法定企业所得税税率25%水平50%的国家(地区),并非出于合理经营需要对利润不作分配或减少分配的外国企业。

控制,是指在股份、资金、经营、购销等方面构成实质控制。其中,股份控制是指由中国居民股东在纳税年度任何一天单层直接或多层间接单一持有外国企业10%以上有表决权股份,且共同持有该外国企业50%以上股份。中国居民股东多层间接持有股份按各层持股比例相乘计算,中间层持有股份超过50%的,按100%计算。

2. 受控外国企业的税务处理

(1)计入中国居民企业股东当期的视同受控外国企业股息分配的所得,应按以下公式计算:

中国居民企业股东当期所得=视同股息分配额×实际持股天数÷受控外国企业纳税年度天数×股东持股比例

中国居民股东多层间接持有股份的,股东持股比例按各层持股比例相乘计算。

(2)受控外国企业与中国居民企业股东纳税年度存在差异的,应将视同股息分配所得计入受控外国企业纳税年度终止日所属的中国居民企业股东的纳税年度。

(3)计入中国居民企业股东当期所得已在境外缴纳的企业所得税税款,可按照所得税法或税收协定的有关规定抵免。

(4)受控外国企业实际分配的利润已根据《企业所得税法》第四十五条规定征税的,不再计入中国居民企业股东的当期所得。

(5)中国居民企业股东能够提供资料证明其控制的外国企业满足以下条件之一的,可免于将外国企业不作分配或减少分配的利润视同股息分配额,计入中国居民企业股东的当期所得:

① 设立在国家税务总局指定的非低税率国家(地区);

② 主要取得积极经营活动所得；

③ 年度利润总额低于500万元人民币；

④ 中国居民企业或居民个人能够提供资料证明其控制的外国企业设立在美国、英国、法国、德国、日本、意大利、加拿大、澳大利亚、印度、南非、新西兰和挪威的，可免于将该外国企业不作分配或者减少分配的利润视同股息分配额，计入中国居民企业的当期所得。

（五）资本弱化管理

1. 资本弱化的含义

资本弱化是指在公司的资本结构中债务融资的比重大大超过了股权融资比重的一种现象。企业所得税法规定企业从其关联方接受的债权性投资与权益性投资的比例不超过以下规定比例和税法有关规定计算的部分，准予扣除，超过的部分利息支出不得在发生当期和以后年度扣除。

2. 关联方利息支出的扣除规定

企业实际支付给关联方的利息支出（包括直接或间接关联债权投资实际支付的利息、担保费、抵押费和其他具有利息性质的费用），其接受关联方债权性投资与其权益性投资的标准比例如下：

（1）金融企业为5∶1；

（2）其他企业为2∶1。

企业如果能够按照税法的有关规定提供相关资料，并证明相关交易活动符合独立交易原则的；或者该企业的实际税负不高于境内关联方的，其实际支付给境内关联方的利息支出，在计算应纳税所得额时准予扣除。

不得扣除利息支出=年度实际支付的全部关联方利息×（1-标准比例/关联债资比例）

（1）关联债资比例是指企业从其全部关联方接受的债权性投资（以下简称关联债权投资）占企业接受的权益性投资（以下简称权益投资）的比例，关联债权投资包括关联方以各种形式提供担保的债权性投资。

（2）关联债资比例的计算公式

关联债资比例=年度各月平均关联债权投资之和/年度各月平均权益投资之和

各月平均关联债权投资 =（关联债权投资月初账面余额+月末账面余额）/2

各月平均权益投资 =（权益投资月初账面余额+月末账面余额）/2

权益投资为企业资产负债表所列示的所有者权益金额。如果所有者权益小于实收资本（股本）与资本公积之和，则权益投资为实收资本（股本）与资本公积之和；如果实收资本（股本）与资本公积之和小于实收资本（股本）金额，则权益投资为实收资本（股本）金额。

第五节 《A105000纳税调整项目明细表》的填写

《A105000纳税调整项目明细表》的设计思路和设计方法科学，主要体现在：第一，在设计思路方面，《A105000纳税调整项目明细表》只展现税会差异，不再反映境外所得调整和税收优惠政策调整。在填写要点中指出《A105000纳税调整项目明细表》适用于会计处理与税法规定不一致需纳税调整的纳税人填报。第二，在设计方法方面，《A105000纳税调整项目明细表》优化了表格内容设计，把特殊事项调整项目、企业重组、政策性搬迁、特殊行业准备金、房地产开发企业特定业务计算的纳税调整额等项目纳入其中。

一、《A105000纳税调整项目明细表》的体系介绍

A105000是一级附表，是在整个企业所得税年度纳税申报表体系中具有统驭作用的一张表，全面反映企业所得税纳税调整的六个方面：收入类调整项目、扣除类调整项目、资产类调整项目、特殊事项调整项目、特别纳税调整应税所得和其他项目的纳税调整。表A105000的数据与相关二级附表存在着严密的钩稽关系，同时表A105000又是连接纳税调整表体系与主表的纽带。

（一）收入类调整项目

1. 第1行"一、收入类调整项目"：根据第2行~第11行进行填报。

2. 第2行"（一）视同销售收入"：数据来源于《A105010视同销售和房地产开发企业特定业务纳税调整明细表》，第2列"税收金额"为表A105010第1行第1列金额；第3列"调增金额"为表A105010第1行第2列金额。

3. 第3行"（二）未按权责发生制原则确认的收入"：数据来源于《A105020未按权责发生制确认收入纳税调整明细表》，第1列"账载金额"为表A105020第14行第2列金额；第2列"税收金额"为表A105020第14行第4列金额。表A105020第14行第6列，若≥0，填入本行第3列"调增金额"；若<0，将绝对值填入本行第4列"调减金额"。

4. 第4行"（三）投资收益"：数据来源于《A105030投资收益纳税调整明细表》，第1列"账载金额"为表A105030第10行第1列+第8列的金额；第2列"税收金额"为表A105030第10行第2列+第9列的金额。表A105030第10行第11列，若≥0，填入本行第3列"调增金额"；若<0，将绝对值填入本行第4列"调减金额"。

5. 第5行"（四）按权益法核算长期股权投资对初始投资成本调整确认收益"：第4列"调减金额"填报纳税人采取权益法核算，初始投资成本小于取得投资时应享有被投资单位可辨认净资产公允价值份额的差额计入取得投资当期的营业外收入的金额。

6. 第6行"（五）交易性金融资产初始投资调整"：第3列"调增金额"填报纳税人根据税法规定确认交易性金融资产初始投资金额与会计核算的交易性金融资产初始投资账面价值的差额。

7. 第7行"（六）公允价值变动净损益"：第1列"账载金额"填报纳税人会计核算的以公允价值计量的金融资产、金融负债以及投资性房地产类项目，计入当期损益的公允价值变动金额。若第1列<0，将绝对值填入第3列"调增金额"；若第1列≥0，填入第4列"调减金额"。

8. 第8行"（七）不征税收入"：填报纳税人计入收入总额但属于税法规定不征税的财政拨款、依法收取并纳入财政管理的行政事业性收费以及政府性基金和国务院规定的其他不征税收入。第3列"调增金额"填报纳税人以前年度取得财政性资金且已作为不征税收入处理,在5年(60个月)内未发生支出且未缴回财政部门或其他拨付资金的政府部门,应计入应税收入额的金额;第4列"调减金额"填报符合税法规定不征税收入条件并作为不征税收入处理,且已计入当期损益的金额。

9. 第9行"其中:专项用途财政性资金":数据来源于《A105040专项用途政财政性资金纳税调整明细表》。第3列"调增金额"为表A105040第7行第14列金额;第4列"调减金额"为表A105040第7行第4列金额。

10. 第10行"(八)销售折扣、折让和退回":填报不符合税法规定的销售折扣和折让应进行纳税调整的金额,和发生的销售退回因会计处理与税法规定有差异需纳税调整的金额。第1列"账载金额"填报纳税人会计核算的销售折扣和折让金额及销货退回的追溯处理的净调整额;第2列"税收金额"填报根据税法规定可以税前扣除的折扣和折让的金额及销货退回业务影响当期损益的金额。第1列减第2列,若余额≥0,填入第3列"调增金额";若余额<0,将绝对值填入第4列"调减金额"。第4列仅为销货退回影响损益的跨期时间性差异。

11. 第11行"(九)其他":填报其他因会计处理与税法规定有差异需纳税调整的收入类项目金额。若第2列≥第1列,将第2列-第1列的余额填入第3列"调增金额",若第2列<第1列,将第2列-第1列余额的绝对值填入第4列"调减金额"。

(二)扣除类调整项目

1. 第12行"二、扣除类调整项目":根据第13行~第29行填报。

2. 第13行"(一)视同销售成本":数据来源于《A105010视同销售和房地产开发企业特定业务纳税调整明细表》,第2列"税收金额"为表A105010第11行第1列金额;第4列"调减金额"为表A105010第11行第2列金额的绝对值。

3. 第14行"(二)职工薪酬":数据来源于《A105050职工薪酬纳税调整明细表》,第1列"账载金额"为表A105050第13行第1列金额;第2列"税收金额"为表A105050第13行第4列金额。表A105050第13行第5列,若≥0,填入本行第3列"调增金额";若<0,将绝对值填入本行第4列"调减

金额"。

4. 第15行"（三）业务招待费支出"：第1列"账载金额"填报纳税人会计核算计入当期损益的业务招待费金额；第2列"税收金额"填报按照税法规定允许税前扣除的业务招待费支出的金额，即"本行第1列×60%"与当年销售（营业收入）×5‰的孰小值；第3列"调增金额"为第1列-第2列金额。

5. 第16行"（四）广告费和业务宣传费支出"：数据来源于《A105060广告费和业务宣传费跨年度纳税调整明细表》，表A105060第12行，若≥0，填入第3列"调增金额"；若<0，将绝对值填入第4列"调减金额"。

6. 第17行"（五）捐赠支出"：数据来源于《A105070捐赠支出纳税调整明细表》，第1列"账载金额"为表A105070第20行第2列+第6列金额；第2列"税收金额"为表A105070第20行第4列金额；第3列"调增金额"为表A105070第20行第7列金额。

7. 第18行"（六）利息支出"：第1列"账载金额"填报纳税人向非金融企业借款，会计核算计入当期损益的利息支出的金额；第2列"税收金额"填报按照税法规定允许税前扣除的利息支出的金额。若第1列≥第2列，将第1列减第2列余额填入第3列"调增金额"，若第1列<第2列，将第1列减第2列余额的绝对值填入第4列"调减金额"。

8. 第19行"（七）罚金、罚款和被没收财物的损失"：第1列"账载金额"填报纳税人会计核算计入当期损益的罚金、罚款和被罚没财物的损失，不包括纳税人按照经济合同规定支付的违约金（包括银行罚息）、罚款和诉讼费；第3列"调增金额"等于第1列金额。

9. 第20行"（八）税收滞纳金、加收利息"：第1列"账载金额"填报纳税人会计核算计入当期损益的税收滞纳金、加收利息；第3列"调增金额"等于第1列金额。

10. 第21行"（九）赞助支出"：第1列"账载金额"填报纳税人会计核算计入当期损益的不符合税法规定的公益性捐赠的赞助支出的金额，包括直接向受赠人的捐赠、赞助支出等（不含广告性的赞助支出，广告性的赞助支出在表A105060中调整）；第3列"调增金额"等于第1列金额。

11. 第22行"（十）与未实现融资收益相关在当期确认的财务费用"：

第1列"账载金额"填报纳税人会计核算的与未实现融资收益相关并在当期确认的财务费用的金额；第2列"税收金额"填报按照税法规定允许税前扣除的金额。若第1列≥第2列，将第1列–第2列余额填入第3列"调增金额"；若第1列＜第2列，将第1列–第2列余额的绝对值填入第4列"调减金额"。

12. 第23行"（十一）佣金和手续费支出"：第1列"账载金额"填报纳税人会计核算计入当期损益的佣金和手续费金额；第2列"税收金额"填报按照税法规定允许税前扣除的佣金和手续费支出金额；第3列"调增金额"为第1列–第2列的金额。

13. 第24行"（十二）不征税收入用于支出所形成的费用"：第3列"调增金额"填报符合条件的不征税收入用于支出所形成的计入当期损益的费用化支出金额。

14. 第25行"其中：专项用途财政性资金用于支出所形成的费用"：数据来源于《A105040专项用途财政性资金纳税调整明细表》填报。第3列"调增金额"为表A105040第7行第11列金额。

15. 第26行"（十三）跨期扣除项目"：填报维简费、安全生产费用、预提费用、预计负债等跨期扣除项目调整情况。第1列"账载金额"填报纳税人会计核算计入当期损益的跨期扣除项目金额；第2列"税收金额"填报按照税法规定允许税前扣除的金额。若第1列≥第2列，将第1列–第2列余额填入第3列"调增金额"；若第1列＜第2列，将第1列–第2列余额的绝对值填入第4列"调减金额"。

16. 第27行"（十四）与取得收入无关的支出"：第1列"账载金额"填报纳税人会计核算计入当期损益的与取得收入无关的支出的金额；第3列"调增金额"等于第1列金额。

17. 第28行"（十五）境外所得分摊的共同支出"：第3列"调增金额"，为《A108010境外所得纳税调整后所得明细表》第10行第16列+第17列的金额。

18. 第29行"（十六）其他"：填报其他因会计处理与税法规定有差异需纳税调整的扣除类项目金额。若第1列≥第2列，将第1列–第2列余额填入第3列"调增金额"；若第1列＜第2列，将第1列–第2列余额的绝对值填入第

4列"调减金额"。

（三）资产类调整项目

1. 第30行"三、资产类调整项目"：填报资产类调整项目第31行~第34行的合计数。

2. 第31行"（一）资产折旧、摊销"：数据来源于《A105080资产折旧、摊销情况及纳税调整明细表》。第1列"账载金额"为表A105080第27行第2列金额；第2列"税收金额"为表A105080第27行第5列+第6列金额。表A105080第27行第9列，若≥0，填入本行第3列"调增金额"；若<0，将绝对值填入本行第4列"调减金额"。

3. 第32行"（二）资产减值准备金"：填报坏账准备、存货跌价准备、理赔费用准备金等不允许税前扣除的各类资产减值准备金纳税调整情况。第1列"账载金额"填报纳税人会计核算计入当期损益的资产减值准备金金额（因价值恢复等原因转回的资产减值准备金应予以冲回）。第1列，若≥0，填入第3列"调增金额"；若<0，将绝对值填入第4列"调减金额"。

4. 第33行"（三）资产损失"：数据来源于《A105090资产损失税前扣除及纳税调整明细表》，第1列"账载金额"为表A105090第14行第1列金额；第2列"税收金额"为表A105090第14行第2列金额。表A105090第14行第3列，若≥0，填入本行第3列"调增金额"，若<0，将绝对值填入本行第4列"调减金额"。

5. 第34行"（四）其他"：填报其他因会计处理与税法规定有差异需纳税调整的资产类项目金额。若第1列≥第2列，将第1列–第2列余额填入第3列"调增金额"；若第1列<第2列，将第1列–第2列余额的绝对值填入第4列"调减金额"。

（四）特殊事项调整项目

1. 第35行"四、特殊事项调整项目"：填报特殊事项调整项目第36行~第40行的合计数。

2. 第36行"（一）企业重组"：数据来源于《A105100企业重组纳税调

整明细表》，第1列"账载金额"为表A105100第14行第1列+第4列金额；第2列"税收金额"为表A105100第14行第2列+第5列金额。表A105100第14行第7列，若≥0，填入本行第3列"调增金额"；若<0，将绝对值填入本行第4列"调减金额"。

3. 第37行"（二）政策性搬迁"：数据来源于《A105110政策性搬迁纳税调整明细表》，表A105110第24行，若≥0，填入本行第3列"调增金额"；若<0，将绝对值填入本行第4列"调减金额"。

4. 第38行"（三）特殊行业准备金"：数据来源于《A105120特殊行业准备金纳税调整明细表》，第1列"账载金额"为表A105120第30行第1列金额；第2列"税收金额"为表A105120第30行第2列金额。表A105120第30行第3列，若≥0，填入本行第3列"调增金额"；若<0，将绝对值填入本行第4列"调减金额"。

5. 第39行"（四）房地产开发企业特定业务计算的纳税调整额"：数据来源于《A105010视同销售和房地产开发企业特定业务纳税调整明细表》，第2列"税收金额"为表A105010第21行第1列金额。表A105010第21行第2列，若≥0，填入本行第3列"调增金额"；若<0，将绝对值填入本行第4列"调减金额"。

6. 第40行"（五）其他"：填报其他因会计处理与税法规定有差异需纳税调整的特殊事项金额。

（五）特殊纳税调整所得项目

第41行"五、特别纳税调整应税所得"：第3列"调增金额"填报纳税人按特别纳税调整规定自行调增的当年应税所得；第4列"调减金额"填报纳税人依据双边预约定价安排或者转让定价相应调整磋商结果的通知，需要调减的当年应税所得。

（六）其他

1. 第42行"六、其他"：其他会计处理与税法规定存在差异需纳税调整的项目金额。

2. 第43行"合计"：填报第1行+第12行+第30行+第35行+第41行+第42行

的金额。其中,第3列"调增金额"的数字转入主表(即《A100000中华人民共和国企业所得税年度纳税申报表(A类)》)第15行"加:纳税调整增加额",第43行第4列"调减金额"的数字转入主表第16行"减:纳税调整减少额"。

二、案例解析

【综合案例】《A105000纳税调整项目明细表》的填写见表7-10。

表7-10　　　　　　　A105000　　纳税调整项目明细表

单位:元列至角分

行次	项　目	账载金额	税收金额	调增金额	调减金额
		1	2	3	4
1	一、收入类调整项目(2+3+4+5+6+7+8+10+11)	*	*		
2	(一)视同销售收入(填写表A105010)	*			*
3	(二)未按权责发生制原则确认的收入(填写表A105020)				
4	(三)投资收益(填写表A105030)				
5	(四)按权益法核算长期股权投资对初始投资成本调整确认收益	*	*	*	
6	(五)交易性金融资产初始投资调整	*	*		*
7	(六)公允价值变动净损益		*		
8	(七)不征税收入	*	*		
9	其中:专项用途财政性资金(填写表A105040)	*	*		
10	(八)销售折扣、折让和退回				
11	(九)其他				

续表

行次	项　　目	账载金额	税收金额	调增金额	调减金额
		1	2	3	4
12	二、扣除类调整项目（13+14+15+16+17+18+19+20+21+22+23+24+26+27+28+29）	*	*	305 580.87	
13	（一）视同销售成本（填写表A105010）	*		*	
14	（二）职工薪酬（填写表A105050）	24 183 353.63	24 183 353.63	—	
15	（三）业务招待费支出	197 458.15	118 474.89	78 983.26	*
16	（四）广告费和业务宣传费支出（填写A105060）	*	*		
17	（五）捐赠支出（填写表A105070）	8 000.00	8 000.00	—	*
18	（六）利息支出	2 156 168.51	2 156 168.51	—	
19	（七）罚金、罚款和被没收财物的损失		*	—	*
20	（八）税收滞纳金、加收利息	2575.16	*	2575.16	*
21	（九）赞助支出		*		*
22	（十）与未实现融资收益相关在当期确认的财务费用				
23	（十一）佣金和手续费支出				*
24	（十二）不征税收入用于支出所形成的费用	*	*		*
25	其中：专项用途财政性资金用于支出所形成的费用（填写表A105040）	*	*		*
26	（十三）跨期扣除项目	224 022.45		224 022.45	
27	（十四）与取得收入无关的支出		*		*
28	（十五）境外所得分摊的共同支出	*	*		*

续表

行次	项　目	账载金额	税收金额	调增金额	调减金额
		1	2	3	4
29	（十六）其他			—	
30	三、资产类调整项目（31+32+33+34）	*	*	3 611 887.66	
31	（一）资产折旧、摊销（填写表A105080）	2 637 708.01	2 112 980.81	524 727.20	
32	（二）资产减值准备金	3 087 160.46	*	3 087 160.46	
33	（三）资产损失（填写表A105090）				
34	（四）其他				
35	四、特殊事项调整项目（36+37+38+39+40）	*	*		
36	（一）企业重组（填写表A105100）				
37	（二）政策性搬迁（填写表A105110）	*	*		
38	（三）特殊行业准备金（填写表A105120）				
39	（四）房地产开发企业特定业务计算的纳税调整额（填写表A105010）	*			
40	（五）其他	*	*		
41	五、特别纳税调整应税所得	*	*		
42	六、其他	*	*		
43	合计（1+12+30+35+41+42）	*	*	3 917 468.53	

填写要点：

（1）第14行数据来源于表5-1《A105050职工薪酬纳税调整明细表》，第1列"账载金额"为表5-1第13行第1列金额24 183 353.63元；第2列"税收金额"为表5-1第13行第4列金额24 183 353.63元；无纳税调整。

（2）第15行第1列数据来源于表3-2《A104000期间费用明细表》第3列第4行197 458.15元；第2列比较 197 458.15×60%与营业收入97 847 284.52×5‰孰低，填118 474.89元，纳税调增额78 983.26元填至第3列。

（3）第17行第1列数据源于表5-3《A105070捐赠支出纳税调整明细表》第20行第2列+第6列金额；第2列"税收金额"数据源于为表5-3第20行第4列金额；无纳税调整。

（4）第18行第1列数据源于表3-2《A104000期间费用明细表》第5列第25行2 156 168.51元；第2列等于第1列2 156 168.51元。

（5）第20行第1列数据等于表3-1《A102010一般企业成本支出明细表》第23行2 575.16元；第3列等于第1列。

（6）第26行第1列填写预计负债224 022.45元，第3列等于第1列。

（7）第12行扣除类的纳税调整第3列填写合计数305 580.87元。

（8）第31行第1列等于表6-7《A105080资产折旧、摊销情况及纳税调整明细表》第27行第2列2 637 708.01元，第2列等于表6-7第27行第5列+第6列2 112 980.81元，第3列调增金额为524 727.20元。

（9）第32行第1列等于3 087 160.46元，属于税前不得扣除的项目，第3列调增金额为3 087 160.46元。

（10）第43行第3列等于3 917 468.53元。将该数字转入主表第15行"加：纳税调整增加额"。

第八章 税收优惠的确认及申报

【学习目标】

1. 熟悉税收优惠的方式；
2. 掌握免税、减计收入及加计扣除优惠的确认及申报；
3. 掌握所得减免优惠的确认及申报；
4. 熟悉抵扣应纳税所得额、减免所得税优惠的确认及申报；
5. 熟悉税额抵免优惠的确认及申报。

企业所得税税收优惠是政府利用税收制度，配合国家的产业政策，积极引导投资方向，对重点扶持或鼓励发展的产业和项目，给予税收优惠，以达到减除或减轻纳税人的税收负担，从而促进国家经济发展的目的。税法规定的税收优惠方式包括免税、减计收入、加计扣除、所得减免、抵扣应纳税所得额、减免所得税以及税额抵免等。

第一节 免税、减计收入及加计扣除优惠的确认及申报

一、免税收入的确认及申报

免税收入，是指属于企业的应税所得，但是按照《企业所得税法》的规定免予征收企业所得税的收入，是在收入环节的税收优惠。企业所取得的各项免税收入，直接核减符合条件的收入额，其对应的各项成本费用，除另有

规定外，可以在计算企业应纳税所得额时扣除。

（一）免税收入的确认

1. 国债利息收入

国债利息收入，是指企业持有的国务院财政部门发行的国债取得的利息收入。关于企业国债投资业务企业所得税处理问题在《企业所得税法》及其实施条例、《国家税务总局关于企业国债投资业务企业所得税处理问题的公告》（国家税务总局公告2011年第36号）中做出如下规定：

（1）国债利息收入的确认

企业取得的国债利息收入，应以国债发行时约定应付利息的日期，确认利息收入的实现。企业转让国债，应在国债转让收入确认时确认利息收入的实现。

（2）国债利息收入免税金额确定

企业从发行者直接投资购买的国债持有至到期，其从发行者取得的国债利息收入，全额免征企业所得税。企业到期前转让国债，或者从非发行者投资购买的国债，其持有期间尚未兑付的国债利息收入，免征企业所得税。持有期间尚未兑付的国债利息收入按以下公式计算确定：

国债利息收入=国债金额×（适用年利率÷365）×持有天数

上述公式中的"国债金额"，按国债发行面值或发行价格确定；"适用年利率"按国债票面年利率或折合年收益率确定；如企业不同时间多次购买同一品种国债的，"持有天数"可按平均持有天数计算确定。

2. 地方政府债券利息收入

根据《财政部　国家税务总局关于地方政府债券利息所得免征所得税问题的通知》（财税〔2011〕76号）和《财政部　国家税务总局关于地方政府债券利息免征所得税问题的通知》（财税〔2013〕5号）的规定，企业取得的2009年及以后年度发行的地方政府债券利息收入，免征企业所得税。地方政府债券是指经国务院批准，以省、自治区、直辖市和计划单列市政府为发行和偿还主体的债券。

3. 符合条件的居民企业之间的股息、红利等权益性投资收益

符合条件的居民企业之间的股息、红利等权益性投资收益，是指居民企

业直接投资于其他居民企业取得的投资收益。限于居民企业之间，不包括投资到"独资企业、合伙企业、非居民企业"取得的投资收益。所称股息、红利等权益性投资收益，不包括连续持有居民企业公开发行并上市流通的股票不足12个月取得的投资收益。

【综合案例】分析8-1

ABC科技投资于山东D能源科技有限公司获得的80 000元的投资收益，持股时间超过12个月，属于符合条件的居民企业之间的股息、红利等权益性投资收益，属于免税收入。

4. 在中国境内设立机构、场所的非居民企业从居民企业取得与该机构、场所有实际联系的股息、红利等权益性投资收益。

股息、红利等权益性投资收益，不包括连续持有居民企业公开发行并上市流通的股票不足12个月取得的投资收益。

5. 符合条件的非营利组织的收入

同时符合条件并依法履行登记手续的非营利组织，取得的捐赠的收入等免税收入，免征企业所得税，但不包括非营利组织从事营利性活动取得的收入。《财政部　国家税务总局关于非营利组织企业所得税免税收入问题的通知》（财税〔2009〕122号）和《财政部　国家税务总局关于非营利组织免税资格认定管理有关问题的通知》（财税〔2014〕13号）中明确规定：

（1）符合条件的非营利组织，必须同时满足以下条件：

第一，依照国家有关法律法规设立或登记的事业单位、社会团体、基金会、民办非企业单位、宗教活动场所以及财政部、国家税务总局认定的其他组织；

第二，从事公益性或者非营利性活动；

第三，取得的收入除用于与该组织有关的、合理的支出外，全部用于登记核定或者章程规定的公益性或者非营利性事业；

第四，财产及其孳息不用于分配，但不包括合理的工资薪金支出；

第五，按照登记核定或者章程规定，该组织注销后的剩余财产用于公益性或者非营利性目的，或者由登记管理机关转赠给与该组织性质、宗旨相同的组织，并向社会公告；

第六，投入人对投入该组织的财产不保留或者享有任何财产权利，本款所称投入人是指除各级人民政府及其部门外的法人、自然人和其他组织；

第七，工作人员工资福利开支控制在规定的比例内，不变相分配该组织的财产，其中：工作人员平均工资薪金水平不得超过上年度税务登记所在地人均工资水平的2倍，工作人员福利按照国家有关规定执行；

第八，除当年新设立或登记的事业单位、社会团体、基金会及民办非企业单位外，事业单位、社会团体、基金会及民办非企业单位申请前年度的检查结论为"合格"；

第九，对取得的应纳税收入及其有关的成本、费用、损失应与免税收入及其有关的成本、费用、损失分别核算。

（2）符合条件的非营利组织企业所得税免税收入范围：

第一，接受其他单位或者个人捐赠的收入；

第二，除《企业所得税法》第七条规定的财政拨款以外的其他政府补助收入，但不包括因政府购买服务取得的收入；

第三，按照省级以上民政、财政部门规定收取的会费；

第四，不征税收入和免税收入孳生的银行存款利息收入；

第五，财政部、国家税务总局规定的其他收入。

非营利组织免税优惠资格的有效期为5年。非营利组织应在期满前3个月内提出复审申请，不提出复审申请或复审不合格的，其享受免税优惠的资格到期自动失效。取得免税资格的非营利组织应按照规定向主管税务机关办理免税手续，免税条件发生变化的，应当自发生变化之日起15日内向主管税务机关报告；不再符合免税条件的，应当依法履行纳税义务。

6. 中国清洁发展机制基金取得的相关收入

《财政部　国家税务总局关于〈中国清洁发展机制基金及清洁发展机制项目实施企业有关企业所得税政策问题〉的通知》（财税〔2009〕30号）中规定，中国清洁发展机制基金取得的CDM项目温室气体减排量转让收入上缴国家的部分，国际金融组织赠款收入，基金资金的存款利息收入、购买国债的利息收入，国内外机构、组织和个人的捐赠收入，免征企业所得税。

7. 证券投资基金相关收入

《财政部　国家税务总局关于企业所得税若干优惠政策的通知》（财税

〔2008〕1号）中规定，对证券投资基金从证券市场中取得的收入，包括买卖股票、债券的差价收入，股权的股息、红利收入，债券的利息收入及其他收入，暂不征收企业所得税。对投资者从证券投资基金分配中取得的收入，暂不征收企业所得税。对证券投资基金管理人运用基金买卖股票、债券的差价收入，暂不征收企业所得税。

8.芦山地震受灾企业

为支持和帮助芦山地震受灾地区恢复重建，《财政部 海关总署 国家税务总局关于支持芦山地震灾后恢复重建有关税收政策问题的通知》（财税〔2013〕58号）中规定如下：

（1）对受灾地区损失严重的企业，免征企业所得税。

（2）自2013年4月20日起，对受灾地区企业通过公益性社会团体、县级以上人民政府及其部门取得的抗震救灾和灾后恢复重建款项和物资，以及税收法律、法规规定和国务院批准的减免税金及附加收入，免征企业所得税。

（3）自2013年4月20日至2017年12月31日，对受灾地区农村信用社免征企业所得税。

以上税收政策，凡未注明具体期限的，一律执行至2015年12月31日。

（二）符合条件的居民企业之间的股息、红利等权益性投资收益的调整

关于符合条件的居民企业之间的股息、红利等权益性投资收益的调整在《企业所得税法》及其实施条例、《财政部 国家税务总局关于企业清算业务企业所得税处理若干问题的通知》（财税〔2009〕60号）、《财政部 国家税务总局关于执行企业所得税优惠政策若干问题的通知》（财税〔2009〕69号）、《国家税务总局关于贯彻落实企业所得税法若干问题的通知》（国税函〔2010〕79号）、《国家税务总局关于企业所得税若干问题的公告》（国家税务总局公告2011年第34号）等相关税收政策中作出如下规定：

1.企业权益性投资取得股息、红利等收入，应以被投资企业股东会或股东大会作出利润分配或转股决定的日期，确定收入的实现。被投资企业将股权（票）溢价所形成的资本公积转为股本，不作为投资方企业的股息、红利收入，投资方企业也不得增加该项长期股权投资的计税基础。

2.企业转让股权，应于转让协议生效，且完成股权变更手续时，确认收入的实现。转让股权收入扣除为取得该股权所发生的成本后，为股权转让所得。企业在计算股权转让所得时，不能扣除被投资企业未分配利润等股东留存收益中按该项股权所可能分配的金额。

3. 被投资企业清算分得的剩余资产的金额，其中相当于被清算企业累计未分配利润和累计盈余公积中按该股东所占股份比例计算的部分，应确认为股息所得；剩余资产减除股息所得后的余额，超过或低于股东投资成本的部分，应确认为投资企业的投资转让所得或损失。

4. 投资企业从被投资企业撤回或减少投资，其取得的资产，相当于初始投资的部分，应确认为投资收回；相当于被投资企业累计未分配利润和累计盈余公积按减少实收资本比例计算的部分，应确认为股息所得；其余部分确认为投资资产转让所得。被投资企业发生的经营亏损，由被投资企业按规定结转弥补；投资企业不得调整减低其投资成本，也不得将其确认为投资损失。

按权益法核算的长期股权投资，当被投资单位宣告分派利润或现金股利时，按照会计准则规定，投资企业相应减少长期股权投资的账面价值；但税法要求在被投资方作出利润分配的日期确认投资收益。因此，投资企业需要填报表A105030作纳税调整。同时，被投资方作出利润分配决定时，若属于税法规定的符合条件的居民企业之间的股息、红利等权益性投资收益，投资企业还需再填报《A107011符合条件的居民企业之间的股息、红利等权益性投资收益优惠明细表》，进行纳税调整。

（三）《A107011符合条件的居民企业之间的股息、红利等权益性投资收益优惠明细表》的填写

在年度报表体系中，《A107011符合条件的居民企业之间的股息、红利等权益性投资收益优惠明细表》（以下简称表A107011）属于三级附表，其结果需要结转至二级附表《A107010免税、减计收入及加计扣除优惠明细表》（以下简称表A107010）。

1. 行次填报

行次按不同的被投资企业分别填报，然后将合计结果填至最后一行。

2. 列次填报

本表共16列，分五大部分：

第一部分第1列~第4列，反映被投资企业名称、投资性质、投资成本和投资比例等基本情况，为本年度享受符合条件的居民企业之间股息、红利等权益性投资收益优惠的纳税人必填的基本信息，其中，"投资成本"指的是纳税人投资于投资企业的计税成本。"投资比例"填报纳税人投资于被投资企业的股权比例，若购买公开发行股票的，此列可不填写。

第二部分第5列~第6列反映纳税人从被投资企业利润分配中依决定归属于本公司的股息、红利等权益性投资收益金额。被投资企业按权益法确认投资收益，不在本表填报，通过表《A105030投资收益纳税调整明细表》第6行第1列~第3列填报。若被投资企业将股权（票）溢价所形成的资本公积转为股本的，不作为投资方企业的股息、红利收入，投资方企业也不得增加该项长期投资的计税基础。

第三部分第7列~第9列反映纳税人从被投资企业清算所得中应确认的股息所得。根据第7列"分得的部分投资企业清算剩余资产"与第8列"被清算企业累计未分配利润和累计盈余公积应享有部分"两者中较小的数字填写第9列"应确认的股息所得"。

第四部分第10列~第15列，反映纳税人撤回或减少投资应确认的股息所得。第10列"从被投资企业撤回或减少投资取得的资产"填写纳税人从被投资企业撤回或减少投资时取得的资产，第11列"减少投资比例"填写纳税人撤回或减少的投资占被投资企业的股权比例，部分撤资应计算撤回或减少的投资比例占投资方在被投资企业持有的总投资比例。"撤回或减少投资确认金额"第15列"应确认的股息所得"按照第13列"取得资产中超过收回初始投资成本部分"与第14列"撤回或减少投资应享有被投资企业累计未分配利润和累计盈余公积"两者中较小的数字填写。

第五部分为合计，填写第6列+第9列+第15列的金额。

3. 案例解析

【综合案例】分析8-2

根据ABC科技的投资情况，填写《A107011符合条件的居民企业之间的股息、红利等权益性投资收益优惠明细表》，见表8-1。

表8-1　A107011　符合条件的居民企业之间的股息、红利等权益性投资收益优惠明细表

单位：元

行次	被投资企业	投资性质	投资成本	投资比例	被投资企业利润分配确认金额			被投资企业清算确认金额			撤回或减少投资确认金额				合计
					被投资企业做出利润分配或转股决定时间	依决定归属于本公司的股息、红利等权益性投资收益金额	应确认的股息所得	分得的被投资企业清算剩余资产	被清算企业累计未分配利润和累计盈余公积应享有部分	应确认的股息所得	从被投资企业撤回或减少投资取得的资产	减少投资比例	收回初始投资成本	取得资产中超过收回初始投资成本部分	撤回或减少投资享有被投资企业累计未分配利润和累计盈余公积	应确认的股息所得	
					5	6	7	8	9(7与8孰小)	10	11	12(3×11)	13(10−12)	14	15(13与14孰小)	16(6+9+15)
	1	2	3	4												
1	山东D能源科技有限公司	直接投资	5 000 000.00	75%	2015年4月5日	80 000.00										80 000.00
2																
3																
4																
5																

第八章 税收优惠的确认及申报 251

续表

行次	被投资企业	投资性质	投资成本	投资比例	被投资企业利润分配确认金额			被投资企业清算确认金额					撤回或减少投资确认金额						合计
					被投资企业做出利润分配或转股决定时间	依决定归属于本公司的股息、红利等权益性投资收益金额	分得的被投资企业清算剩余资产	被清算企业累计未分配利润和累计盈余公积应享有部分	应确认的股息所得	从被投资企业撤回或减少投资取得的资产	减少投资比例	收回初始投资成本	取得资产中超过收回初始投资成本部分	撤回或减少投资应享有被投资企业累计未分配利润和累计盈余公积	应确认的股息所得	
	1	2	3	4	5	6	7	8	9 (7与8孰小)	10	11	12 (3×11)	13 (10−12)	14	15 (13与14孰小)	16 (6+9+15)
6						80 000.00										
7																
8																
9																
10	合计	*	*	*	*	80 000.00	*	*	*	*	*	*	*	*	*	80 000.00

填写要点：

（1）根据综合案例中ABC科技的投资情况，第1列"被投资企业"填写被投资企业名称山东D能源科技有限公司；第2列"投资性质"填写直接投资；第3列"投资成本"填写500万元；第4列"投资比例"填写75%。

（2）根据ABC科技享受利润分配税收优惠的情况，填写第5列"被投资企业做出利润分配或转股决定时间" 2015年4月5日，80 000元填入第6列"依决定归属于本公司的股息、红利等权益性投资收益金额"。

由于本案例中被投资企业山东D能源科技有限公司并未进行清算且ABC科技未撤回或减少投资，因此第9列、第12列、第13列、第15列均为0，第16列"合计"填报第6列+第9列+第15列的金额，即80 000元；第10行"合计"填报第1行+第2行+……+第9行的金额，即80 000元，并将第10行第16列转入表A107010第3行"符合条件的居民企业之间的股息、红利等权益性投资收益"。

二、减计收入的确认及申报

减计收入是指按照税法规定准予对企业某些经营活动取得的应税收入，按一定比例计入收入总额，而其对应的成本费用可以正常扣除，即企业不仅可以减少在这些项目上的税负，还可能减少在其他项目上应纳的所得税，是一种间接的税收优惠方式。

【案例8-1】

北京A新型建筑材料有限公司综合利用粉煤灰、脱硫石膏、磷石膏等废弃资源为原料生产混凝土空心砖，综合利用的资源占生产产品材料的比例为80%，取得有关部门出具的资源综合利用认定证书，证书取得时间为2015年1月8日，有效期为2015年1月至2016年12月，证书编号综证书（京）第2015-117号，2015年共取得混凝土空心砖销售收入1 500万元。

请完成下列问题：

（1）A公司享受何种税收优惠？

（2）A公司《A107012综合利用资源生产产品取得的收入优惠明细表》

如何填报？

【案例8-2】

北京A农村商业银行2015年开展农户小额信用贷款，用于农户维持基本生产所必要的融资需求。农户要求如下：长期（一年以上）居住在乡镇（不包括城关镇）行政管理区域内的住户，和长期居住在城关镇所辖行政村范围内的住户，户口不在本地而在本地居住一年以上的住户，国有农（林）场的职工和农村个体工商户。农户小额贷款单户额度起点为3 000元。2015年北京A农村商业银行取得农户小额贷款利息收入总额为160万元，且对符合条件的农户小额贷款利息收入进行单独核算。

请完成下列问题：

（1）A农村商业银行是否可以享受金融机构取得的涉农利息收入税收优惠？

（2）A农村商业银行《A107013金融、保险等机构取得的涉农利息、保费收入优惠明细表》如何填报？

（一）减计收入的确认

1. 关于综合利用资源生产产品取得的收入优惠，先后在《企业所得税法》及其实施条例、《国家发展改革委员会　财政部　国家税务总局关于印发〈国家鼓励的资源综合利用认定管理办法〉的通知》（发改环资〔2006〕1864号）、《财政部　国家税务总局关于执行资源综合利用企业所得税优惠目录有关问题的通知》（财税〔2008〕47号）、《财政部　国家税务总局　国家发展改革委员会关于公布资源综合利用企业所得税优惠目录（2008年版）的通知》（财税〔2008〕117号）、《国家税务总局关于资源综合利用企业所得税优惠管理问题的通知》（国税函〔2009〕185号）中作出了明确的规定。企业自2008年1月1日起以《资源综合利用企业所得税优惠目录（2008年版）》规定的资源作为主要原材料，生产国家非限制和禁止并符合国家和行业相关标准的产品取得的收入，减按90%计入收入总额。

纳税人享受此类优惠，需要注意的有：

（1）原材料应以《资源综合利用企业所得税优惠目录（2008年版）》规定的资源为主；

（2）产品应属于国家非限制和禁止并符合国家和行业相关标准的产品；

（3）原材料占生产产品材料的比例不得低于《资源综合利用企业所得税优惠目录》规定的标准。

如果不符合这些要求，则不能享受减计收入的优惠。同时享受资源综合利用企业所得税优惠政策的企业，应在汇算清缴期内向主管税务机关提请备案。备案资料主要有：

（1）有部门出具的资源综合利用企业（项目、产品）认定证书；

（2）有部门出具的检测报告（包括利用资源的名称、数量、占比）；

（3）各项产品销售收入核算明细表；

（4）《税收优惠事项备案报告表》；

（5）税务机关要求提供的其他材料。

资源综合利用企业所得税优惠目录（2008年版）见表8-2。

表8-2　　　资源综合利用企业所得税优惠目录（2008年版）

类别	序号	综合利用的资源	生产的产品	技术标准
一、共生、伴生矿产资源	1	煤系共生、伴生矿产资源、瓦斯	高岭岩、铝矾土、膨润土、电力、热力及燃气	1．产品原料100%来自所列资源 2．煤炭开发中的废弃物 3．产品符合国家和行业标准
二、废水（液）、废气、废渣	2	煤矸石、石煤、粉煤灰、采矿和选矿废渣、冶炼废渣、工业炉渣、脱硫石膏、磷石膏、江河（渠）道的清淤（淤沙）、风积沙、建筑垃圾、生活垃圾焚烧余渣、化工废渣、工业废渣	砖（瓦）、砌块、墙板类产品、石膏类制品以及商品粉煤灰	产品原料70%以上来自所列资源
	3	转炉渣、电炉渣、铁合金炉渣、氧化铝赤泥、化工废渣、工业废渣	铁、铁合金料、精矿粉、稀土	产品原料100%来自所列资源

第八章 税收优惠的确认及申报

续表

类别	序号	综合利用的资源	生产的产品	技术标准
二、废水（液）、废气、废渣	4	化工、纺织、造纸工业废液及废渣	银、盐、锌、纤维、碱、羊毛脂、聚乙烯醇、硫化纳、亚硫酸钠、硫氰酸钠、硝酸、铁盐、铬盐、木素磺酸盐、乙酸、乙二酸、乙酸钠、盐酸、黏合剂、酒精、香兰素、饮料酵母、肥料、甘油、乙氰	产品原料70%以上来自所列资源
	5	制盐液（苦卤）及硼酸废液	氯化钾、硝酸甲、溴素、氯化镁、氢氧化镁、无水硝、石膏、硫酸镁、硫酸钾、肥料	产品原料70%以上来自所列资源
	6	工矿废水、城市污水	再生水	1. 产品原料100%来自所列资源 2. 达到国家有关标准
	7	废生物质油，废弃润滑油	生物柴油及工业油料	产品原料100%来自所列资源
	8	焦炉煤气，化工、石油（炼油）化工废气、发酵废气、火炬气、炭黑尾气	硫黄、硫酸、磷铵、硫铵、脱硫石膏、可燃气、轻烃、氢气、硫酸亚铁、有色金属、二氧化碳、干冰、甲醇、合成氨	
	9	转炉煤气、高炉煤气、火炬气以及除焦炉煤气以外的工业炉气，工业过程中的余热、余压	电力、热力	
三、再生资源	10	废旧电池、电子电器产品	金属（包括稀贵金属）、非金属	产品原料100%来自所列资源
	11	废感光材料、废灯泡（管）	有色（稀贵）金属及其产品	产品原料100%来自所列资源
	12	锯末、树皮、枝丫材	人造及其制品	1. 符合产品标准 2. 产品原料100%来自所列资源

续表

类别	序号	综合利用的资源	生产的产品	技术标准
三、再生资源	13	废塑料	塑料制品	产品原料100%来自所列资源
	14	废、旧轮胎	翻新轮胎、胶粉	1．产品符合GB9037和GB14646标准 2．产品原料100%来自所列资源 3．符合GB/T19208等标准规定的性能指标
	15	废弃天然纤维；化学纤维及其制品	造纸原料、纤维纱及织物、无纺布、毡、黏合剂、再生聚酯	产品原料100%来自所列资源
	16	农作物秸秆及壳皮（包括粮食作物秸秆、农业经济作物秸秆、粮食壳皮、玉米芯）	代木产品，电力、热力及燃气	产品原料70%以上来自所列资源

【案例8-1】分析1

A公司综合利用粉煤灰、脱硫石膏、磷石膏等废弃资源为原料生产混凝土空心砖，原材料符合《资源综合利用企业所得税优惠目录（2008年版）》的规定，根据《资源综合利用企业所得税优惠目录》规定的标准，产品原料70%以上来自于所列资源，本案例中A公司综合利用的资源占生产产品材料的比例为80%，符合资源综合利用税收优惠，取得的收入减按90%计入收入总额，即减计收入为1 500×10%=150（万元）。

2. 根据《财政部　国家税务总局关于铁路建设债券利息收入企业所得税政策的通知》（财税〔2011〕99号）和《财政部　国家税务总局关于2014—2015年铁路建设债券利息收入企业所得税政策的通知》（财税〔2014〕2号）的规定，企业持有2011—2015年发行的中国铁路建设债券取得的利息收入，减半征收企业所得税。中国铁路建设债券是指经国家发展改革委核准，以中国铁路总公司为发行和偿还主体的债券。

3.《财政部 国家税务总局关于延续并完善支持农村金融发展有关税收政策的通知》（财税〔2014〕102号）中规定，2014年1月1日至2016年12月31日，金融机构对农户小额贷款的利息收入在计算应纳税所得额时，按90%计入收入总额，且金融机构应对符合条件的农户小额贷款利息收入进行单独核算；对保险公司为种植业、养殖业提供保险业务取得的保费收入，在计算应纳税所得额时，按90%计入收入总额。

（1）农户，是指长期（一年以上）居住在乡镇（不包括城关镇）行政管理区域内的住户，还包括长期居住在城关镇所辖行政村范围内的住户和户口不在本地而在本地居住一年以上的住户，国有农场的职工和农村个体工商户。位于乡镇（不包括城关镇）行政管理区域内和在城关镇所辖行政村范围内的国有经济的机关、团体、学校、企事业单位的集体户；有本地户口，但举家外出谋生一年以上的住户，无论是否保留承包耕地均不属于农户。农户以户为统计单位，既可以从事农业生产经营，也可以从事非农业生产经营。农户贷款的判定应以贷款发放时的承贷主体是否属于农户为准。

（2）小额贷款，是指单笔且该户贷款余额总额在10万元（含）以下贷款。

（3）保费收入，是指原保险保费收入加上分保费收入减去分出保费后的余额。

【案例8-2】分析1

A农村商业银行开展农户小额信用贷款，且对符合条件的农户小额贷款利息收入进行单独核算，符合金融机构涉农利息收入税收优惠，对农户小额贷款的利息收入在计算应纳税所得额时，按90%计入收入总额，即减计收入为160×10%=16（万元）。

（二）《A107012综合利用资源生产产品取得的收入优惠明细表》的填写

在年度报表体系中，《A107012综合利用资源生产产品取得的收入优惠明细表》属于三级附表，其结果需要结转至二级附表《A107010免税、减计收入及加计扣除优惠明细表》。

1. 行次填报

行次按纳税人综合利用资源生产的不同产品名称分别填报。

2. 列次填报

本表共10列，分四大部分：

第一部分填写企业综合利用资源生产的产品名称，在第1列填写。

第二部分填写《资源综合利用认定证书》的基本情况，分别在第2列～第4列填写，包括《资源综合利用认定证书》取得时间、《资源综合利用认定证书》有效期和《资源综合利用认定证书编号》。

第三部分填写纳税人综合利用资源符合税收优惠政策规定的基本条件，分别在第5列～第8列填写，是综合利用资源生产产品取得的收入享受税收优惠的前置条件，企业应当据实填报并妥善保管相关资料和证件，以备税务机关检查核实。

第5列"属于《资源综合利用企业所得税优惠目录》类别"填写纳税人生产产品综合利用的资源属于《资源综合利用企业所得税优惠目录》的类别，如共生、伴生矿产资源、废水（液）、废气、废渣或再生资源。第6列"综合利用的资源"填写纳税人生产产品综合利用的资源的名称，需根据《资源综合利用企业所得税优惠目录》中综合利用的资源名称填报。第7列"综合利用的资源占生产产品材料的比例"填写纳税人实际总额利用的资源占生产产品材料的比例。第8列"《资源综合利用企业所得税优惠目录》规定的标准"填写纳税人综合利用资源生产产品在《资源综合利用企业所得税优惠目录》中规定的技术标准。

第四部分是第9列～第10列，包括"符合条件的综合利用资源生产产品取得的收入总额"和"综合利用资源减计收入"，其中第10列填写第9列×10%的金额。

第10行第10列"合计"填写第10列各行的合计金额。

3. 案例解析

【案例8-1】分析2

根据A公司综合利用资源的情况，填写《A107012综合利用资源生产产品取得的收入优惠明细表》，见表8-3。

表8-3 A107012 综合利用资源生产产品取得的收入优惠明细表

单位：元

行次	生产的产品名称	《资源综合利用认定证书》基本情况				综合利用的资源	综合利用的资源占生产产品材料的比例	《资源综合利用企业所得税优惠目录》规定的标准	符合条件的综合利用资源生产产品取得的收入总额	综合利用资源减计收入
		《资源综合利用认定证书》取得时间	《资源综合利用认定证书》有效期	《资源综合利用认定证书》编号	属于《资源综合利用企业所得税优惠目录》类别					
		1	2	3	4	5	6	7	8	9	10（9×10%）
1	混凝土空心砖	2015年1月8日	2015年1月—2016年12月	综证书（京）第2015-117号	废水（液）、废气、废渣	粉煤灰、脱硫石膏、磷石膏	80%	70%	15 000 000	1 500 000
2										
3										
4										
5										
6										
7										
8										
9										
10	合计	*	*	*	*	*	*	*	*	1 500 000

填写要点：

（1）根据A公司综合利用资源的情况，第1列"生产的产品名称"填写混凝土空心砖；第2列"《资源综合利用认定证书》取得时间"填写2015年1月8日；第3列"《资源综合利用认定证书》有效期"填写2015年1月至2016年12月；第4列"《资源综合利用认定证书》编号"填写综证书（京）第2015-117号。

（2）根据A公司综合利用资源符合税收优惠政策规定的基本条件，第5列"属于《资源综合利用企业所得税优惠目录》类别"填写废水（液）、废气、废渣；第6列"综合利用的资源"填写粉煤灰、脱硫石膏、磷石膏；第7列"综合利用的资源占生产产品材料的比例"填写80%；第8列"《资源综合利用企业所得税优惠目录》规定的标准"填写《资源综合利用企业所得税优惠目录》中规定的技术标准，即70%。

（3）A公司综合利用资源生产产品取得的收入总额1 500万元填入第9列"符合条件的综合利用资源生产产品取得的收入总额"，第10列"综合利用资源减计收入"填写第9列×10%的金额，即150万元，第10行第10列"合计"：填写第10列第1行+第2行+……+第9行的金额，150万元，并将第10行第10列150万元转入表A107010第16行"综合利用资源生产产品取得的收入"。

（三）《A107013金融、保险等机构取得的涉农利息、保费收入优惠明细表》的填写

在年度报表体系中，《A107013金融、保险等机构取得的涉农利息、保费收入优惠明细表》属于三级附表，其结果需要结转至二级附表《A107010免税、减计收入及加计扣除优惠明细表》。

纳税人根据《企业所得税法》及其实施条例、《财政部　国家税务总局关于延续并完善支持农村金融发展有关税收政策的通知》（财税〔2014〕102号）、《财政部　国家税务总局关于中国扶贫基金会所属小额贷款公司享受有关税收优惠政策的通知》（财税〔2012〕33号）、《财政部　国家税务总局关于中国扶贫基金会小额信贷试点项目税收政策的通知》（财税〔2010〕35号）等相关政策规定，填写本年发生的金融、保险等机构取得的

涉农利息、保费收入优惠情况。

1. 行次填报

本表共13行，分为三大部分：

第一部分是金融机构农户小额贷款的利息收入，其中需要填写的是第2行~第3行。第2行"（一）金融机构取得农户小额贷款利息收入总额"和第3行"（二）金融机构取得农户小额贷款利息减计收入"，第3行填写第2行×10%的金额。

第二部分是保险公司为种植业、养殖业提供保险业务取得的保费收入，其中需要填写的是第5行~第9行。保费收入，是指原保险保费收入加上分保费收入减去分出保费后的余额。因此第5行"（一）保险公司为种植业、养殖业提供保险业务取得的报废收入总额"填写第6行+第7行-第8行的金额。第9行"（二）保险公司为种植业、养殖业提供保险业务取得的保费减计收入"填写第5行×10%的金额。

第三部分是其他符合条件的机构农户小额贷款的利息收入，其中需要填写的是第11行~第12行，分别是"（一）其他符合条件的机构取得农户小额贷款利息收入总额"和"（二）其他符合条件的机构取得农户小额贷款利息减计收入"。第12行填写第11行×10%的金额。

最后一行为"合计"，填写第3行+第9行+第12行的合计金额，并转入表A107010第18行。

2. 案例解析

【案例8-2】分析2

根据A农村商业银行开展农户小额贷款的情况，填写表8-4《A107013金融、保险等机构取得的涉农利息、保费收入优惠明细表》。

表8-4　A107013　金融、保险等机构取得的涉农利息、保费收入优惠明细表

单位：元

行次	项　　目	金额
1	一、金融机构农户小额贷款的利息收入	*
2	（一）金融机构取得农户小额贷款利息收入总额	1 600 000

续表

行次	项　　目	金额
3	（二）金融机构取得农户小额贷款利息减计收入（2×10%）	160 000
4	二、保险公司为种植业、养殖业提供保险业务取得的保费收入	*
5	（一）保险公司为种植业、养殖业提供保险业务取得的保费收入总额（6+7-8）	
6	1. 原保费收入	
7	2. 分保费收入	
8	3. 分出保费收入	
9	（二）保险公司为种植业、养殖业提供保险业务取得的保费减计收入（5×10%）	
10	三、其他符合条件的机构农户小额贷款的利息收入	*
11	（一）其他符合条件的机构取得农户小额贷款利息收入总额	
12	（二）其他符合条件的机构取得农户小额贷款利息减计收入（11×10%）	
13	合计（3+9+12）	160 000

填写要点：

（1）根据A农村商业银行开展农户小额贷款的基本情况，将取得农户小额贷款利息收入总额160万元填入第2行"（一）金融机构取得农户小额贷款利息收入总额"；第3行"（二）金融机构取得农户小额贷款利息减计收入"填写160×10%=16（万元）；

（2）第13行"合计"填写第3行+第9行+第12行的金额，即16万元，并将第13行转入表A107010第18行"金融、保险等机构取得的涉农利息、保费收入"。

三、加计扣除项目的确认及申报

（一）加计扣除项目的确认

1. 研究开发费用

企业研发费用，指企业在产品、技术、材料、工艺、标准的研究、开发过程中发生的各项费用。关于研发费用的扣除，《关于完善研究开发费用税前加计扣除政策的通知》（财税〔2015〕119号）中具体规定如下：

（1）研究开发费用的扣除方法

企业开展研发活动中实际发生的研发费用，未形成无形资产计入当期损益的，在按规定据实扣除的基础上，按照本年度实际发生额的50%，从本年度应纳税所得额中扣除；形成无形资产的，按照无形资产成本的150%在税前摊销。

研发活动，是指企业为获得科学与技术新知识，创造性运用科学技术新知识，或实质性改进技术、产品（服务）、工艺而持续进行的具有明确目标的系统性活动。

（2）研究开发费用的扣除范围

第一，人员人工费用。是指直接从事研发活动人员的工资薪金、基本养老保险费、基本医疗保险费、失业保险费、工伤保险费、生育保险费和住房公积金，以及外聘研发人员的劳务费用。

第二，直接投入费用。包括研发活动直接消耗的材料、燃料和动力费用；用于中间试验和产品试制的模具、工艺装备开发及制造费，不构成固定资产的样品、样机及一般测试手段购置费，试制产品的检验费；用于研发活动的仪器、设备的运行维护、调整、检验、维修等费用，以及通过经营租赁方式租入的用于研发活动的仪器、设备租赁费。

第三，折旧费用。是指用于研发活动的仪器、设备的折旧费。

第四，无形资产摊销。用于研发活动的软件、专利权、非专利技术（包括许可证、专有技术、设计和计算方法等）的摊销费用。

第五，新产品设计费、新工艺规程制定费、新药研制的临床试验费、勘探开发技术的现场试验费。

第六，其他相关费用。与研发活动直接相关的其他费用，如技术图书资料费、资料翻译费、专家咨询费、高新科技研发保险费，研发成果的检索、分析、评议、论证、鉴定、评审、评估、验收费用，知识产权的申请费、注册费、代理费，差旅费、会议费等。此项费用总额不得超过可加计扣除研发费用总额的10%。

第七，财政部和国家税务总局规定的其他费用。

（3）特别事项的处理

企业委托外部机构或个人进行研发活动所发生的费用，按照费用实际发生额的80%计入委托方研发费用并计算加计扣除，受托方不得再进行加计扣除。委托外部研究开发费用实际发生额应按照独立交易原则确定。委托方与受托方存在关联关系的，受托方应向委托方提供研发项目费用支出明细情况。企业委托境外机构或个人进行研发活动所发生的费用，不得加计扣除。

企业共同合作开发的项目，由合作各方就自身实际承担的研发费用分别计算加计扣除。企业集团根据生产经营和科技开发的实际情况，对技术要求高、投资数额大，需要集中研发的项目，其实际发生的研发费用，可以按照权利和义务相一致、费用支出和收益分享相配比的原则，合理确定研发费用的分摊方法，在受益成员企业间进行分摊，由相关成员企业分别计算加计扣除。

企业为获得创新性、创意性、突破性的产品进行创意设计活动而发生的相关费用，可进行税前加计扣除。创意设计活动是指多媒体软件、动漫游戏软件开发，数字动漫、游戏设计制作；房屋建筑工程设计（绿色建筑评价标准为三星）、风景园林工程专项设计；工业设计、多媒体设计、动漫及衍生产品设计、模型设计等。

烟草制造业、住宿和餐饮业、批发和零售业、房地产业、租赁和商务服务业、娱乐业以及财政部和国家税务总局规定的其他行业不适用税前加计扣除政策。

【综合案例】分析8-3

ABC科技为软件企业，属于可以适用加计扣除政策的企业。2015年支出的研发费用中，研发活动直接消耗的材料、燃料和动力费用、中间试验和产品试制的有关费用属于直接投入费用，直接从事研发活动的本企业在职人员费用属于人员人工费用，专门用于研发活动的有关折旧费、运行维护费属于折旧费用，研发成果论证、评审、验收、鉴定费用和设计、制定、资料和翻译费用属于其他相关费用，均属于允许加计扣除的范围，可以享受研发费用加计扣除税收优惠政策。

2. 企业安置残疾人员支付的工资

《财政部 国家税务总局关于安置残疾人员就业有关企业所得税优惠政策问题的通知》(财税〔2009〕70号)中规定,企业安置残疾人员的,在按照支付给残疾职工工资据实扣除的基础上,可以在计算应纳税所得额时按照支付给残疾职工工资的100%加计扣除。

企业享受安置残疾职工工资100%加计扣除应同时具备如下条件:

(1)依法与安置的每位残疾人签订了1年以上(含1年)的劳动合同或服务协议,并且安置的每位残疾人在企业实际上岗工作。

(2)为安置的每位残疾人按月足额缴纳了企业所在区、县人民政府根据国家政策规定的基本养老保险、基本医疗保险、失业保险和工伤保险等社会保险。

(3)定期通过银行等金融机构向安置的每位残疾人实际支付了不低于企业所在区、县适用的经省级人民政府批准的最低工资标准的工资。

(4)具备安置残疾人上岗工作的基本设施。

(二)《A107014研发费用加计扣除优惠明细表》的填写

在年度报表体系中,《A107014研发费用加计扣除优惠明细表》(以下简称表A107014)属于三级附表,其结果需要结转至二级附表《A107010免税、减计收入及加计扣除优惠明细表》(以下简称表A107010)。

1. 行次填报

按研发项目的不同,分行次填报。

2. 列次填报

本表共19列,分五大部分。

第一部分根据研发项目的不同填写本年研发费用明细,分别在第1列~第10列填写。其中研发费用明细中第2列~第9列为研发费用扣除的范围,具体包括研发活动直接消耗的材料、燃料和动力费用;直接从事研发活动的本企业在职人员费用;专门用于研发活动的有关折旧费、租赁费、运行维护费;专门用于研发活动的有关无形资产摊销费用;中间试验和产品试制的有关费用,样品、样机及一般测试手段购置费;研发成果论证、评审、验收、鉴定费用;勘探开发技术的现场试验费;新药研制的临床试验费;

设计、制定、资料和翻译费用。第10列年度研发费用合计填写第2列+第3列+……+第9列的合计金额。

第二部分是计算本年可加计扣除的研发费用,由于作为不征税收入的财政性资金用于研发的部分是不能加计扣除的,因此计算公式为年度研发费用合计-作为不征税收入处理的财政性资金用于研发的部分=可加计扣除的研发费用合计,根据第10列-第11列的结果填写在第12列。

第三部分为费用化部分,填写纳税人未形成无形资产计入本年损益的研发费用金额可以加计扣除的部分,分别在第13列和第14列填写,其中第14列"计入本年研发费用加计扣除额"填写第13列×50%的金额。

第四部分是资本化部分,填写纳税人形成无形资产的研发费用的加计摊销额,分别在第15列~第18列填写。第15列"本年形成无形资产的金额"填写纳税人本年按照国家统一会计制度核算的形成无形资产的金额,包括以前年度研发费用资本化本年结转无形资产金额和本年研发费用资本化本年结转无形资产金额。因此本表第13列+第15列可能大于、等于或小于第10列。第16列"本年形成无形资产加计摊销额"填写纳税人本年形成的无形资产计算的本年加计摊销额。第17列"以前年度形成无形资产本年加计摊销额"填写纳税人以前年度形成的无形资产计算的本年加计摊销额。然后将第16列+第17列的合计金额填至第18列"无形资产本年加计摊销额"。

第五部分是本年研发费用加计扣除额合计,为第19列,将第14列+第18列的合计数填写在此列,并将所有行次合计,填写至第10行第19列,然后将其转到表A107010第22行。

3. 案例解析

【综合案例】分析8-4

根据ABC科技2015年研发费用支出的情况,填写《A107014研发费用加计扣除优惠明细表》,见表8-5。

表8-5　A107014　研发费用加计扣除优惠明细表

单位：元列至角分

行次	研发项目	本年研发费用明细									年度研发费用合计 10 (2+3+4+5+6+7+8+9)	减：作为不征税收入处理的财政性资金用于研发的部分 11	可加计扣除的研发费用合计 12 (10-11)	费用化部分			资本化部分			本年研发费用加计扣除额合计 19 (14+18)
		研发活动直接消耗的材料、燃料和动力费用 2	直接从事研发活动的本企业在职人员费用 3	专门用于研发活动的有关折旧费、租赁费、运行维护费 4	专门用于研发活动的无形资产摊销费 5	中间试验和产品试制的有关费用、样品、样机及一般测试手段购置费 6	研发成果的论证、评审、验收、鉴定费用 7	勘探开发技术的现场试验费、新药研制的临床试验费 8	设计、制定资料和翻译费用 9				计入本年损益的金额 13	计入本年研发费用加计扣除额 14 (13×50%)	本年形成无形资产的金额 15	本年形成无形资产加计摊销额 16	以前年度形成无形资产本年加计摊销额 17	无形资产本年加计摊销额 18 (16+17)	
1	01嵌入式软件	7 234.21	1 370 354.68	22 143.45		24 511.96	17 430.00		46 148.00	1 487 822.30		1 487 822.30	1 487 822.30	743 911.15					743 911.15
2	02嵌入式软件	5 616.18	1 164 174.01	2 214.85		2 242.21	1 509.43			1 175 756.68		1 175 756.68	1 175 756.68	587 878.34					587 878.34
3	应急通信系统集成软件	11 836.50	1 648 228.04	31 214.85		15 214.35	8 624.68			1 715 118.42		1 715 118.42	1 715 118.42	857 559.21					857 559.21

续表

行次	研发项目	本年研发费用明细									费用化部分			资本化部分			本年研发费用加计扣除额合计
		研发活动直接消耗的材料、燃料和动力费用	直接从事研发活动的本企业在职人员费用	专门用于研发活动的有关折旧费、租赁费、运行维护费	专门用于研发活动的有关无形资产摊销费	中间试验和产品试制的有关费用、样品、样机及一般测试手段购置费	研发成果论证、评审、验收、鉴定费用	勘探开发技术的现场试验费、新药研制的临床试验费	设计、制定资料和翻译费用	年度研发费用合计	减：作为不征税收入处理的财政性资金用于研发的部分	可加计扣除的研发费用合计	计入本年损益的金额	计入本年研发费用加计扣除额	本年形成无形资产的金额	本年形成无形资产加计摊销额	以前年度形成无形资产本年加计摊销额	无形资产本年加计摊销额
		1	2	3	4	5	6	7	8	9	10 (2+3+4+5+6+7+8+9)	11	12 (10-11)	13	14 (13×50%)	15	16	17	18 (16+17)	19 (14+18)
4	03系统集成软件	7 786.28	1 535 855.28	3 317.35	—	7 894.77	11 827.44			1 566 681.12		1 566 681.12	1 566 681.12	783 340.56					783 340.56
5																			
6																			
7																			
8																			
9																			
10	合计	32 473.17	5 718 612.01			49 863.29	39 391.55			5 945 378.52		5 945 378.52	5 945 378.52	2 972 689.26					2 972 689.26

填写要点：

（1）根据综合案例中ABC科技研发支出明细表，分行填写ABC科技四个研发项目名称，01嵌入式软件、02嵌入式软件、应急通信系统集成软件、03系统集成软件；同时按表中研发费用明细及合计数分别填写第2列～第10列。第1行第1列填写01嵌入式软件，第1行第2列、第3列、第4列、第6列、第7列、第9列、第10列分别填写7234.21、1 370 354.68、22 143.45、24 511.96、17 430.00、46 148和1 487 822.30。第2行第1列填写002嵌入式软件，第2行第2列、第3列、第4列、第6列、第7列、第10列分别填写5 616.18、1 164 174.01、2 214.85、2 242.21、1 509.43和1 175 756.68。第3行第1列填写应急通信系统集成软件，第3行第2列、第3列、第4列、第6列、第7列、第10列分别填写11 836.5、1 648 228.04、31 214.85、15 214.35、8 624.68和1 715 118.42。第4行第1列填写03系统集成软件，第4行第2列、第3列、第4列、第6列、第7列、第10列分别填写7 786.28、1 535 855.28、3 317.35、7 894.77、11 827.44和1 566 681.12。

（2）由于ABC科技研发费用支出中没有作为不征税收入处理的财政性资金，第11列金额为0，因此第12列"可加计扣除的研发费用合计"，各行仍填写第10列金额。

（3）由于ABC科技2015年该研发费用支出未形成无形资产，均计入管理费用——研究费用科目，因此第13列"计入本年损益的金额"填写ABC科技未形成无形资产计入本年损益的研发费用金额，各行本列填写金额与第10列一致。第14列"计入本年研发费用加计扣除额"各行填写第13列×50%的金额，第1行～第4行本列分别填写743 911.15、587 878.34、857 559.21和783 340.56。

（4）由于ABC科技2015年研发费用支出未形成无形资产，因此第15列～第18列金额为0，各行第19列"本年研发费用加计扣除额合计"仍填写第14列的金额，分别为743 911.15、587 878.34、857 559.21和783 340.56。

（5）第10行"合计"填写第1行～第4行的合计金额，并将第10行第19列金额2 972 689.26转至表A107010第22行"开发新技术、新产品、新工艺发生的研究开发费用加计扣除"。

四、《A107010免税、减计收入及加计扣除优惠明细表》的填写

在年度报表体系中，《A107010免税、减计收入及加计扣除优惠明细表》（以下简称表A107010）属于二级附表，其结果需要结转至主表《A100000中华人民共和国企业所得税年度申报表（A类）》（以下简称表A100000）。

（一）行次填报

本表共27行，分三大部分。

1. 第一部分为免税收入，其中又分为四部分，包括国债利息收入，符合条件的居民企业之间的股息、红利等权益性投资收益，符合条件的非营利组织的收入和其他专项优惠。符合条件的居民企业之间的股息、红利等权益性投资收益要填写表A107011。

其他专项优惠中共有9项收入为免税收入，包括中国清洁发展机制基金取得的收入；证券投资基金从证券市场取得的收入；证券投资基金投资者获得的分配收入；证券投资基金管理人运用基金买卖股票、债券的差价收入；取得的地方政府债券利息所得或收入；受灾地区企业取得的救灾和灾后恢复重建款项等收入；中国期货保证金监控中心有限责任公司取得的银行存款利息等收入；中国保险保障基金有限责任公司取得的保险保障基金等收入及其他，分别填写在第6行～第14行金额栏中，然后相加填入第5行金额栏中。

第2行+第3行+第4行+第5行合计数填入第1行金额栏中。

2. 第二部分为减计收入，包括综合利用资源生产产品取得的收入和其他专项优惠，综合利用资源生产产品取得的收入要填写表A107012。

其他专项优惠中又包括金融、保险等机构取得的涉农利息、保费收入；取得的中国铁路建设债券利息收入和其他，分别填写在第18行～第20行金额栏中，然后相加填入第17行金额栏中。金融、保险等机构取得的涉农利息、保费收入要填写表A107013。

第16行+第17行合计数填入第15行金额栏中。

3. 第三部分为加计扣除，分为两大部分，分别是"（一）开发新技术、

新产品、新工艺发生的研究开发费用加计扣除""（二）安置残疾人员及国家鼓励安置的其他就业人员所支付的工资加计扣除"和"（三）其他专项优惠"。开发新技术、新产品、新工艺发生的研究开发费用加计扣除要填写表A107014。

其中第二部分中，又分为两类，分别是支付残疾人员工资加计扣除和国家鼓励的其他就业人员工资加计扣除，分别填入第24行和第25行，然后两者相加填入第23行金额栏中。

第22行+第23行+第26行合计数填入第21行金额栏中。

（二）表间关系

1. 第27行=表A100000第17行。
2. 第3行=表A107011第10行第16列。
3. 第16行=表107012第10行第10列。
4. 第18行=表A107013第13行。
5. 第22行=表A107014第10行第19列。

（三）案例解析

【综合案例】分析8-5

根据综合案例ABC科技填写的表A107011和表A107014，填写《A107010免税、减计收入及加计扣除优惠明细表》，见表8-6。

表8-6　　　　A107010　**免税、减计收入及加计扣除优惠明细表**

单位：元列至角分

行次	项　目	金　额
1	一、免税收入（2+3+4+5）	80 000.00
2	（一）国债利息收入	
3	（二）符合条件的居民企业之间的股息、红利等权益性投资收益（填写表A107011）	80 000.00
4	（三）符合条件的非营利组织的收入	

续表

行次	项　目	金　额
5	（四）其他专项优惠（6+7+8+9+10+11+12+13+14）	
6	1.中国清洁发展机制基金取得的收入	
7	2.证券投资基金从证券市场取得的收入	
8	3.证券投资基金投资者获得的分配收入	
9	4.证券投资基金管理人运用基金买卖股票、债券的差价收入	
10	5.取得的地方政府债券利息所得或收入	
11	6.受灾地区企业取得的救灾和灾后恢复重建款项等收入	
12	7.中国期货保证金监控中心有限责任公司取得的银行存款利息等收入	
13	8.中国保险保障基金有限责任公司取得的保险保障基金等收入	
14	9.其他	
15	二、减计收入（16+17）	
16	（一）综合利用资源生产产品取得的收入（填写表A107012）	
17	（二）其他专项优惠（18+19+20）	
18	1.金融、保险等机构取得的涉农利息、保费收入（填写表A107013）	
19	2.取得的中国铁路建设债券利息收入	
20	3.其他	
21	三、加计扣除（22+23+26）	2 972 689.26
22	（一）开发新技术、新产品、新工艺发生的研究开发费用加计扣除（填写表A107014）	2 972 689.26
23	（二）安置残疾人员及国家鼓励安置的其他就业人员所支付的工资加计扣除（24+25）	
24	1.支付残疾人员工资加计扣除	
25	2.国家鼓励的其他就业人员工资加计扣除	
26	（三）其他专项优惠	
27	合计（1+15+21）	3 052 689.26

填写要点：

（1）根据《A107011符合条件的居民企业之间的股息、红利等权益性投资收益情况明细表》第10行第16列金额80 000元，填写"（二）符合条件的居民企业之间的股息、红利等权益性投资收益"，并将其填至第1行"免税收入"；

（2）根据《A107014研发费用加计扣除优惠明细表》第10行第19列的金额2 972 689.26元，填写"（一）开发新技术、新产品、新工艺发生的研究开发费用加计扣除"，并将其填至第21行"加计扣除"，并将第1行与第21行相加，得到3 052 689.26元，填入第27行"合计"，同时转入主表第17行"减：免税、减计收入及加计扣除"。

第二节　所得减免优惠的确认及申报

所得减免优惠是对企业所得税应纳税所得额进行免税或减税的税收优惠，通过对应纳税所得额的减免达到减轻纳税人负担的目的。

【案例8-3】

A农业集团公司是一家以农业和渔业为主的大型集团公司，2015年取得的所得如下：

（1）销售种植的大豆、水果等农产品 收入为1 900万元，成本为780万元，相关税费为68万元，应分摊期间费用500万元，纳税调增额为300万元；

（2）向华北市场销售海水养殖的海产品，项目收入为800万元，成本为360万元，相关税费为30万元，应分摊期间费用200万元，纳税调增额为20万元；

（3）采用"公司+农户"经营模式，与农户签订委托养殖合同，向农户提供畜禽苗、饲料、兽药及疫苗等，农户将畜禽养大成为成品后交付公司回收，取得的收入为2 000万元，成本为800万元，相关税费为43万元，应分摊期间费用300万元，纳税调增额为30万元；

（4）转让一项农作物新品种技术，取得出售收入240万元，应缴纳的营业税为12万元，城市维护建设税为0.84万元，教育费附加为0.36万元，该项技术的成本为500万元，已摊销金额为310万元。

请完成下列问题：

（1）A农业集团公司可以享受哪种税收优惠政策？

（2）A农业集团公司《A107020所得减免优惠明细表》如何填写？

一、农、林、牧、渔业项目的税收优惠

（一）企业从事下列项目的所得，免征企业所得税

1. 蔬菜、谷物、薯类、油料、豆类、棉花、麻类、糖料、水果、坚果的种植。

2. 农作物新品种的选育。企业从事农作物新品种选育的免税所得，是指企业对农作物进行品种和育种材料选育形成的成果，以及由这些成果形成的种子（苗）等繁殖材料的生产、初加工、销售一体化取得的所得。

3. 中药材的种植。

4. 林木的培育和种植。

5. 牲畜、家禽的饲养。

6. 林产品的采集。

7. 灌溉、农产品初加工、兽医、农技推广、农机作业和维修等农、林、牧、渔服务业项目。

农产品初加工是指由农民家庭兼营或收购单位对收获的各种农产品（包括纺织纤维原料）进行去籽、净化、分类、晒干、剥皮、沤软或大批包装以提供初级市场的服务活动，以及其他农产品的初加工活动。包括轧棉花、羊毛去杂质、其他类似的纤维初加工等活动；其他与农产品收获有关的初加工服务活动，包括对农产品的净化、修整、晒干、剥皮、冷却或批量包装等加工处理等。企业根据委托合同，受托对农产品进行初加工服务，其所收取的

加工费，可以按照农产品初加工的免税项目处理。

8.远洋捕捞。

（二）企业从事下列项目的所得，减半征收企业所得税

1.花卉、茶以及其他饮料作物和香料作物的种植；

2.海水养殖、内陆养殖。

（三）其他农业类优惠项目

《国家税务总局关于"公司+农户"经营模式企业所得税优惠问题的公告》（国家税务总局公告2010年第2号）规定此类以"公司+农户"经营模式从事农、林、牧、渔业项目生产的企业，可以按照《企业所得税法实施条例》第八十六条的有关规定，享受减免企业所得税优惠政策。采用"公司+农户"经营模式从事农、林、牧、渔业项目生产的企业，可以按不同的项目享受减免企业所得税优惠政策。

采用"公司+农户"经营模式，是指公司与农户签订委托养殖合同，向农户提供畜禽苗、饲料、兽药及疫苗等（所有权（产权）仍属于公司），农户将畜禽养大成为成品后交付公司回收，公司和农户是劳务外包关系。

黑龙江垦区国有农场从家庭农场承包户以"土地承包费"形式取得的从事农、林、牧、渔业生产的收入，属于农场"从事农、林、牧、渔业项目"的所得，可以按不同的项目享受减免企业所得税税收优惠。

【案例8-3】分析1

A农业集团公司2015年销售种植的大豆、水果等农产品的所得=项目收入−项目成本−相关税费−应分摊的期间费用+纳税调整额=1 900−780−68−500+300=852（万元），为免税所得；按照上述计算所得的方法，向华北市场销售海水养殖的海产品的所得=800−360−30−200+20=230（万元），应当减半征收企业所得税；采用"公司+农户"经营模式，取得所得=2 000−800−43−300+30=887（万元），按照牲畜、家禽的饲养项目免征企业所得税。

二、国家重点扶持的公共基础设施项目的税收优惠

《国家税务总局关于实施国家重点扶持的公共基础设施项目企业所得税优惠问题的通知》（国税发〔2009〕80号）、《关于执行公共基础设施项目企业所得税优惠目录有关问题的通知》（财税〔2008〕46号）、《财政部　国家税务总局　国家发展改革委关于公布〈公共基础设施项目企业所得税优惠目录（2008年版）〉的通知》（财税〔2008〕116号）中对国家重点扶持的公共基础设施项目的税收优惠明确如下：

企业从事《公共基础设施项目企业所得税优惠目录》规定的港口码头、机场、铁路、公路、城市公共交通、电力、水利等项目的投资经营的所得，自项目取得第一笔生产经营收入所属纳税年度起，第一年至第三年免征企业所得税，第四年至第六年减半征收企业所得税，即实行"三免三减半"的税收优惠政策。第一笔生产经营收入，是指公共基础设施项目已建成并投入运营后所取得的第一笔收入。

企业承包经营、承包建设和内部自建自用的项目，不得享受企业所得税优惠。

企业在减免税期限内转让所享受减免税优惠的项目，受让方承续经营该项目的，可自受让之日起，在剩余优惠期限内享受规定的减免税优惠；减免税期限届满后转让的，受让方不得就该项目重复享受减免税优惠。

三、符合条件的环保、节能节水设备的税收优惠

企业从事《环境保护、节能节水项目企业所得税优惠目录》规定的的环境保护、节能节水项目，包括公共污水处理、公共垃圾处理、沼气综合开发利用、节能减排技术改造、海水淡化等项目的投资经营的所得，自项目取得第一笔生产经营收入所属纳税年度起，第一年至第三年免征企业所得税，第四年至第六年减半征收企业所得税。

四、符合条件的技术转让所得税收优惠

为了促进技术创新和科技进步,《企业所得税法》规定,在一个纳税年度内,居民企业将其拥有的专利技术、计算机软件著作权、集成电路布图设计权、植物新品种、生物医药新品种,以及财政部和国家税务总局确定的其他技术的所有权或5年以上(含5年)全球独占许可使用权转让取得的所得,不超过500万元的部分,免征企业所得税;超过500万元的部分,减半征收企业所得税。其中专利技术,是指法律授予独占权的发明、实用新型和非简单改变产品图案的外观设计。

居民企业从直接或间接持有股权之和达到100%的关联方取得的技术转让所得,不享受技术转让减免企业所得税优惠政策。

《财政部 国家税务总局关于居民企业技术转让有关企业所得税政策问题的通知》(财税〔2010〕111号)、《国家税务总局关于技术转让所得减免企业所得税有关问题的通知》(国税函〔2009〕212号)、《国家税务总局关于技术转让所得减免企业所得税有关问题的公告》(国家税务总局公告2013年第62号)、《财政部 国家税务总局关于将国家自主创新示范区有关税收试点政策推广到全国范围实施的通知》(财税〔2015〕116号)中对符合条件的技术转让所得明确如下。

(一)享受减免企业所得税优惠的技术转让应符合的条件

1. 享受优惠的技术转让主体是企业所得税法规定的居民企业;
2. 技术转让属于财政部、国家税务总局规定的范围;
3. 境内技术转让经省级以上科技部门认定;
4. 向境外转让技术经省级以上商务部门认定;
5. 国务院税务主管部门规定的其他条件。

(二)符合条件的技术转让所得的计算方法

技术转让所得=技术转让收入-技术转让成本-相关税费

技术转让收入是指当事人履行技术转让合同后获得的价款,不包括销

售或转让设备、仪器、零部件、原材料等非技术性收入。不属于与技术转让项目密不可分的技术咨询、技术服务、技术培训等收入,不得计入技术转让收入。

技术转让成本是指转让的无形资产的净值,即该无形资产的计税基础减除在资产使用期间按照规定计算的摊销扣除额后的余额。

相关税费是指技术转让过程中实际发生的有关税费,包括除企业所得税和允许抵扣的增值税以外的各项税金及其附加、合同签订费用、律师费等相关费用及其他支出。

此外,享受技术转让所得减免企业所得税优惠的企业,应单独计算技术转让所得,并合理分摊企业的期间费用;没有单独计算的,不得享受技术转让所得企业所得税优惠。

【案例8-3】分析2

A农业集团公司转让一项农作物新品种技术,取得的技术转让所得为:
240-(500-310)-(12+0.84+0.36)=36.8(万元)

按照税法规定该所得属于符合条件的技术转让所得,技术转让所得不超过500万元的部分免征企业所得税,所以A农业集团公司2015年技术转让所得免征企业所得税。

五、其他专项税收优惠

(一)实施清洁发展机制项目的所得定期减免征收企业所得税

《财政部 国家税务总局关于中国清洁发展机制基金及清洁发展机制项目实施企业有关企业所得税政策问题的通知》(财税〔2009〕30号)中规定,清洁发展机制项目(以下简称CDM项目)实施企业将温室气体减排量转让收入的65%上缴给国家的HFC和PFC类CDM项目,以及将温室气体减排量转让收入的30%上缴给国家的N_2O类CDM项目,其实施该类CDM项目的所得,自项目取得第一笔减排量转让收入所属纳税年度起,第一年至第三年免征企业所得税,第四年至第六年减半征收企业所得税。

企业实施CDM项目的所得，是指企业实施CDM项目取得的温室气体减排量转让收入扣除上缴国家的部分，再扣除企业实施CDM项目发生的相关成本、费用后的净所得。

企业应单独核算其享受优惠的CDM项目的所得，并合理分摊有关期间费用，没有单独核算的，不得享受上述企业所得税优惠政策。

（二）支持农村饮水安全工程建设运营企业所得税定期减免

《财政部 国家税务总局关于支持农村饮水安全工程建设运营税收政策的通知》（财税〔2012〕30号）中规定，农村饮水安全工程运营管理单位从事《公共基础设施项目企业所得税优惠目录》规定的饮水工程新建项目投资经营的所得，自项目取得第一笔生产经营收入所属纳税年度起，第一年至第三年免征企业所得税，第四年至第六年减半征收企业所得税。

农村饮水安全工程，是指为农村居民提供生活用水而建设的供水工程设施。运营管理单位是指负责农村饮水安全工程运营管理的自来水公司、供水公司、供水（总）站（厂、中心）、村集体、在民政部门注册登记的用水户协会等单位。

（三）电网企业新建项目投资经营所得企业所得税定期减免

《国家税务总局关于电网企业电网新建项目享受所得税优惠政策问题的公告》（国家税务总局公告2013年第26号）中规定，2013年1月1日起，居民企业从事符合《公共基础设施项目企业所得税优惠目录（2008年版）》规定条件和标准的电网（输变电设施）的新建项目，可享受"三免三减半"的企业所得税优惠政策。

基于企业电网新建项目的核算特点，暂以资产比例法，即以企业新增输变电固定资产原值占企业总输变电固定资产原值的比例，合理计算电网新建项目的应纳税所得额，并据此享受"三免三减半"的企业所得税优惠政策。

（四）符合条件的节能服务公司实施合同能源管理项目的所得定期减免征收企业所得税

《财政部　国家税务总局关于促进节能服务产业发展增值税、营业税和企业所得税政策问题的通知》（财税〔2010〕110号）和《国家税务总局　国家发展改革委关于落实节能服务企业合同能源管理项目企业所得税优惠政策有关征收管理问题的公告》（国家税务总局　国家发展改革委公告2013年第77号）对符合条件的节能服务公司实施合同能源管理项目的所得优惠进行了明确的规定。

对符合条件的节能服务公司实施合同能源管理项目，符合《企业所得税税法》有关规定的，自项目取得第一笔生产经营收入所属纳税年度起，第一年至第三年免征企业所得税，第四年至第六年按照25%的法定税率减半征收企业所得税。

节能服务企业享受"三免三减半"项目的优惠期限，应连续计算。对在优惠期限内转让所享受优惠的项目给其他符合条件的节能服务企业，受让企业承续经营该项目的，可自项目受让之日起，在剩余期限内享受规定的优惠；优惠期限届满后转让的，受让企业不得就该项目重复享受优惠。

六、《A107020所得减免优惠明细表》的填写

在年度报表体系中，《A107020所得减免优惠明细表》（以下简称表A107020）属于二级附表，其结果需要结转至主表A100000。

（一）行次填报

本表共40行，分为五大部分。

1. 第一部分是农、林、牧、渔业项目，根据免税项目和减半征税项目分为两部分。免税项目中包括蔬菜、谷物、薯类、油料、豆类、棉花、麻类、糖料、水果、坚果的种植；农作物新品种的选育；中药材的种植；林木的培育和种植；牲畜、家禽的饲养；林产品的采集；灌溉、农产品初加工、兽医、农技推广、农机作业和维修等农、林、牧、渔服务业项目；远洋捕捞

及其他，分别在第3行~第12行填列，第2行是免税项目的合计数。减半征税项目中包括花卉、茶以及其他饮料作物和香料作物的种植；海水养殖、内陆养殖及其他，分别在第14行~第16行中填列，第13行是减半征税项目的合计数。第1行是第2行和第13行的合计数。

2. 第二部分是国家重点扶持的公共基础设施项目，包括港口码头项目、机场项目、铁路项目、公路项目、城市公共交通项目、电力项目、水利项目和其他项目，分别在第18行~第25行填列，第17行是国家重点扶持的公共基础设施项目的合计数。

3. 第三部分是符合条件的环境保护、节能节水项目，包括公共污水处理项目、公共垃圾处理项目、沼气综合开发利用项目、节能减排技术改造项目、海水淡化项目及其他项目，分别在第27行~第32行填列，第26行是符合条件的环境保护、节能节水项目的合计数。

4. 第四部分是符合条件的技术转让项目，在第33行填列，其中技术转让所得不超过500万元部分和技术转让所得超过500万元部分的减免所得额分别在第34行和第35行的第7列填报。

5. 第五部分是其他专项优惠项目，包括实施清洁发展机制项目、符合条件的节能服务公司实施合同能源管理项目及其他，分别在第37行~第39行填列，第36行是其他专项优惠项目的合计数。

第40行是第1行+第17行+第26行+第33行+第36行的合计数。

（二）列次填报

从列来看，需要填报的有"项目收入""项目成本""相关税费""应分摊的期间费用""纳税调整额""项目所得额"和"减免所得额"，分别填列在第1列~第7列。

第6列项目所得额的计算公式为：项目所得额=项目收入–项目成本–相关税费–应分摊的期间费用+纳税调整额，为第1列–第2列–第3列–第4列+第5列的金额。

第7列减免所得额填报享受所得减免企业所得税优惠的企业，该项目按照税法规定实际可以享受免征、减征的所得额。本行＜0的，填写负数。对企业取得的免税收入、减计收入以及减征、免征所得额项目，不得弥补当期及以前年度应税项目亏损；当期形成亏损的减征、免征所得额项目，也不得用当期和以后纳税年度应税项目所得抵补。

（三）表间关系

第40行第7列=表A100000第20行。

（四）案例解析

【案例8-3】分析3

根据对A农业集团公司的不同经营项目的分析，填写《A107020所得减免优惠明细表》，见表8-7。

表8-7 A107020 所得减免优惠明细表

单位：万元

行次	项目	项目收入 1	项目成本 2	相关税费 3	应分摊期间费用 4	纳税调整额 5	项目所得额 6 (1-2-3-4+5)	减免所得额 7
1	一、农、林、牧、渔业项目（2+13）	4 700.00	1 940.00	141.00	1 000.00	350.00	1 969.00	1 854.00
2	（一）免税项目（3+4+5+6+7+8+9+11+12）	3 900.00	1 580.00	111.00	800.00	330.00	1 739.00	1 739.00
3	1. 蔬菜、谷物、薯类、油料、豆类、棉花、麻类、糖料、水果、坚果的种植	1 900.00	780.00	68.00	500.00	300.00	852.00	852.00
4	2. 农作物新品种的选育							
5	3. 中药材的种植							
6	4. 林木的培育和种植							
7	5. 牲畜、家禽的饲养	2 000.00	800.00	43.00	300.00	30.00	887.00	887.00
8	6. 林产品的采集							
9	7. 灌溉、农产品初加工、兽医、农技推广、农机作业和维修等农、林、牧、渔服务业项目							

续表

行次	项目	项目收入 1	项目成本 2	相关税费 3	应分摊期间费用 4	纳税调整额 5	项目所得额 6 (1-2-3-4+5)	减免所得额 7
10	其中：农产品初加工							
11	8.远洋捕捞							
12	9.其他							
13	（二）减半征税项目（14+15+16）	800.00	360.00	30.00	200.00	20.00	230.00	115.00
14	1.花卉、茶以及其他饮料作物和香料作物的种植							
15	2.海水养殖、内陆养殖	800.00	360.00	30.00	200.00	20.00	230.00	115.00
16	3.其他							
17	二、国家重点扶持的公共基础设施项目（18+19+20+21+22+23+24+25）							
18	（一）港口码头项目							
19	（二）机场项目							
20	（三）铁路项目							
21	（四）公路项目							

续表

行次	项　目	项目收入 1	项目成本 2	相关税费 3	应分摊期间费用 4	纳税调整额 5	项目所得额 6 (1-2-3-4+5)	减免所得额 7
22	（五）城市公交交通项目							
23	（六）电力项目							
24	（七）水利项目							
25	（八）其他项目							
26	三、符合条件的环境保护、节能节水项目（27+28+29+30+31+32）							
27	（一）公共污水处理项目							
28	（二）公共垃圾处理项目							
29	（三）沼气综合开发利用项目							
30	（四）节能减排技术改造项目							
31	（五）海水淡化项目							
32	（六）其他项目							
33	四、符合条件的技术转让项目（34+35）	240.00	500.00	13.20	310.00	*	36.80	36.80

续表

行次	项　目	项目收入 1	项目成本 2	相关税费 3	应分摊期间费用 4	纳税调整额 5	项目所得额 6 (1-2-3-4+5)	减免所得额 7
34	（一）技术转让所得不超过500万元部分	*	*	*	*	*	*	36.80
35	（二）技术转让所得超过500万元部分	*	*	*	*	*	*	
36	五、其他专项优惠项目（37+38+39）							
37	（一）实施清洁发展机制项目							
38	（二）符合条件的节能服务公司实施合同能源管理项目							
39	（三）其他							
40	合计（1+17+26+33+36）	4 940.00	2 440.00	154.20	1 310.00	350.00	2 005.80	1 890.80

第八章 税收优惠的确认及申报

填写要点：

（1）根据对A农业集团公司的不同经营项目的分析，2015年销售种植的大豆、水果等农产品的所得，为免税所得，分别按照项目收入1 900万元、项目成本780万元、相关税费68万元、应分摊的期间费用500万元、纳税调整额300万元，填入第3行"1.蔬菜、谷物、薯类、油料、豆类、棉花、麻类、糖料、水果、坚果的种植"。根据第1列－第2列－第3列－第4列＋第5列计算出第6列"项目所得额"为852万元，由于为免税所得，所以第7列"减免所得额"为852万元；

（2）向华北市场销售海水养殖的海产品的所得为减半征收企业所得税，分别按照项目收入800万元、项目成本360万元、相关税费30万元、应分摊的期间费用200万元、纳税调整额20万元，填入第15行"2.海水养殖、内陆养殖"。根据第1列－第2列－第3列－第4列＋第5列计算出第6列"项目所得额"为230万元，由于为减半征收，所以第7列"减免所得额"为115万元；

（3）采用"公司+农户"经营模式，按照牲畜、家禽的饲养项目免征企业所得税，分别按照项目收入2 000万元、项目成本800万元、相关税费43万元、应分摊的期间费用300万元、纳税调整额30万元，填入第7行"5.牲畜、家禽的饲养"。根据第1列－第2列－第3列－第4列＋第5列计算出第6列"项目所得额"为887万元，由于为免税所得，所以第7列"减免所得额"为887万元；

（4）A农业集团公司转让一项农作物新品种技术，取得的技术转让所得，按照税法规定该所得属于符合条件的技术转让所得，不超过500万元的部分免征企业所得税，该项所得为36.8万元，因此A农业集团公司2015年技术转让所得免征企业所得税，分别按照项目收入240万元、项目成本500万元、相关税费13.2万元、应分摊的期间费用310万元，填入第33行"四、符合条件的技术转让项目"。根据第1列－第2列－第3列－第4列＋第5列计算出第6列"项目所得额"为36.8万元，由于为免税所得，所以第7列"减免所得额"为36.8万元，为不超过500万元的部分。将36.8万元填至第34行"（一）技术转让所得不超过500万元部分"第7列；

（5）然后根据各列的情况，分别合计到第2行，第13行，再将第2行+第13行合计到第1行，最后合计第1行+第17行+第26行+第33行+第36行，填入第40行"合计"。并将第40行第7列转入表A100000第20行"减：所得减免"。

第三节 抵扣应纳税所得额及申报

抵扣应纳税所得额是指按照税法规定在计算应纳税所得额时不属于扣除项目的投资，准予按照一定比例直接抵扣应纳税所得额的一种税收优惠方式。

【案例8-4】

2013年8月1日，A创业投资有限责任公司采用股权投资方式向境内未上市的中小高新技术企业B公司投资200万元。B公司职工总人数180人，年销售额为9 000万元，资产总额为1.8亿元，2013年5月通过了高新技术企业认定。2015年A创业投资有限责任公司纳税调整后所得为3 000万元，减免所得为1 500万元。

请完成下列问题：

（1）A创业投资有限责任公司可以享受哪种税收优惠政策？

（2）A创业投资有限责任公司《A107030抵扣应纳税所得额明细表》如何填写？

一、抵扣应纳税所得额的税务规定

《国家税务总局关于实施创业投资企业所得税优惠问题的通知》（国税发〔2009〕87号）、《财政部 国家税务总局关于将国家自主创新示范区有关税收试点政策推广到全国范围实施的通知》（财税〔2015〕116号）等文件先后对创业投资企业投资于未上市的中小高新技术企业享有的税收优惠做出规定。分为创业投资企业直接投资和通过有限合伙制创业投资企业进行投资2种情况。

（一）创业投资企业直接投资于未上市中小高新企业

创业投资企业是指依照《创业投资企业管理暂行办法》（国家发展和改革委员会等10部委令2005年第39号，以下简称《暂行办法》）和《外商投资创业投资企业管理规定》（商务部等5部委令2003年第2号）在中华人民共和国境内设立的专门从事创业投资活动的企业或其他经济组织。

创业投资企业采取股权投资方式投资于未上市的中小高新技术企业2年以上的，可以按照其投资额的70%在股权持有满2年的当年抵扣该创业投资企业的应纳税所得额；当年不足抵扣的，可以在以后纳税年度结转抵扣。

创业投资企业采取股权投资方式投资于未上市的中小高新技术企业应符合以下条件：

1. 经营范围符合《暂行办法》规定，且工商登记为"创业投资有限责任公司""创业投资股份有限公司"等专业性法人创业投资企业。

2. 按照《暂行办法》规定的条件和程序完成备案，经备案管理部门年度检查核实，投资运作符合《暂行办法》的有关规定。

3. 创业投资企业投资的中小高新技术企业，除应按照科技部、财政部、国家税务总局《关于印发〈高新技术企业认定管理办法〉的通知》（国科发火〔2008〕172号）和《关于印发〈高新技术企业认定管理工作指引〉的通知》（国科发火〔2008〕362号）的规定，通过高新技术企业认定以外，还应符合职工人数不超过500人，年销售（营业）额不超过2亿元，资产总额不超过2亿元的条件。2007年年底前按原有规定取得高新技术企业资格的中小高新技术企业，且在2008年继续符合新的高新技术企业标准的，向其投资满24个月的计算，可自创业投资企业实际向其投资的时间起计算。

4. 财政部、国家税务总局规定的其他条件。

（二）通过有限合伙制创业投资企业投资未上市中小高新企业

《关于有限合伙制创业投资企业法人合伙人企业所得税有关问题的公告》（国家税务总局公告2015年第81号）扩大了创业投资企业投资未上市中小高新企业抵扣应纳税所得额的范围。

1. 政策适用范围

适用有限合伙创业投资企业的法人合伙人。

有限合伙制创业投资企业，是指依照《中华人民共和国合伙企业法》、《创业投资企业管理暂行办法》（国家发展和改革委员会令第39号）和《外商投资创业投资企业管理规定》（外经贸部、科技部、工商总局、税务总局、外汇管理局令2003年第2号）设立的专门从事创业投资活动的有限合伙企业。

有限合伙制创业投资企业的法人合伙人，是指依照《中华人民共和国企业所得税法》及其实施条例以及相关规定，实行查账征收企业所得税的居民企业。

2. 政策具体内容

有限合伙制创业投资企业采取股权投资方式投资于未上市的中小高新技术企业满2年（24个月，下同）的，其法人合伙人可按照对未上市中小高新技术企业投资额的70%抵扣该法人合伙人从该有限合伙制创业投资企业分得的应纳税所得额，当年不足抵扣的，可以在以后纳税年度结转抵扣。

所称"满2年"是指2015年10月1日起，有限合伙制创业投资企业投资于未上市中小高新技术企业的实缴投资满2年，同时，法人合伙人对该有限合伙制创业投资企业的实缴出资也应满2年。

法人合伙人的投资额=有限合伙制创业投资企业对中小高新技术企业的投资额×法人合伙人占有限合伙制创业投资企业的出资比例

如果法人合伙人投资于多个符合条件的有限合伙制创业投资企业，可合并计算其可抵扣的投资额和应分得的应纳税所得额。当年不足抵扣的，可结转以后纳税年度继续抵扣；当年抵扣后有结余的，应按照《企业所得税法》的规定计算缴纳企业所得税。

【案例8-4】分析1

B公司职工总人数、年销售额、资产总额均符合创业投资企业投资中小高新技术企业的标准，且通过了高新技术企业认定。因此，A创业投资有限责任公司可以享受抵扣应纳税所得额的税收优惠，可以在2015年按照投资额的70%抵扣应纳税所得额，即2015年可抵扣的股权投资额为200×70%=140

（万元）。2015年可用于抵扣的应纳税所得额=3 000-1 500=1 500（万元）。

二、《A107030抵扣应纳税所得额明细表》的填写

在年度报表体系中，《A107030抵扣应纳税所得额明细表》（以下简称表A107030）属于二级附表，其结果需要结转至主表A100000。

（一）行次填报

本表共15行，分为三部分。一是创业投资企业直接投资中小高新技术企业按一定比例抵扣应纳税所得额；二是企业通过有限合伙制创投企业间接投资中小高新技术企业按一定比例抵扣应纳税所得额；三是上述两种情况的合计。

1. 第一部分第1行~第8行，填写创业投资企业直接投资于未上市中小高新企业按投资额一定比例抵扣应纳税所得额。

（1）第1行"本年新增的符合条件的股权投资额"：填报创业投资企业采取股权投资方式投资于未上市的中小高新技术企业满2年的，本年新增的符合条件的股权投资额。

注意：无论企业本年是否盈利，有符合条件的投资额即填报本表，以后年度盈利时填写第4行"以前年度结转的尚未抵扣的股权投资余额"。

（2）第3行"本年新增的可抵扣的股权投资额"：本行填报第1行×第2行金额。

（3）第4行"以前年度结转的尚未抵扣的股权投资余额"：填报以前年度符合条件的尚未抵扣的股权投资余额。

（4）第5行"本年可抵扣的股权投资额"：本行填报第3行+第4行的金额。

（5）第6行"本年可用于抵扣的应纳税所得额"：本行填报表A100000第19行-第20行-第22行的金额，若金额小于0，则填报0。

企业同时通过有限合伙创业投资企业间接投资中小高新技术企业的，本行填报表A100000第19行-第20行-第22行-本表第13行"本年实际抵扣应分得的应纳税所得额"的金额，若金额小于0，则填报0。

（6）第7行"本年实际抵扣应纳税所得额"：若第5行≤第6行，则本行=第5行；第5行＞第6行，则本行=第6行。

（7）第8行"结转以后年度抵扣的股权投资余额"：第5行＞第6行，则本行=第5行-第7行；第5行≤第6行，则本行=0。

2. 第二部分第9行～第14行，填写法人合伙人通过有限合伙制创业投资企业投资未上市中小高新企业，按一定比例抵扣分得的应纳税所得额。

（1）第9行"本年从有限合伙创投企业应分得的应纳税所得额"：填写法人合伙人，本年从有限合伙制创业投资企业中分配归属于该法人合伙人的应纳税所得额。无论本年是否盈利、是否抵扣应纳税所得额，只需填写本行。

（2）第10行"本年新增的可抵扣投资额"：本年投资满2年符合条件的可抵扣投资额中归属于该法人合伙人的本年新增可抵扣投资额。无论本年是否盈利、是否需要抵扣应纳税所得额，均需填写本行。

（3）第11行"以前年度结转的可抵扣投资额"：填写法人合伙人上年度未抵扣，可以结转到本年及以后年度的抵扣投资额。

（4）第12行"本年可抵扣投资额"：填写本年法人合伙人可用于抵扣的投资额合计，包括本年新增和以前年度结转两部分，等于第10行+第11行。

（5）第13行"本年实际抵扣应分得的应纳税所得额"：填写本年法人合伙人享受优惠实际抵扣的投资额，为"本年从有限合伙创投企业应分得的应纳税所得额"和"本年可抵扣投资额"的孰小值，当第9行≤第12行，本行=第9行；当第9行＞第12行，本行=第12行。

（6）第14行"结转以后年度抵扣的投资额余额"：本年可抵扣投资额大于应分得的应纳税所得额时，抵扣后余额部分结转以后年度抵扣的金额，即当第9行≤第12行，本行=第12行-第9行；第9行＞第12行，本行=0。

3. 第三部分抵扣应纳税所得额合计，填写上述两类优惠合计额，第15行"合计"=第7行+第13行。

（二）表间关系

1. 第6行由主表生成，不可填写：本行=表A100000第19行-第20行-第22行-本表第13行，若小于0，则填报0。

2. 表A100000第21行由本表第15行生成，表A100000第21行=本表第15行。

(三) 案例解析

【案例8-4】分析2

根据A创业投资股份有限公司对B公司的投资情况，填写《A107030抵扣应纳税所得额明细表》，见表8-8。

表8-8　　　　　A107030　抵扣应纳税所得额明细表

行次	项　目	金额
一、创业投资企业直接投资于未上市中小高新企业按投资额一定比例抵扣应纳税所得额			
1	本年新增的符合条件的股权投资额	2 000 000
2	税收规定的抵扣率	70%
3	本年新增的可抵扣的股权投资额（1行×2行）	1 400 000
4	以前年度结转的尚未抵扣的股权投资余额	0
5	本年可抵扣的股权投资额（3行+4行）	1 400 000
6	本年可用于抵扣的应纳税所得额	15 000 000
7	本年实际抵扣应纳税所得额（5行≤6行，本行=5行；5行>6行，本行=6行）	1 400 000
8	结转以后年度抵扣的股权投资余额（5行>6行，本行=5-7行；5行≤6行，本行=0）	0
二、通过有限合伙制创业投资企业投资未上市中小高新企业按一定比例抵扣分得的应纳税所得额			
9	本年从有限合伙创投企业应分得的应纳税所得额	
10	本年新增的可抵扣投资额	
11	以前年度结转的可抵扣投资额余额	
12	本年可抵扣投资额（10行+11行）	
13	本年实际抵扣应分得的应纳税所得额（9行≤12行，本行=9行；9行>12行，本行=12行）	

续表

行次	项　目	金额
14	结转以后年度抵扣的投资额余额（9行≤12行，本行=12行-9行；9行＞12行，本行=0）	
三、抵扣应纳税所得额合计		
15	合计：（7行+13行）	1 400 000

填写要点：

（1）A创业投资有限责任公司投资于B公司的股权投资金额200万元填列至第1行"本年新增的符合条件的股权投资额"金额栏中，第3行"本年新增的可抵扣的股权投资额"填写第1行×第2行的金额，即1 400 000元；由于没有以前年度符合条件的尚未抵扣的股权投资余额，因此第5行"本年可抵扣的股权投资额"填写1 400 000元；

（2）A创业投资有限责任公司纳税调整后所得为3 000万元，减免所得为1 500万元，则A创业投资有限公司可用于抵扣的应纳税所得额为1 500万元；第5行≤第6行，第7行"本年实际抵扣应纳税所得额"应填写1 400 000元，并将其转入表A100000第21行，抵扣应纳税所得额；同时第5行≤第6行，第8行"结转以后年度抵扣的股权投资余额"应填写0。

（3）第15行"合计"填写第7行与第13行的合计数，即1 400 000元。

第四节　减免所得税优惠的确认及申报

一、符合条件的小型微利企业的税收优惠

根据《企业所得税法》及其实施条例、《财政部　国家税务总局关于小型微利企业所得税优惠政策有关问题的通知》（财税〔2014〕34号）、《国家税务总局关于扩大小型微利企业减半征收企业所得税范围有关问题的公

告》(国家税务总局公告2014年第23号)、《财政部　国家税务总局关于小型微利企业所得税优惠政策的通知》(财税〔2015〕34号),符合条件的小型微利企业减按20%的税率征收企业所得税;自2015年1月1日至2017年12月31日,对年应纳税所得额低于20万元(含20万元)的小型微利企业,其所得减按50%计入应纳税所得额,按20%的税率缴纳企业所得税。

2015年9月2日,《财政部　国家税务总局关于进一步扩大小型微利企业所得税优惠政策范围的通知》(财税〔2015〕99号)又一次对小微企业所得税优惠进行扩围,规定自2015年10月1日起至2017年12月31日,对年应纳税所得额在20万元到30万元(含30万元)之间的小型微利企业,其所得减按50%计入应纳税所得额,按20%的税率缴纳企业所得税。

(一)小型微利企业资格条件认定

小型微利企业是指从事国家非限制和禁止行业,并符合下列条件的企业:

1. 工业企业,年度应纳税所得额不超过30万元,从业人数不超过100人,资产总额不超过3 000万元;

2. 其他企业,年度应纳税所得额不超过30万元,从业人数不超过80人,资产总额不超过1 000万元。

(二)享受小型微利企业所得税优惠必须同时满足的条件

1. 从事国家非限制和禁止行业。国家限制和禁止行业,参照《产业结构调整指导目录(2005年版)》(国家发展和改革委员会令第40号)执行。

2. 年度应纳税所得额不得超过30万元。企业每一年度的收入总额,减除不征税收入、免税收入、各项扣除以及允许弥补的以前年度亏损后的余额,为应纳税所得额。

3. 从业人数和资产总额不能超过规定的标准。其中,"从业人数"是指与企业建立劳动关系的职工人数和企业接受的劳务派遣用工人数之和,"资产总额"是指企业资产负债表中"资产合计"的数字。从业人数和资产总额指标,按企业全年月平均值确定,具体计算公式如下:

月平均值=(月初值+月末值)÷2

全年月平均值=全年各月平均值之和÷12

年度中间开业或者终止经营活动的，以其实际经营期作为一个纳税年度确定上述相关指标。

此外，小型微利企业，无论采取查账征收还是核定征收所得税方式，均可按规定享受小型微利企业所得税优惠政策。

（三）小型微利企业2015年第4季度预缴和2015年度汇算清缴的新老政策衔接问题

1.下列两种情形，全额适用减半征税政策：

（1）全年累计利润或应纳税所得额不超过20万元（含）的小型微利企业；

（2）2015年10月1日（含，下同）之后成立，全年累计利润或应纳税所得额不超过30万元的小型微利企业。

2.2015年10月1日之前成立，全年累计利润或应纳税所得额大于20万元但不超过30万元的小型微利企业，分段计算2015年10月1日之前和10月1日之后的利润或应纳税所得额，并按照以下规定处理：

（1）10月1日之前的利润或应纳税所得额适用《企业所得税法》第二十八条规定的减按20%的税率征收企业所得税的优惠政策（以下简称减低税率政策）；10月1日之后的利润或应纳税所得额适用减半征税政策。

（2）根据财税〔2015〕99号文件规定，小型微利企业2015年10月1日至2015年12月31日期间的利润或应纳税所得额，按照2015年10月1日之后的经营月份数占其2015年度经营月份数的比例计算确定。计算公式如下：

10月1日至12月31日利润额或应纳税所得额=全年累计实际利润或应纳税所得额×（2015年10月1日之后经营月份数÷2015年度经营月份数）

（3）2015年度新成立企业的起始经营月份，按照税务登记日期所在月份计算。

符合规定条件的小型微利企业自行申报享受减半征税政策。汇算清缴时，小型微利企业通过填报企业所得税年度纳税申报表中"资产总额、从业人数、所属行业、国家限制和禁止行业"等栏次履行备案手续。

二、国家需要重点扶持的高新技术企业的税收优惠

【案例8-5】

北京A科技创新股份有限公司成立于2013年6月1日，经营范围为网络传输系统、超导系统开发与应用等。2014年10月31日被认定为高新技术企业，取得《高新技术企业证书》。证书编号为GR201411002316，有效期3年，产品（服务）属于《国家重点支持的高新技术领域》规定的新材料技术——低成本超导材料实用化技术——实用化超导线材的范围。公司没有发生重大安全、质量事故，无环境等违法、违规行为，没有发生偷骗税行为。

公司2015年职工总数100人，其中具有大学专科以上学历的科技人员为50人，研发人员30人。2015年收入总额为1 100万元，营业收入为990万元，高新技术产品（服务）收入为890万元，其中网络传输系统销售收入400万元，超导系统销售收入380万元，技术服务收入110万元。2015年度高新研发费用金额为168万元，其中人员人工60万元、直接投入80万元、折旧费用与长期费用摊销15万元、设计费用10万元、装备调试费3万元。2015年应纳税所得额为9.8万元。

请完成下列问题：

（1）A科技创新股份有限公司享受何种税收优惠政策？

（2）A科技创新股份有限公司《A107041高新技术企业优惠情况及明细表》如何填写？

（一）国家重点扶持的高新技术企业的税收优惠政策

《国家税务总局关于实施高新技术企业所得税优惠有关问题的通知》（国税函〔2009〕203号）、《科技部 财政部 国家税务总局关于印发〈高新技术企业认定管理办法〉的通知》（国科发火〔2008〕172号）、《科学技术部 财政部 国家税务总局关于印发〈高新技术企业认定管理工作指引〉的通知》（国科发火〔2008〕362号）中对国家重点扶持的高新技

术企业的税收优惠政策明确如下：

国家需要重点扶持的高新技术企业，减按15%的税率征收企业所得税。

高新技术企业是指在国家重点支持的高新技术领域内，持续进行研究开发与技术成果转化，形成企业核心自主知识产权，并以此为基础开展经营活动，在中国境内（不包括港、澳、台地区）注册一年以上的居民企业。

根据《国家重点支持的高新技术领域》的规定，国家重点支持的高新技术包括电子信息技术、生物与新医药技术、航空航天技术、新材料技术、高技术服务业、新能源及节能技术、资源与环境技术和高新技术改造传统产业。

高新技术企业认定必须同时满足以下条件：

1. 在中国境内（不含港、澳、台地区）注册的企业，近3年内通过自主研发、受让、受赠、并购等方式，或通过5年以上的独占许可方式，对其主要产品（服务）的核心技术拥有自主知识产权。

2. 产品（服务）属于《国家重点支持的高新技术领域》规定的范围。

3. 具有大学专科以上学历的科技人员占企业当年职工总数的30%以上，其中研发人员占企业当年职工总数的10%以上。

4. 企业为获得科学技术（不包括人文、社会科学）新知识，创造性运用科学技术新知识，或实质性改进技术、产品（服务）而持续进行了研究开发活动，且近3个会计年度的研究开发费用总额占销售收入总额的比例符合如下要求：

（1）最近一年销售收入小于5 000万元的企业，比例不低于6%；

（2）最近一年销售收入在5 000万元至20 000万元的企业，比例不低于4%；

（3）最近一年销售收入在20 000万元以上的企业，比例不低于3%。

其中，企业在中国境内发生的研究开发费用总额占全部研究开发费用总额的比例不低于60%。企业注册成立时间不足3年的，按实际经营年限计算。

5. 高新技术产品（服务）收入占企业当年总收入的60%以上。

6. 企业研究开发组织管理水平、科技成果转化能力、自主知识产权数量、销售与总资产成长性等指标符合《高新技术企业认定管理工作指引》的要求。

【案例8-5】分析1

A科技创新股份有限公司生产的产品（服务）属于《国家重点支持的高新技术领域》规定的新材料技术的范围，具有大学专科以上学历的科技人员占企业当年职工总数的比例为50%，其中研发人员占企业当年职工总数的比例为30%，最近一年销售收入为990万元，研发费用总额占销售收入的比例为17%，且高新技术产品（服务）收入占企业当年总收入的比例为81%，均符合享有高新技术企业税收优惠的条件，并取得《高新技术企业证书》，因此A科技创新股份有限公司属于国家重点扶持的高新技术企业，可以享受减按15%的税率征收企业所得税。

（二）《A107041高新技术企业优惠情况明细表》的填写

在年度报表体系中，《A107041高新技术企业优惠情况明细表》（以下简称表A107041）属于三级附表，其结果需要结转至二级附表《A107040减免所得税优惠明细表》（以下简称表A107040）。

1. 行次填报

本表共29行，分为基本信息、收入指标、人员指标、研究开发费用指标和减免税金额五大部分。

（1）第一部分是基本信息，包括高新技术企业证书编号；高新技术企业证书取得时间；产品（服务）属于《国家重点支持的高新技术领域》规定的范围（填写具体范围名称）；是否发生重大安全、质量事故；是否有环境等违法、违规行为，受到有关部门处罚的；是否发生偷骗税行为。分别在第1行~第3行相关位置填列。

（2）第二部分是收入指标，根据本年产品（服务）收入和技术性收入填写第6行和第7行，第5行填写本年高新技术产品（服务）收入合计数。本年企业总收入填列在第8行，填报纳税人本年以货币形式和非货币形式从各种来源取得的收入，为税法第六条规定的收入总额。包括：销售货物收入，提供劳务收入，转让财产收入，股息、红利等权益性投资收益，利息收入，租金收入，特许权使用费收入，接受捐赠收入，其他收入。然后将本年高新技术产品（服务）收入占企业总收入的比例，即第5行÷第8行，填入第9行。

（3）第三部分是人员指标，将本年具有大学专科以上学历的科技人员数、本年研发人员数和本年职工总数分别填列在第10行～第12行。本年具有大学专科以上学历的科技人员数填报纳税人具有大学专科以上学历的，且在企业从事研发活动和其他技术活动的，本年累计实际工作时间在183天以上的人员数。包括直接科技人员及科技辅助人员。本年研发人员数填报纳税人本年研究人员、技术人员和辅助人员三类人员合计数。

计算第10行÷第12行，填入第13行本年具有大学专科以上学历的科技人员占企业当年职工总数的比例，计算第11行÷第12行填入第14行本年研发人员占企业当年职工总数的比例。

（4）第四部分是研发费用指标，包括本年归集的研发费用金额和本年研发费用占销售（营业）收入的比例两个指标。

其中本年归集的研发费用金额分为内部研究开发投入和委托外部研究开发费用两大部分，根据人员人工、直接投入、折旧费用与长期费用摊销、设计费用、装备调试费、无形资产摊销和其他费用，分别填列在第16行～第24行，第15行填写本年归集本年的高新研发费用金额的合计数。境内的外部研发费和境外的外部研发费分别填列在第26行～第27行，第25行填写委托外部研究开发费用的合计数。第15行填写第16行+第25行的合计数。

第28行"十、本年研发费用占销售（营业）收入比例"填报纳税人本年研发费用占销售（营业）收入的比例。第29行"减免税金额"填报按照表A100000第23行应纳税所得额计算的减征10%企业所得税金额。

2. 表间关系

第29行=表A107040第2行。

3. 案例解析

【案例8-5】分析2

根据A科技创新股份有限公司的情况，填写《A107041高新技术企业优惠情况明细表》，见表8-9。

表8-9　　　　A107041　高新技术企业优惠情况及明细表

单位：万元

行次	基本信息			
1	高新技术企业证书编号	GR201411002316	高新技术企业证书取得时间	2014/10/31
2	产品（服务）属于《国家重点支持的高新技术领域》规定的范围（填写具体范围名称）	新材料技术——低成本超导材料实用化技术——实用化超导线材	是否发生重大安全、质量事故	是□　否☑
3	是否有环境等违法、违规行为，受到有关部门处罚的	是□　否☑	是否发生偷骗税行为	是□　否☑
4	关键指标情况			
5	收入指标	一、本年高新技术产品（服务）收入（6+7）		890
6		其中：产品（服务）收入		780
7		技术性收入		110
8		二、本年企业总收入		1 100
9		三、本年高新技术产品（服务）收入占企业总收入的比例（5÷8）		81%
10	人员指标	四、本年具有大学专科以上学历的科技人员数		50
11		五、本年研发人员数		30
12		六、本年职工总数		100
13		七、本年具有大学专科以上学历的科技人员占企业当年职工总数的比例（10÷12）		50%
14		八、本年研发人员占企业当年职工总数的比例（11÷12）		30%
15	研究开发费用指标	九、本年归集的高新研发费用金额（16+25）		168
16		（一）内部研究开发投入（17+18+19+20+21+22+24）		168
17		1. 人员人工		60
18		2. 直接投入		80
19		3. 折旧费用与长期费用摊销		15
20		4. 设计费用		10
21		5. 装备调试费		3

续表

22	研究开发费用指标	6.无形资产摊销	
23		7.其他费用	
24		其中：可计入研发费用的其他费用	
25		（二）委托外部研究开发费用（26+27）	0
26		1.境内的外部研发费	
27		2.境外的外部研发费	
28	十、本年研发费用占销售（营业）收入比例		17%
29	减免税金额		0.98

填写要点：

（1）根据A科技创新股份有限公司的基本情况来填写基本信息部分，第1行"高新技术企业证书编号"填写GR201411002316；"高新技术企业证书取得时间"填写2014年10月31日；第2行"产品（服务）属于《国家重点支持的高新技术领域》规定的范围"填写新材料技术——低成本超导材料实用化技术——实用化超导线材；"是否发生重大安全、质量事故"、第3行"是否有环境等违法、违规行为，受到有关部门处罚的""是否发生偷骗税行为"均填写"否"。

（2）收入指标中第6行"其中：产品（服务）收入"，填写本年符合《国家重点支持的高新技术领域》要求的产品（服务）收入780万元；第7行"技术性收入"填写本年符合《国家重点支持的高新技术领域》要求的技术性收入110万元；第5行"一、本年高新技术产品（服务）收入"，填写第6行+第7行的金额890万元；第8行"二、本年企业总收入"，填写纳税人本年以货币形式和非货币形式从各种来源取得的收入，为税法第六条规定的收入总额，填写1 100万元；第9行"三、本年高新技术产品（服务）收入占企业总收入的比例"，填写第5行÷第8行的比例，为81%。

（3）人员指标中第10行"四、本年具有大学专科以上学历的科技人员数"填写50人；第11行"五、本年研发人员数"填写30人；第12行"六、本年职工总数"填写本年职工总数100人；第13行"七、本年具有大学专科以上学历的科技人员占企业当年职工总数的比例"，填写第10行÷第12行的比例50%；第14行"八、本年研发人员占企业当年职工总数的比例"，填写第11行÷第12行的比例30%。

（4）研究开发费用指标，按照企业归集的研发费用分别填写第17行~第24行，分别为人员人工60万元、直接投入80万元、折旧费用与长期费用摊销15万元、设计费用10万元、装备调试费3万元，然后将其相加填至第16行"（一）内部研究开发投入"，第15行"九、本年归集的高新研发费用金额"，填报第16行+第25行的金额；第28行"十、本年研发费用占销售（营业）收入比例"，填写纳税人本年研发费用占销售（营业）收入的比例，为17%。

（5）第29行"减免税金额"，填写按照表A100000第23行应纳税所得额计算的减征10%企业所得税金额，即$9.8 \times 10\% = 0.98$（万元）。

三、民族自治地方企业所得税税收优惠

民族自治地方的自治机关对本民族自治地方的企业应缴纳的企业所得税中属于地方分享的部分，可以决定减征或者免征。自治州、自治县决定减征或者免征的，须报省、自治区、直辖市人民政府批准。

四、其他专项优惠

（一）经济特区和上海浦东新区新设立的高新技术企业定期减免征收企业所得税

《国务院关于经济特区和上海浦东新区新设立高新技术企业实行过渡性税收优惠的通知》（国发〔2007〕40号）规定，对经济特区和上海浦东新区内在2008年1月1日（含）之后完成登记注册的国家需要重点扶持的高新技术企业（以下简称新设高新技术企业），在经济特区和上海浦东新区内取得的所得，自取得第一笔生产经营收入所属纳税年度起，第一年至第二年免征企业所得税，第三年至第五年按照25%的法定税率减半征收企业所得税。

(二)经营性文化事业单位转制为企业的免征企业所得税

从事新闻出版、广播影视和文化艺术的经营性文化事业单位转制为企业,包括文化事业单位整体转为企业和文化事业单位中经营部分剥离转为企业,自转制注册之日起免征企业所得税。

(三)动漫企业自主开发、生产动漫产品定期减免征收企业所得税

《财政部 国家税务总局关于扶持动漫产业发展有关税收政策问题的通知》(财税〔2009〕65号)规定,经认定的动漫企业自主开发、生产动漫产品,可申请享受国家现行鼓励软件产业发展的所得税优惠政策。即在2017年12月31日前自获利年度起,第一年至第二年免征企业所得税,第三年至第五年按照25%的法定税率减半征收企业所得税,并享受至期满为止。

(四)技术先进性服务企业税收优惠

《财政部 国家税务总局 商务部 科技部 国家发展改革委关于技术先进型服务企业有关企业所得税政策问题的通知》(财税〔2010〕65号)规定,自2014年1月1日起至2018年12月31日止,在北京、天津、上海、重庆、大连、深圳、广州、武汉、哈尔滨、成都、南京、西安、济南、杭州、合肥、南昌、长沙、大庆、苏州、无锡、厦门21个中国服务外包示范城市,对经认定的技术先进型服务企业,减按15%的税率征收企业所得税;经认定的技术先进型服务企业发生的职工教育经费支出,不超过工资薪金总额8%的部分,准予在计算应纳税所得额时扣除;超过部分,准予在以后纳税年度结转扣除。

(五)新疆困难地区新办企业,喀什、霍尔果斯两个特殊经济开发区定期减免征收企业所得税

《财政部 国家税务总局关于新疆困难地区新办企业所得税优惠政策的通知》(财税〔2011〕53号)规定,2010年1月1日至2020年12月31日,对在新疆困难地区新办的属于《新疆困难地区重点鼓励发展产业企业所得税优惠

目录》（以下简称《目录》）范围内的企业，自取得第一笔生产经营收入所属纳税年度起，第一年至第二年免征企业所得税，第三年至第五年减半征收企业所得税；2010年1月1日至2020年12月31日，对在新疆喀什、霍尔果斯两个特殊经济开发区内新办的属于《目录》范围内的企业，自取得第一笔生产经营收入所属纳税年度起，五年内免征企业所得税。

（六）促进就业企业限额减征企业所得税

《财政部　国家税务总局　人力资源社会保障部关于继续实施支持和促进重点群体创业就业有关税收政策的通知》（财税〔2014〕39号）规定，2014年1月1日至2016年12月31日，对商贸企业、服务型企业、劳动就业服务企业中的加工型企业和街道社区具有加工性质的小型企业实体，在新增加的岗位中，当年新招用在人力资源社会保障部门公共就业服务机构登记失业一年以上且持《就业失业登记证》（注明"企业吸纳税收政策"）人员，且与其签订1年以上期限劳动合同并依法缴纳社会保险费的，或者当年新招用自主就业退役士兵且与其签订1年以上期限劳动合同并依法缴纳社会保险费的，在3年内按实际招用人数予以定额依次扣减营业税、城市维护建设税、教育费附加、地方教育费附加和企业所得税优惠。

（七）软件企业和集成电路设计企业定期减免征收企业所得税

《财政部　国家税务总局关于进一步鼓励软件产业和集成电路产业发展企业所得税政策的通知》（财税〔2012〕27号）、《国家税务总局关于软件和集成电路企业认定管理有关问题的公告》（国家税务总局公告2012年第19号）、《工业和信息化部　国家发展和改革委员会　财政部　国家税务总局关于印发〈软件企业认定管理办法〉的通知》（工信部联软〔2013〕64号）、《工业和信息化部　国家发展和改革委员会　财政部　国家税务总局关于印发〈集成电路设计企业认定管理办法〉的通知》（工信部联电子〔2013〕487号）、《国家税务总局关于执行软件企业所得税优惠政策有关问题的公告》（国家税务总局公告2013年第43号）等相关税收政策规定对软件企业和集成电路设计企业所得税优惠明确如下：

1. 我国境内新办的集成电路设计企业和符合条件的软件企业，经认定后,在2017年12月31日前自获利年度起,第一年至第二年免征企业所得税,第三年至第五年按照25%的法定税率减半征收企业所得税,并享受至期满为止,获利年度,是指该企业当年应纳税所得额大于零的纳税年度。

2. 国家规划布局内的重点软件企业和集成电路设计企业,如当年未享受免税优惠的,可减按10%的税率征收企业所得税。

集成电路设计企业或符合条件的软件企业,是指以集成电路设计或软件产品开发为主营业务并同时符合下列条件的企业:

(1)2011年1月1日后依法在中国境内成立并经认定取得集成电路设计企业资质或软件企业资质的法人企业;

(2)签订劳动合同关系且具有大学专科以上学历的职工人数占企业当年月平均职工总人数的比例不低于40%,其中研究开发人员占企业当年月平均职工总数的比例不低于20%;

(3)拥有核心关键技术,并以此为基础开展经营活动,且当年度的研究开发费用总额占企业销售(营业)收入总额的比例不低于6%;其中,企业在中国境内发生的研究开发费用金额占研究开发费用总额的比例不低于60%;

(4)集成电路设计企业的集成电路设计销售(营业)收入占企业收入总额的比例不低于60%,其中集成电路自主设计销售(营业)收入占企业收入总额的比例不低于50%;软件企业的软件产品开发销售(营业)收入占企业收入总额的比例一般不低于50%(嵌入式软件产品和信息系统集成产品开发销售(营业)收入占企业收入总额的比例不低于40%),其中软件产品自主开发销售(营业)收入占企业收入总额的比例一般不低于40%(嵌入式软件产品和信息系统集成产品开发销售(营业)收入占企业收入总额的比例不低于30%);

(5)主营业务拥有自主知识产权,其中软件产品拥有省级软件产业主管部门认可的软件检测机构出具的检测证明材料和软件产业主管部门颁发的《软件产品登记证书》;

(6)具有保证设计产品质量的手段和能力,并建立符合集成电路或软件工程要求的质量管理体系并提供有效运行的过程文档记录;

(7)具有与集成电路设计或者软件开发相适应的生产经营场所、软硬件设施等开发环境（如EDA工具、合法的开发工具等），以及与所提供服务相关的技术支撑环境；

《集成电路设计企业认定管理办法》《软件企业认定管理办法》由工业和信息化部、发展改革委、财政部、税务总局会同有关部门另行制定。

【综合案例】分析8-6

ABC科技属于2011年1月1日后依法在中国境内成立并经认定取得软件企业资质的法人企业；签订劳动合同关系且具有大学专科以上学历的职工人数占企业当年月平均职工总人数的比例为50%，其中研究开发人员占企业当年月平均职工总数的比例为25%；拥有核心关键技术，拥有嵌入式软件和信息系统集成产品关键技术，并以此为基础开展经营活动，且当年度的研究开发费用总额占企业销售（营业）收入总额的比例为6%；其中，企业在中国境内发生的研究开发费用金额占研究开发费用总额的比例为100%；主营业务拥有自主知识产权，其中软件产品拥有《软件产品登记证书》，属于符合条件的软件企业。

可以享受在2017年12月31日前自获利年度起，第一年至第二年免征企业所得税，第三年至第五年按照25%的法定税率减半征收企业所得税，并享受至期满为止。

（八）集成电路生产企业定期减免征收企业所得税

《财政部　国家税务总局关于进一步鼓励软件产业和集成电路产业发展企业所得税政策的通知》（财税〔2012〕27号）中对集成电路生产企业税收优惠明确如下：

1. 集成电路线宽小于0.8微米（含）的集成电路生产企业，经认定后，在2017年12月31日前自获利年度起计算优惠期，第一年至第二年免征企业所得税，第三年至第五年按照25%的法定税率减半征收企业所得税，并享受至期满为止；

2. 集成电路线宽小于0.25微米或投资额超过80亿元的集成电路生产企业，经认定后，减按15%的税率征收企业所得税，其中，经营期在15年以上的，在2017年12月31日前自获利年度起计算优惠期，第一年至第五年免征企业所得税，第六年至第十年按照25%的法定税率减半征收企业所得税，并享受至期满为止。

集成电路生产企业，是指以单片集成电路、多芯片集成电路、混合集成电路制造为主营业务并同时符合下列条件的企业：

（1）依法在中国境内成立并经认定取得集成电路生产企业资质的法人企业。

（2）签订劳动合同关系且具有大学专科以上学历的职工人数占企业当年月平均职工总人数的比例不低于40%，其中研究开发人员占企业当年月平均职工总数的比例不低于20%。

（3）拥有核心关键技术，并以此为基础开展经营活动，且当年度的研究开发费用总额占企业销售（营业）收入（主营业务收入与其他业务收入之和，下同）总额的比例不低于5%；其中，企业在中国境内发生的研究开发费用金额占研究开发费用总额的比例不低于60%。

（4）集成电路制造销售（营业）收入占企业收入总额的比例不低于60%。

（5）具有保证产品生产的手段和能力，并获得有关资质认证（包括ISO质量体系认证、人力资源能力认证等）。

（6）具有与集成电路生产相适应的经营场所、软硬件设施等基本条件。《集成电路生产企业认定管理办法》由发展和改革委员会、工业和信息化部、财政部、国家税务总局会同有关部门另行制定。

（九）集成电路封装、测试企业以及集成电路关键专用材料生产企业、集成电路专用设备生产企业定期减免征收企业所得税

《财政部　国家税务总局　发展改革委　工业和信息化部关于进一步鼓励集成电路产业发展企业所得税政策的通知》（财税〔2015〕6号）、《国务院关于印发进一步鼓励软件产业和集成电路产业发展若干政策的通知》（国发〔2011〕4号）、《企业所得税法》及其实施条例对集成电路封装、测试企业以及集成电路关键专用材料生产企业、集成电路专用设备生产企业所得税优惠明确如下：

1. 符合条件的集成电路封装、测试企业以及集成电路关键专用材料生产企业、集成电路专用设备生产企业，在2017年（含2017年）前实现获利的，自获利年度起，第一年至第二年免征企业所得税，第三年至第五年按照25%的法定税率减半征收企业所得税，并享受至期满为止；2017年前未实现获利的，自2017年起计算优惠期，享受至期满为止。

2. 符合条件的集成电路封装、测试企业，必须同时满足以下条件：

（1）2014年1月1日后依法在中国境内成立的法人企业；

（2）签订劳动合同关系且具有大学专科以上学历的职工人数占企业当年月平均职工总人数的比例不低于40%，其中，研究开发人员占企业当年月平均职工总数的比例不低于20%；

（3）拥有核心关键技术，并以此为基础开展经营活动，且当年度的研究开发费用总额占企业销售（营业）收入（主营业务收入与其他业务收入之和，下同）总额的比例不低于3.5%，其中，企业在中国境内发生的研究开发费用金额占研究开发费用总额的比例不低于60%；

（4）集成电路封装、测试销售（营业）收入占企业收入总额的比例不低于60%；

（5）具有保证产品生产的手段和能力，并获得有关资质认证（包括ISO质量体系认证、人力资源能力认证等）；

（6）具有与集成电路封装、测试相适应的经营场所、软硬件设施等基本条件。

3. 符合条件的集成电路关键专用材料生产企业或集成电路专用设备生产企业，必须同时满足以下条件：

（1）2014年1月1日后依法在中国境内成立的法人企业；

（2）签订劳动合同关系且具有大学专科以上学历的职工人数占企业当年月平均职工总人数的比例不低于40%，其中，研究开发人员占企业当年月平均职工总数的比例不低于20%；

（3）拥有核心关键技术，并以此为基础开展经营活动，且当年度的研究开发费用总额占企业销售（营业）收入总额的比例不低于5%，其中，企业在中国境内发生的研究开发费用金额占研究开发费用总额的比例不低于60%；

（4）集成电路关键专用材料或专用设备销售收入占企业销售（营业）收入总额的比例不低于30%；

（5）具有保证集成电路关键专用材料或专用设备产品生产的手段和能力，并获得有关资质认证（包括ISO质量体系认证、人力资源能力认证等）；

（6）具有与集成电路关键专用材料或专用设备生产相适应的经营场所、软硬件设施等基本条件。

集成电路关键专用材料或专用设备的范围，分别按照《集成电路关键专用材料企业所得税优惠目录》《集成电路专用设备企业所得税优惠目录》的规定执行。

（十）支持芦山地震灾后恢复重建税收优惠

《财政部　海关总署　国家税务总局关于支持芦山地震灾后恢复重建有关税收政策问题的通知》（财税〔2013〕58号）就支持芦山地震灾后恢复重建有关税收政策问题明确如下：

1. 对受灾地区损失严重的企业，免征企业所得税。

2. 自2013年4月20日起，对受灾地区企业通过公益性社会团体、县级以上人民政府及其部门取得的抗震救灾和灾后恢复重建款项和物资，以及税收法律、法规规定和国务院批准的减免税金及附加收入，免征企业所得税。

3. 自2013年4月20日至2017年12月31日，对受灾地区农村信用社免征企业所得税。

4. 受灾地区的商贸企业、服务型企业（除广告业、房屋中介、典当、桑拿、按摩、氧吧外）、劳动就业服务企业中的加工型企业和街道社区具有加工性质的小型企业实体在新增加的就业岗位中，招用当地因地震灾害失去工作的人员，与其签订1年以上期限劳动合同并依法缴纳社会保险费的，经县级人力资源和社会保障部门认定，按实际招用人数和实际工作时间予以定额依次扣减增值税、营业税、城市维护建设税、教育费附加和企业所得税。定额标准为每人每年4000元，可上下浮动20%，由四川省人民政府根据当地实际情况具体确定。

按上述标准计算的税收抵扣额应在企业当年实际应缴纳的增值税、营业税、城市维护建设税、教育费附加和企业所得税税额中扣减,当年扣减不足的,不得结转下年使用。

以上税收政策,凡未注明具体期限的,一律执行至2015年12月31日。

(十一)支持鲁甸地震灾后恢复重建税收优惠

《关于支持鲁甸地震灾后恢复重建有关税收政策问题的通知》(财税〔2015〕27号)就支持鲁甸地震灾后恢复重建有关税收政策问题明确如下:

1. 对受灾严重地区损失严重的企业,免征2014年至2016年度的企业所得税。

2. 自2014年8月3日起,对受灾地区企业通过公益性社会团体、县级以上人民政府及其部门取得的抗震救灾和灾后恢复重建款项和物资,以及税收法律、法规规定和国务院批准的减免税金及附加收入,免征企业所得税。

3. 自2014年1月1日至2018年12月31日,对受灾地区农村信用社免征企业所得税。

4. 受灾严重地区的商贸企业、服务型企业、劳动就业服务企业中的加工型企业和街道社区具有加工性质的小型企业实体在新增加的就业岗位中,招用当地因地震灾害失去工作的人员,与其签订1年以上期限劳动合同并依法缴纳社会保险费的,经县级人力资源社会保障部门认定,按实际招用人数和实际工作时间予以定额依次扣减增值税、营业税、城市维护建设税、教育费附加、地方教育附加和企业所得税。定额标准为每人每年4000元,最高可上浮30%,由云南省人民政府根据当地实际情况具体确定。

按上述标准计算的税收抵扣额应在企业当年实际应缴纳的增值税、营业税、城市维护建设税、教育费附加、地方教育附加和企业所得税税额中扣减,当年扣减不足的,不得结转下年使用。

以上税收政策,凡未注明具体期限的,一律执行至2016年12月31日。

(十二)设在西部地区的鼓励类产业企业税收优惠

《财政部 海关总署 国家税务总局关于深入实施西部大开发战略有关税收政策问题的通知》(财税〔2011〕58号)、《国家税务总局关于深入实施西部大开发战略有关企业所得税问题的公告》(国家税务总局公告2012

年第12号）中规定，自2011年1月1日至2020年12月31日，对设在西部地区以《西部地区鼓励类产业目录》中规定的产业项目为主营业务，且其当年度主营业务收入占企业收入总额70%以上的企业，经企业申请，主管税务机关审核确认后，可减按15%税率缴纳企业所得税；对西部地区2010年12月31日前新办的、根据《财政部　国家税务总局　海关总署关于西部大开发税收优惠政策问题的通知》（财税〔2001〕202号）第二条第三款规定可以享受企业所得税"两免三减半"优惠的交通、电力、水利、邮政、广播电视企业，其享受的企业所得税"两免三减半"优惠可以继续享受到期满为止。

西部地区包括重庆市、四川省、贵州省、云南省、西藏自治区、陕西省、甘肃省、宁夏回族自治区、青海省、新疆维吾尔自治区、新疆生产建设兵团、内蒙古自治区和广西壮族自治区。湖南省湘西土家族苗族自治州、湖北省恩施土家族苗族自治州、吉林省延边朝鲜族自治州，可以比照西部地区的税收政策执行。

（十三）中关村国家自主创新示范区从事文化产业支撑技术等领域的企业认定为高新技术企业的税收优惠

《关于在中关村国家自主创新示范区开展高新技术企业认定中文化产业支撑技术等领域范围试点的通知》（国科发高〔2013〕595号）中规定，中关村国家自主创新示范区从事文化产业支撑技术等领域的企业认定为高新技术企业的减按15%的税率征收企业所得税。

（十四）对设在横琴新区、平潭综合实验区和前海深港现代服务业合作区的鼓励类产业企业税收优惠

《关于广东横琴新区、福建平潭综合实验区、深圳前海深港现代化服务业合作区企业所得税优惠政策及优惠目录的通知》（财税〔2014〕26号）中规定，对设在横琴新区、平潭综合实验区和前海深港现代服务业合作区的鼓励类产业企业减按15%的税率征收企业所得税。鼓励类产业企业是指以所在区域《企业所得税优惠目录》中规定的产业项目为主营业务，且其主营业务收入占企业收入总额70%以上的企业。

五、《A107042软件、集成电路企业税收优惠情况及明细表》的填写

在年度报表体系中,《A107042软件、集成电路企业税收优惠情况及明细表》(以下简称表A107042)属于三级附表,其结果需要结转至二级附表《A107040减免所得税优惠明细表》(以下简称表A107040)。

(一)行次填报

本表共41行,分为基本信息、关键指标情况(2011年1月1日以后成立企业填报)、关键指标情况(2011年1月1日以前成立企业填报)和减免税金额四大部分。企业根据自己的成立日期选择填写第二部分或第三部分。

1. 第一部分是基本信息,包括企业成立日期、软件企业证书取得日期、软件企业认定证书编号、软件产品登记证书编号、计算机信息系统集成资质等级认定证书编号、集成电路生产企业认定文号和集成电路设计企业认定证书编号,分别在第1行~第4行相关位置填写。

2. 第二部分是关键指标情况(2011年1月1日以后成立企业填报),其中又分为人员指标、收入指标和研究开发费用指标三大部分。

人员指标包括企业本年月平均职工总人数、签订劳动合同关系且具有大学专科以上学历的职工人数、研究开发人员人数、签订劳动合同关系且具有大学专科以上学历的职工人数占企业当年月平均职工总人数的比例、研究开发人员占企业本年月平均职工总数的比例五项指标,前三项指标根据企业的基本情况填列在第6行~第8行,计算第7行÷第6行填入第9行,计算第8行÷第6行填入第10行。

收入指标中主要涉及七个比例,反映在表第13行、第16行、第17行、第22行、第23行、第24行、第25行。首先填写企业收入总额,填报纳税人本年以货币形式和非货币形式从各种来源取得的收入,为税法第六条规定的收入总额。其次根据企业的情况填写集成电路制造销售(营业)收入、集成电路设计销售(营业)收入、集成电路自主设计销售(营业)收入、软件产品开发销售(营业)收入、嵌入式软件产品和信息系统集成产品开发销售(营业)收入、软件

产品自主开发销售（营业）收入、嵌入式软件产品和信息系统集成产品自主开发销售（营业）收入，然后计算得出相关的七个指标的比例。

研究开发费用指标中首先填写研究开发费用总额、企业在中国境内发生的研究开发费用金额，然后计算研究开发费用总额占企业销售（营业）收入总额的比例及企业在中国境内发生的研究开发费用金额占研究开发费用总额的比例。

3. 第三部分是关键指标情况（2011年1月1日以前成立企业填报），其中也分为人员指标、收入指标和研究开发费用指标三大部分。由于2011年以前成立的企业的指标要求和2011年以后成立的企业的指标要求是不同的，因此2011年1月1日以前成立的企业仍按照此指标情况来填写，具体的填写内容与第二部分类似。

4. 第41行"减免税金额"填报按照表A100000第23行应纳税所得额计算的免征、减征企业所得税金额。

（二）表间关系

第41行=表A107040第18行或第20行。

（三）案例解析

【综合案例】分析8-7

根据综合案例中ABC科技的情况，填写《A107042软件、集成电路企业税收优惠情况及明细表》，见表8-10。

表8-10　　A107042　软件、集成电路企业优惠情况及明细表

单位：元列至角分

行次	基本信息			
1	企业成立日期	2012/3/1	软件企业证书取得日期	2012/5/18
2	软件企业认定证书编号	京R-2012-0613	软件产品登记证书编号	京DGY-2010-1660
3	计算机信息系统集成资质等级认定证书编号		集成电路生产企业认定文号	

续表

4		集成电路设计企业认定证书编号	
5		**关键指标情况（2011年1月1日以后成立企业填报）**	
6	人员指标	一、企业本年月平均职工总人数	200
7		其中：签订劳动合同关系且具有大学专科以上学历的职工人数	100
8		二、研究开发人员人数	50
9		三、签订劳动合同关系且具有大学专科以上学历的职工人数占企业当年月平均职工总人数的比例（7÷6）	50%
10		四、研究开发人员占企业本年月平均职工总数的比例（8÷6）	25%
11	收入指标	五、企业收入总额	97 847 284.52
12		六、集成电路制造销售（营业）收入	
13		七、集成电路制造销售（营业）收入占企业收入总额的比例（12÷11）	
14		八、集成电路设计销售（营业）收入	
15		其中：集成电路自主设计销售（营业）收入	
16		九、集成电路设计企业的集成电路设计销售（营业）收入占企业收入总额的比例（14÷11）	
17		十、集成电路自主设计销售（营业）收入占企业收入总额的比例（15÷11）	
18		十一、软件产品开发销售（营业）收入	76 605 882.50
19		其中：嵌入式软件产品和信息系统集成产品开发销售（营业）收入	76 605 882.50
20		十二、软件产品自主开发销售（营业）收入	76 605 882.50
21		其中：嵌入式软件产品和信息系统集成产品自主开发销售（营业）收入	76 605 882.50
22		十三、软件企业的软件产品开发销售（营业）收入占企业收入总额的比例（18÷11）	78%
23		十四、嵌入式软件产品和信息系统集成产品开发销售（营业）收入占企业收入总额的比例（19÷11）	78%
24		十五、软件产品自主开发销售（营业）收入占企业收入总额的比例（20÷11）	78%
25		十六、嵌入式软件产品和信息系统集成产品自主开发销售（营业）收入占企业收入总额的比例（21÷11）	78%

续表

26	研究开发费用指标	十七、研究开发费用总额	5 945 378.52
27		其中：企业在中国境内发生的研究开发费用金额	5 945 378.52
28		十八、研究开发费用总额占企业销售（营业）收入总额的比例	6%
29		十九、企业在中国境内发生的研究开发费用金额占研究开发费用总额的比例（27÷26）	100%
30		关键指标情况（2011年1月1日以前成立企业填报）	
31	人员指标	二十、企业职工总数	
32		二十一、从事软件产品开发和技术服务的技术人员	
33		二十二、从事软件产品开发和技术服务的技术人员占企业职工总数的比例（32÷31）	
34	收入指标	二十三、企业年总收入	
35		其中：企业年软件销售收入	
36		其中：自产软件销售收入	
37		二十四、软件销售收入占企业年总收入比例（35÷34）	
38		二十五、自产软件收入占软件销售收入比例（36÷35）	
39	研究开发经费指标	二十六、软件技术及产品的研究开发经费	
40		二十七、软件技术及产品的研究开发经费占企业年软件收入比例（39÷35）	
41	减免税金额		1 439 718.70

填写要点：

(1) 基本信息的填写

第1行"企业成立日期"填写2011/3/1，"软件企业证书取得日期"填写2012/5/18；第2行"软件企业认定证书编号"填写京R-2012-0613，"软件产品登记证书编号"填写京DGY-2010-1660。

(2) 人员指标的填写

由于ABC科技成立于2011年1月1日以后，因此关键指标情况填写第6行～第29行，根据ABC科技的资料，第6行"一、企业本年月平均职工总人数"200人，"其中：签订劳动合同关系且具有大学专科以上学历的职工人数"填写100人,"二、研究开发人员人数"填写50人。根据数据分别计算出第9行"三、签订劳动合同关系且具有大学专科以上学历的职工人数占企业本年月平均职工总人数的比例"为50%,第10行"四、研究开发人员占企业本年月平均职工总数的比例"为25%。

（3）收入指标的填写

根据ABC科技的资料填写第11行"五、企业收入总额",为97 847 284.52元,第18行"十一、软件产品开发销售（营业）收入"为嵌入式软件销售收入与信息系统集成产品销售收入之和,为76 605 882.5元,由于均为自主研发,第20行"十二、软件产品自主开发销售（营业）收入"填写76 605 882.5元,第21行"其中：嵌入式软件产品和信息系统集成产品自主开发销售（营业）收入"也为76 605 882.5元。

根据上述数据计算得出第22行"十三、软件企业的软件产品开发销售（营业）收入占企业收入总额的比例"、第23行"十四、嵌入式软件产品和信息系统集成产品开发销售（营业）收入占企业收入总额的比例"、第24行"十五、软件产品自主开发销售（营业）收入占企业收入总额的比例"、第25行"十六、嵌入式软件产品和信息系统集成产品自主开发销售（营业）收入占企业收入总额的比例",均填写78%。

（4）研究开发费用指标的填写

第26行"十七、研究开发费用总额"填写ABC科技2015年研究开发费用总额5 945 378.52元,由于均发生在中国境内,所以第27行"其中：企业在中国境内发生的研究开发费用金额"仍填写5 945 378.52元,第28行"十八、研究开发费用总额占企业销售（营业）收入总额的比例"根据计算填写6%,第29行"十九、企业在中国境内发生的研究开发费用金额占研究开发费用总额的比例",填写100%。

（5）减免税金额的填写

第41行"减免税金额"填写按照表A100000第23行应纳税所得额计算的免征、减征企业所得税金额,由于ABC科技符合按照25%的法定税率减半征收企业所得税,因此减免税金额为应纳税所得额的50%,填写1 439 718.70元,并将其转至《A107040减免所得税优惠明细表》第20行"十六、符合条件的软件企业"。

六、《A107040减免所得税优惠明细表》的填写

在年度报表体系中,《A107040减免所得税优惠明细表》(以下简称表A107040)属于二级附表,其结果需要结转至主表A100000。

(一)行次填报

本表共34行,分为五大部分。

1.第一部分为符合条件的小型微利企业,第1行"一、符合条件的小型微利企业"、第2行"其中减半征税":由享受小型微利企业所得税政策的纳税人填报。该政策包括两种情形:一是小型微利企业2015年9月30日之前年应纳税所得额低于20万元的减半征税,应纳税所得税大于20万元、小于30万元的按20%税率征税。二是小型微利企业2015年10月1日之后应纳税所得额不超过30万元的减半征税。

(1)2015年度汇算清缴申报时,为了方便年度应纳税所得额大于20万元不超过30万元的小型微利企业计算减免所得税额,《20万-30万元小型微利企业所得税优惠比例查询表》见表8-11,据以计算填报该项优惠政策。

表8-11　　20万-30万元小型微利企业所得税优惠比例查询表

企业成立时间	全年	
	优惠率	其中减半
2015年1月及以前	7.50%	3.75%
2015年2月	7.73%	4.09%
2015年3月	8.00%	4.50%
2015年4月	8.33%	5.00%
2015年5月	8.75%	5.63%
2015年6月	9.29%	6.43%
2015年7月	10.00%	7.50%
2015年8月	11.00%	9.00%

续表

企业成立时间	全年	
	优惠率	其中减半
2015年9月	12.50%	11.25%
2015年10月	15.00%	15.00%
2015年11月	15.00%	15.00%
2015年12月	15.00%	15.00%

优惠率主要指企业同时享受20%、10%（减半征税）的综合优惠情况；"其中减半"指享受减半征税优惠情况。

应纳税所得额与"优惠率"的乘积，填入本表第1行"符合条件的小型微利企业"；应纳税所得额与"其中减半"的乘积，填入本表第2行"其中：减半征税"。

2015年度汇算清缴结束后，本部分填报说明废止。

（2）2016年及以后年度汇算清缴时

当《A100000中华人民共和国企业所得税年度纳税申报表（A类，2014版）》第23行≤30万元时，本行等于表A100000第23行×15%的值，该数字同时填入第3行"其中：减半征收"。

2. 第二部分为国家需要重点扶持的高新技术企业，填写第3行、第4行、第5行，其中第3行为合计行，填报第4行、第5行的合计数。本部分需要先填写《A107041高新技术企业优惠情况及明细表》，如果属于国家需要重点扶持的高新技术企业（含文化产业支撑技术领域，高新技术领域扩围以后，按新规定执行）享受15%税率优惠金额填报第4行。如果属于经济特区和上海浦东新区新设立的高新技术企业适用"二免三减半"，将定期减免的税额填报第5行。

3. 第三部分为其他专项优惠，共二十五项。企业根据享受的专项优惠的情况，如受灾地区损失严重的企业、受灾地区农村信用社、受灾地区的促进就业企业等分别来填写第7行~第31行。其中第（一）项、第（二）项、第（三）项、第（四）项需要对企业的明细进行列示；第（八）项、第（九）

项需要根据定期减免企业所得税和减按15%税率征收企业所得税的情况分别填写之后再合计；第（十）项、第（十四）项需要填写表A107042。

4. 第四部分为减去项目所得额按法定税率减半征收企业所得税叠加享受减免税优惠，填报纳税人同时享受优惠税率和所得项目减半情形下，在填报本表低税率优惠时，所得项目按照优惠税率减半多计算享受的优惠部分。

企业从事农林牧渔业项目、国家重点扶持的公共基础设施项目、符合条件的环境保护、节能节水项目、符合条件的技术转让、其他专项优惠等所得额应按法定税率25%减半征收，同时享受小型微利企业、高新技术企业、技术先进型服务企业、集成电路线宽小于0.25微米或投资额超过80亿元人民币集成电路生产企业、国家规划布局内重点软件企业和集成电路设计企业、西部大开发等优惠税率政策，由于申报表填报顺序，按优惠税率减半叠加享受减免税优惠部分，应在本行对该部分金额进行调整。

本行=所得项目金额×（12.5%−优惠税率÷2）

5. 第五部分为减免地方分享所得税的民族自治地方企业，填报纳税人经省级民族自治地方权力机关批准，减征或者免征民族自治地方的企业缴纳的企业所得税中属于地方分享的企业所得税金额。

第34行合计金额等于第1行+第3行+第6行+第32行+第33行。

（二）表间关系

1. 本表第3行=表A107041第29行。

2. 本表第34行=表A100000第26行。

（三）案例解析

【综合案例】分析8-8

根据前述ABC科技A107042的填写，填写《A107040减免所得税优惠明细表》，见表8-12。

表8-12　　　　　　　A107040　减免所得税优惠明细表

单位：元

行次	项　目	金　额
1	一、符合条件的小型微利企业	
2	其中：减半征税	
3	二、国家需要重点扶持的高新技术企业（4+5）	
4	（一）高新技术企业低税率优惠（填写表A107041）	
5	（二）经济特区和上海浦东新区新设立的高新技术企业定期减免（填写表A107041）	
6	三、其他专项优惠（7+8+9+10+11+……+14+15+16+……+31）	1 439 718.70
7	（一）受灾地区损失严重的企业（7.1+7.2+7.3）	
7.1	其中：1.	
7.2	2	
7.3	3	
8	（二）受灾地区农村信用社（8.1+8.2+8.3）	
8.1	其中：1.	
8.2	2	
8.3	3	
9	（三）受灾地区的促进就业企业（9.1+9.2+9.3）	
9.1	其中：1.	
9.2	2	
9.3	3	
10	（四）支持和促进重点群体创业就业企业（10.1+10.2+10.3）	
10.1	其中：1.下岗失业人员再就业	
10.2	2.高校毕业生就业	
10.3	3.退役士兵就业	

续表

行次	项　　目	金　额
11	（五）技术先进型服务企业	
12	（六）动漫企业	
13	（七）集成电路线宽小于0.8微米（含）的集成电路生产企业	
14	（八）集成电路线宽小于0.25微米的集成电路生产企业（14.1+14.2）	
14.1	其中：1.定期减免企业所得税	
14.2	2.减按15%税率征收企业所得税	
15	（九）投资额超过80亿元人民币的集成电路生产企业（15.1+15.2）	
15.1	其中：1.定期减免企业所得税	
15.2	2.减按15%税率征收企业所得税	
16	（十）新办集成电路设计企业（填写表A107042）	
17	（十一）国家规划布局内重点集成电路设计企业	
18	（十二）集成电路封装、测试企业	
19	（十三）集成电路关键专用材料生产企业或集成电路专用设备生产企业	
20	（十四）符合条件的软件企业（填写表A107042）	1 439 718.70
21	（十五）国家规划布局内重点软件企业	
22	（十六）经营性文化事业单位转制企业	
23	（十七）符合条件的生产和装配伤残人员专门用品企业	
24	（十八）设在西部地区的鼓励类产业企业	
25	（十九）新疆困难地区新办企业	
26	（二十）新疆喀什、霍尔果斯特殊经济开发区新办企业	
27	（二十一）横琴新区、平潭综合实验区和前海深港现代化服务业合作区企业	
28	（二十二）享受过渡期税收优惠企业	

续表

行次	项　　目	金　　额
29	（二十三）其他1	
30	（二十四）其他2	
31	（二十五）其他3	
32	四、减：项目所得额按法定税率减半征收企业所得税叠加享受减免税优惠	
33	五、减免地方分享所得税的民族自治地方企业	
34	合计：（1+3+6-32+33）	1 439 718.70

填写要点：

根据ABC科技A107042的填写，表中第41行"减免税金额"1 439 718.70元转至《A107040减免所得税优惠明细表》第20行"十四、符合条件的软件企业"，由于ABC科技并无其他专项优惠，第6行"三、其他专项优惠"填写1 439 718.70元，ABC科技也没有其他减免税优惠项目，因此，第34行"合计"填写1 439 718.70元。

第五节　税额抵免优惠的确认及申报

【案例8-6】

2015年A公司为增值税一般纳税人，购买了一台《环境保护专用设备企业所得税优惠目录》中规定的水污染治理设备，用于处理工业产生的污水，取得增值税专用发票金额9 000万元，增值税额1 530万元。2015年A公司抵免前应纳税额为600万元。①

---

① 《新企业所得税年度纳税申报表项目解析与填报实务》编写组.《新企业所得税年度纳税申报表项目解析与填报实务》[M].北京：法律出版社，2015：339-342.

2010—2014年各年抵免前应纳税额与当年允许抵免的专用设备投资额见表8-13。

表8-13　　2010—2014年各年抵免前应纳税额与当年允许抵免的专用设备投资额

年度	抵免前应纳税额（万元）	当年允许抵免的专用设备投资额（万元）
2010	500	12 000
2011	500	0
2012	600	0
2013	700	4 000
2014	300	0

请完成下列问题：

（1）A公司享受何种税收优惠政策？

（2）A公司《A107050税额抵免优惠明细表》如何填写？

一、税额抵免优惠的确认

《财政部　国家税务总局　国家发展改革委关于公布节能节水专用设备企业所得税优惠目录（2008年版）和环境保护专用设备企业所得税优惠目录（2008年版）的通知》（财税〔2008〕115号）、《财政部　国家税务总局关于执行企业所得税优惠政策若干问题的通知》（财税〔2009〕69号）、《关于执行〈环境保护专用设备企业所得税优惠目录〉〈节能节水专用设备企业所得税优惠目录〉和〈安全生产专用设备企业所得税优惠目录〉有关问题的通知》（财税〔2008〕48号）、《国家税务总局关于环境保护节能节水　安全生产等专用设备投资抵免企业所得税有关问题的通知》（国税函〔2010〕256号）对企业购置并实际使用《环境保护专用设备企业所得税优惠目录》《节能节水专用设备企业所得税优惠目录》和《安全生产专用设备企业所得税优惠目录》规定的环境保护、节能节水、安全生产等专用设备的税收优惠政策规定如下：

企业购置并实际使用《环境保护专用设备企业所得税优惠目录》《节能节水专用设备企业所得税优惠目录》和《安全生产专用设备企业所得税优惠目录》规定的环境保护、节能节水、安全生产等专用设备的，该专用设备的投资额的10%可以从企业当年的应纳税额中抵免；当年不足抵免的，可以在以后5个纳税年度结转抵免。

可以抵免的专用设备投资额说明如下：

（1）专用设备投资额，是指购买专用设备发票价税合计价格，但不包括按有关规定退还的增值税税款以及设备运输、安装和调试等费用。自2009年1月1日起，购买专用设备并取得增值税专用发票的，如果增值税进项税额允许抵扣，其专用设备投资额不再包括增值税进项税额；如果增值税进项税额不允许抵扣，其专用设备投资额应为增值税专用发票上注明的价税合计金额。企业购买专用设备取得普通发票的，其专用设备投资额为普通发票上注明的金额。

（2）企业利用自筹资金和银行贷款购置专用设备的投资额，可以按《企业所得税法》的规定抵免企业应纳所得税额；企业利用财政拨款购置专用设备的投资额，不得抵免企业应纳所得税额。

（3）企业购置上述专用设备在5年内转让、出租的，应当停止享受企业所得税优惠，并补缴已经抵免的企业所得税税款。

【案例8-6】分析1

A公司购买的一台水污染治理设备用于处理工业产生的污水，设备符合《环境保护专用设备企业所得税优惠目录》的规定，根据税法规定，该专用设备的投资额的10%可以从企业当年的应纳税额中抵免；当年不足抵免的，可以在以后5个纳税年度结转抵免。根据可以抵免的专用设备投资额说明，专用设备投资额不包括设备运输、安装和调试等费用。企业购买专用设备取得增值税专用发票，进项税额可以抵扣，因此，可以抵免的专用设备投资额为9 000万元，本年可抵免税额为900万元。

二、《A107050税额抵免优惠明细表》的填写

在年度报表体系中,《A107050税额抵免优惠明细表》(以下简称表A107050)属于二级附表,其结果需要结转至主表A100000。

(一)行次填报

本表共11行,分为四部分。

1. 第一部分为年度,反映在第1行~第6行,其中第6行为本年度,第1行~第5行分别为前五年度、前四年度、前三年度、前二年度和前一年度。

2. 第二部分为本年度实际抵免税额合计,填列在第7行第11列,填写第11列第1行+第2行+……+第6行的金额。

3. 第三部分为可结转本年以后年度抵免的税额合计,填列在第8行第12列,填写第12列第2行+第3行+……+第6行的金额。

4. 第四部分为专用设备投资情况,包括本年允许抵免的环境保护专用设备投资额、本年允许抵免的节能节水的专用设备投资额、本年允许抵免的安全生产专用设备投资额,分别在第9行~第11行填写,是对本年度专用设备投资额的种类的汇总。

(二)列次填报

本表共12列,分为四部分。

1. 第一部分是企业税额抵免的基本情况,包括年度、本年抵免前应纳税额、本年允许抵免的专用设备投资额及本年可抵免税额,分别填写第1列~第4列。第2列"本年抵免前应纳税额"填报纳税人主表A100000第25行"应纳所得税额"减第26行"减免所得税额"后的金额。2009—2013年度的"当年抵免前应纳税额"填报原《企业所得税年度纳税申报表(A类)》第27行"应纳所得税额"减第28行"减免所得税额"后的金额。第3列"本年允许抵免的专用设备投资额"填报纳税人本年购置并实际使用《环境保护专用设备企业所得税优惠目录》《节能节水专用设备企业所得税优惠目录》和《安全生产专用设备企业所得税优惠目录》规定的环境保护、节能节水、安

全生产等专用设备的发票价税合计金额。第4列"本年可抵免税额"填报第3列×10%的金额。

2. 第二部分是以前年度已抵免额，分别填写第5列~第10列，其中前五年度、前四年度、前三年度、前二年度、前一年度与"项目"列中的前五年度、前四年度、前三年度、前二年度、前一年度相对应。第10列"以前年度已抵免额——小计"填报第5列+第6列+第7列+第8列+第9列的金额。

3. 第三部分是本年度实际抵免的各年度税额，第1行~第6行填报纳税人用于依次抵免前5年度及本年尚未抵免的税额，第11列小于等于第4列~第10列，且第11列第1行~第6行合计数不得大于第6行第2列的金额。

4. 第四部分是可结转本年以后年度抵免的税额，填写第12列第2列+第3列+……+第6行的金额。

（三）表间关系

1. 第7行第11列≤表A100000第25行-第26行。

2. 第7行第11列=表A100000第27行。

3. 第2列=表A100000第25行-表A100000第26行。

2009—2013年度：第2列=原《企业所得税年度纳税申报表（A类）》第27行-第28行。

（四）案例解析

【案例8-6】分析2

根据A公司的投资情况，假设A企业进行2015年度企业所得税申报，填写表8-14《A107050税额抵免优惠明细表》，填写结果如下。

表8-14   A107050 税额抵免优惠明细表

单位：万元

行次	项目	年度	本年抵免前应纳税额 1	本年允许抵免的专用设备投资额 2	本年可抵免税额 4=3×10%	以前年度已抵免额 前五年度 5	前四年度 6	前三年度 7	前二年度 8	前一年度 9	小计 10 (5+6+7+8+9)	本年实际抵免的各年度税额 11	可结转以后年度抵免的税额 12 (4-10-11)
1	前五年度	2010	500.00	12 000.00	1 200.00	500.00	500.00	200.00			1 200.00		*
2	前四年度	2011	500.00			*							
3	前三年度	2012	600.00			*	*						
4	前二年度	2013	700.00	4 000.00	400.00	*	*	*	400.00		400.00		
5	前一年度	2014	300.00			*	*	*	*				
6	本年度	2015	600.00	9 000.00	900.00	*	*	*	*	*	*	600.00	300.00
7	本年实际抵免税额合计											600.00	
8	可结转以后年度抵免的税额合计												300.00
9	专用设备投资情况	本年允许抵免的环境保护专用设备投资额											9 000
10		本年允许抵免的能节能节水的专用设备投资额											
11		本年允许抵免的安全生产专用设备投资额											

填写要点：

（1）第6行第1列填2015年度，第1行～第5行依次填写2010—2014年度；

（2）第2列填2010—2015年度"抵免前应纳税额"；

（3）第3列填写各年度允许抵免的专用设备投资额，第1行2010年为12 000万元，第4行2013年为4 000万元，第6行2015年为9 000万元；

（4）第4列第1行～第6行等于第3列对应金额乘以10%，作为各年度可抵免的税额；

（5）第1行第4列2010年度可抵免的税额为1 200万元，用当年可抵免的税额抵免500万元，2011年可抵免的税额抵免500万元，2012年可抵免的税额抵免200万元，依次填入第1行第5列～第7列，第10列为合计数1 200万元；

（6）第4行第4列2013年度可抵免的税额为400万元，直接用当年可抵免的税额抵免，填入第8列，第10列为合计数400万元；

（7）第6行第4列2015年度可抵免的税额为900万元，用当年可抵免的税额抵免600万元，填入第11列，结转以后年度抵免300万元，填入第12列；

（8）第9行本年允许抵免的环境保护专用设备投资额填写9 000万元。

第九章　企业所得税弥补亏损及申报

【学习目标】

1. 掌握税法亏损的含义；
2. 掌握我国企业所得税弥补亏损的基本税务处理；
3. 掌握所得税弥补亏损申报表的填写；
4. 了解特殊情形下弥补亏损的税务处理。

【案例9-1】

A公司2010年1月1日成立，2010—2015年的会计利润情况如下：

表9-1　　　　　　　　2010—2015年的会计利润

单位：万元

年度	2010	2011	2012	2013	2014	2015
利润总额	-80	20	40	90	10	40

其中，2010年"营业外支出"中包含税收滞纳金10万元；2011年"投资收益"中包含40万元国债利息收入；2012年"营业外支出"中包含赞助支出20万元；2013年、2014年、2015年的"投资收益"中均包含从被投资企业B公司（居民企业）分得的股息收入30万元。

A公司未发生合并、分立业务。

根据上述资料回答下列问题：

1. A公司2010—2015年应纳税所得额是多少，是否需要缴纳所得税？
2. 填写A公司2015年度《A106000企业所得税亏损弥补明细表》。

第一节　企业所得税弥补亏损的税务处理

一、亏损认定

（一）税法对亏损的认定

企业所得税法所指的亏损，是指企业按照税法的规定计算的每一纳税年度的收入总额减除不征税收入、免税收入和各项扣除后小于零的数额。

其用计算公式表示为：每一纳税年度的收入总额−不征税收入−免税收入−各项扣除=应纳税所得额<0，其中为负数的应纳税所得额为税法认定的企业亏损额。

但企业在实际确认亏损时，并不直接依据上述公式，而是根据填写《企业所得税纳税申报表》的需要，按税法规定对会计利润进行纳税调增或调减后的数据来确认亏损。

计算公式为：

纳税调整后所得=利润总额+纳税调增额−纳税调减额−免税、减计收入及加计扣除+境外应税所得抵减境内亏损

如果纳税调整后所得小于0，则为负数的纳税调整后所得为税法认定的企业亏损额。

（二）会计对亏损的认定

会计上的亏损是指当年总收益小于当年总支出，其具体表现为按会计准则或会计制度计算的本年利润为负数，该负数就为当年的会计亏损额。

纳税人发生的允许在税前列支的年度亏损，不是企业财务报表中反映的

亏损额，而是按税法规定经过纳税调整后的亏损额。

（三）税法与会计对亏损认定的差异

由于税法与会计对亏损认定的口径有差异，因此可能会出现以下三种情况：

1. 会计上亏损，税法上不亏损

企业计算的会计利润总额小于0，为亏损，但在计算企业所得税时，对会计利润进行纳税调整，而调整后的金额大于0，需要缴纳企业所得税。

2. 会计上不亏损，税法上亏损

企业计算的会计利润总额大于0，为盈利，但在计算企业所得税对会计利润进行纳税调整后，金额小于0，为税法上的亏损，不需要缴纳企业所得税。

【案例9-1】分析1

A公司2011年取得40万元的国债利息收入40万元属于免税收入，纳税调整所得=20-40=-20（万元）；

2014年取得居民企业股息红利等权益性收益30万元属于免税收入，纳税调整所得=10-30=-20（万元）；

2011年和2014年会计利润为正数，但是纳税调整所得为负数，出现了税法认可的亏损。

2012年营业外支出中包含赞助支出20万元，应当纳税调增，纳税调整所得=40+20=60（万元）；

2013年纳税调整所得=90-30=60（万元）；

2015年纳税调整所得=40-30=10（万元）。

3. 会计上亏损，税法上也亏损，但两者亏损金额不同

企业计算的会计利润小于0，在会计上出现了亏损，但在计算企业所得税时，对会计利润进行纳税调整，而调整后的金额依然小于0，不需要缴纳企业所得税。

【案例9-1】分析2

A公司2010年发生的税收滞纳金10万元属于税前不得扣除的项目,应纳税所得额=-80+10=-70(万元);会计亏损和税法认定的亏损金额不同。

二、亏损弥补的方法

(一)企业所得税亏损弥补的方法

税法规定,企业某一纳税年度发生的亏损可以用下一年度的所得弥补,下一年度的所得不足以弥补的,可以逐年延续弥补,但最长不得超过5年。而且,企业在汇总计算缴纳企业所得税时,其境外营业机构的亏损不得抵减境内营业机构的盈利。

上述所谓的"最长不得超过5年",是指从亏损年度的下一年开始算起,以连续的、不间断的5年时间作为弥补期,而不管这5年内是盈利还是亏损。5年之内企业仍然没有弥补完的亏损,不得再进行弥补。

(二)特殊情形下亏损弥补的税务处理

1. 企业法律形式改变情况下的亏损弥补

企业法律形式改变,是指企业注册名称、住所以及企业组织形式等的简单改变。

企业发生法律形式简单改变,但仍需要缴纳企业所得税的,其变更前发生的未超过弥补期限的亏损可由变更后的企业继续在规定的期限内弥补。

【例9-1】A商贸公司因连年经营亏损,经股东大会一致决议,决定更换现有的法定代表人,并将公司更名为华北国际物流交易中心。原A商贸公司的亏损如何处理?

分析: A商贸公司进行的更换名称、法定代表人的变动只是法律形式的简单改变,其经营实体的实质未改变,因此原商贸公司以前年度的亏损,在税法规定的期限内由变更后的华北国际物流交易中心进行弥补。

2. 企业合并情形下的亏损弥补

企业合并，是指一家或多家企业（以下称为被合并企业）将其全部资产和负债转让给另一家现存或新设企业（以下称为合并企业），被合并企业股东换取合并企业的股权或非股权支付，实现两个或两个以上企业的依法合并。

（1）一般情况下，被合并企业的亏损不得在合并企业结转弥补。

（2）企业合并同时符合以下条件的，可对企业亏损弥补进行特殊性税务处理。

① 具有合理的商业目的，且不以减少、免除或者推迟缴纳税款为主要目的。

② 企业重组后的连续12个月内不改变重组资产原来的实质性经营活动。

③ 企业重组中取得股权支付的原主要股东，在重组后连续12个月内，不得转让所取得的股权。

④ 企业股东在该企业合并发生时取得的股权支付金额不低于其交易支付总额的85%，以及同一控制下且不需要支付对价的企业合并。

企业合并符合上述条件的，合并企业可以弥补被合并企业的亏损，但在弥补亏损时有限额规定。

可由合并企业弥补的被合并企业亏损的限额=被合并企业净资产公允价值×截至合并业务发生当年年末国家发行的最长期限的国债利率

计算时需要注意的是以被合并企业净资产的公允价值为基数，而非资产总额，也不是净资产账面价值。

【例9-2】 2015年10月，经协商同意，A公司合并B公司，合并日B公司有账面净资产1 500万元，评估的净资产公允价值为2 000万元，未超过弥补期限的亏损额220万元。股权支付比例超过85%，2015年发行的最长期限的国债利率为5%。若A公司采用特殊性税务处理，如何进行亏损弥补？

分析： 可由A公司弥补的被合并B公司亏损限额=2 000×5%=100（万元）。

B公司未超过弥补期限的亏损额为220万元，只能由A公司弥补100万元,超过限额的120万元亏损不得由A公司弥补。

3. 企业分立情形下的亏损弥补

企业分立,是指一家企业(以下称为被分立企业)将部分或全部资产分离转让给现存或新设的企业(以下称为分立企业),被分立企业股东换取分立企业的股权或非股权支付,实现企业的依法分立。

(1)一般情况下,分立企业的亏损不得相互结转弥补。

(2)企业分立符合以下条件的,可对企业亏损弥补进行特殊性税务处理。

① 具有合理的商业目的,且不以减少、免除或者推迟缴纳税款为主要目的。

② 企业重组后的连续12个月内不改变重组资产原来的实质性经营活动。

③ 企业重组中取得股权支付的原主要股东,在重组后连续12个月内,不得转让所取得的股权。

④ 被分立企业所有股东按原持股比例取得分立企业的股权,分立企业和被分立企业均不改变原来的实质经营活动,且被分立企业股东在该企业分立发生时取得的股权支付金额不低于其交易支付总额的85%。

企业分立符合上述条件的,被分立企业未超过法定弥补期限的亏损额可按分立资产占全部资产的比例进行分配,由各分立企业继续弥补。

三、弥补亏损其他相关规定

(一)预缴税款时可以直接弥补以前年度亏损

企业分月或者分季预缴企业所得税时,根据《国家税务总局关于填报企业所得税月(季)度预缴纳税申报表有关问题的通知》(国税函〔2008〕635号)规定:实际利润额应按会计制度核算的利润总额减除以前年度待弥补亏损以及不征税收入、免税收入后的余额。由此看出,在纳税人采取按实际利润额预缴企业所得税时,如果预缴当期的利润总额大于零,可以直接弥补以前年度亏损。

（二）纳税检查调增的应纳税所得额可用来弥补亏损

税务机关对企业以前年度纳税情况进行检查时调增的应纳税所得额，凡企业以前年度发生亏损，且该亏损属于企业所得税法规定允许弥补的，应允许用调增的应纳税所得额弥补该亏损。弥补亏损后仍有余额的，按照《企业所得税法》规定计算缴纳企业所得税。对检查调增的应纳税所得额应根据其情节，依照《中华人民共和国税收征收管理法》有关规定进行处理或处罚。

第二节 《A106000企业所得税弥补亏损明细表》的填写

一、《A106000企业所得税弥补亏损明细表》的填写方法

本表填报纳税人根据税法，在本纳税年度及本纳税年度前5年度的纳税调整后所得、合并、分立转入（转出）可弥补的亏损额、当年可弥补的亏损额、以前年度亏损已弥补额、本年度实际弥补的以前年度亏损额、可结转以后年度弥补的亏损额。

（一）行次填报

本表共7行，第1行～第6行填报本年及本年之前五年度的亏损弥补情况，第7行填报可结转以后年度弥补的亏损额。

（二）列次填报

本表共11列分4部分：
第一部分第1列～第4列填写各年度可弥补的亏损额；
第二部分第5列～第9列填写以前年度亏损用以前年度盈利已弥补额；
第三部分第10列填写本年度实际可弥补以前年度亏损额；

第四部分第11列填写可结转以后年度弥补亏损额。

（三）表间关系

1. 第6行第2列=表A100000第19行。

2. 第6行第10列=表A100000第22行。

二、案例解析

根据【案例9-1】的资料填写《A106000企业所得税弥补亏损明细表》，见表9-2。

表9-2　A106000　企业所得税弥补亏损明细表

单位：元

行次	项目	年度	纳税调整后所得	合并、分立转入（转出）可弥补的亏损额	当年可弥补的亏损额	以前年度亏损已弥补额					本年度实际弥补的以前年度亏损额	可结转以后年度弥补的亏损额
						前四年度	前三年度	前二年度	前一年度	合计		
		1	2	3	4	5	6	7	8	9	10	11
1	前五年度	2010	-700 000	0	-700 000		600 000	100 000		700 000		*
2	前四年度	2011	-200 000	0	-200 000	*		200 000		200 000		
3	前三年度	2012	600 000	0	600 000	*	*			—		
4	前二年度	2013	600 000	0	600 000	*	*	*		*		
5	前一年度	2014	-200 000	0	-200 000	*	*	*	*	*	100 000	-100 000
6	本年度	2015	100 000	0	100 000	*	*	*	*	*	100 000	
7	可结转以后年度弥补的亏损额合计											-100 000

填写要点：

（1）第1列"年度"栏次的填写：

第6行填写2015，从第6行向上推，第5行～第1行分别填写2014、2013、2012、2011、2010。

（2）第2列"纳税调整后所得"栏次的填写：

第1行～第6行填报本年及以前年度"纳税调整后所得"，依次填写–700 000元，–200 000元，600 000元，600 000元，–200 000元，100 000元。

（3）A公司没有合并分立业务，第3列"合并分立企业转入可弥补亏损额"栏次的填写第1行～第6行均填写0。

（4）第4列"当年可弥补的亏损额"栏次的填写：

本栏次金额等于第2列与第3列数据之和。第1行～第6行依次填写–700 000元，–200 000元，600 000元，600 000元，–200 000元，100 000元。

（5）"以前年度亏损已弥补额"部分的填写：

第1行2010年度亏损700 000元，2012年弥补600 000元填在第6列"前三年度"、2013年弥补100 000元填在第7列"前二年度"；

第2行2011年度亏损200 000元，2013年弥补200 000元填在第7列"前二年度"；

第5行2014年度亏损200 000元，本年度弥补100 000元填在第10列，结转以后年度弥补的亏损100 000元；

第6行第10列本年度弥补合计100 000元，同时将该数据转入主表A100000的第22行，第7行结转以后年度弥补的亏损累计100 000元。

第十章 境外所得税收抵免及申报

【学习目标】

1. 了解境外所得税收抵免的范围；
2. 掌握境外所得税收抵免的计算方法；
3. 掌握境外所得税收抵免的纳税申报。

为避免国际所得或财产重复课税，促进"走出去"企业积极开拓国际市场，增强国际竞争力，我国《企业所得税法》及其实施条例中规定：居民企业和非居民企业在中国境内设立的机构、场所（以下统称企业），取得来源于中国境外的应纳税所得，已在境外缴纳的所得税税额，可以在其当期应纳税额中抵免。关于境外所得税收抵免，我国先后在《企业所得税法》及其实施条例、《财政部 国家税务总局关于企业境外所得税收抵免有关问题的通知》（财税〔2009〕125号）和《国家税务总局关于发布〈企业境外所得税收抵免操作指南〉的公告》（国家税务总局公告2010年第1号）中做出相关规定。

【案例10-1】

居民企业A公司2015年度利润总额为3 000万元，适用25%的所得税税率，境外所得明细情况如下：

1. 在甲国设立分公司B，2015年度B公司税后营业利润120万元，在甲国缴纳所得税30万元，A公司与B公司的共同支出为100万元，按照收入总额比例进行分摊，2015年度A公司、B公司收入总额分别为5 000万元、300万元，B公司无以前年度亏损，甲国企业所得税税率为20%。

2. 在乙国投资成立子公司C，直接控股80%，2015年度C公司分回股息60万元（C公司实现税后利润300万元），在乙国缴纳预提所得税12万元，C公司无以前年度亏损，乙国所得税税率为40%，预提所得税税率为20%。

3. 在丙国设立分公司D，2015年度D公司营业利润-600万元，同时，A公司从丙国取得利息收入31万元，支付相关手续费1万元，利息所得缴纳预提所得税3万元。D公司2014年发生非实质性亏损300万元，丙国企业所得税税率为25%。

4. A公司以前年度境外所得已缴所得税未抵免余额见表10-1。

表10-1　　　　　　　　A公司以前年度未抵免余额

单位：元

行次	国家（地区）	2010年	2011年	2012年	2013年	2014年	小计
1	甲国	10 000	10 000	20 000	20 000	10 000	70 000
2	乙国	30 000	30 000	30 000	10 000	20 000	120 000
	合　计	40 000	40 000	50 000	30 000	30 000	190 000

5. 在丁国设立分公司E，2015年度实现税后营业利润100万元，已在丁国缴纳所得税35万元，虽有丁国政府核发的具有纳税性质的凭证或证明，但因客观原因无法真实、准确地确认应当缴纳并已经实际缴纳所得税，丁国的法定税率及其实际有效税率明显高于我国，E分公司以前年度无亏损。

根据上述资料完成下列问题：

1. A公司来源于甲国、乙国、丙国和丁国的所得如何进行税务处理？
2. 填写A公司境外所得税收抵免的相关申报表。

第一节　境外所得税收抵免的税务处理

一、境外所得已纳税额的抵免范围及条件

境外所得已纳所得税税额按照"分国不分项"的原则进行抵免，具体的范围及条件如下。

（一）境外所得已纳税额的抵免范围

企业取得已在境外缴纳或负担所得税税额的下列所得，可以从其当期应纳税额中抵免：

1. 居民企业来源于中国境外的应税所得；

2. 非居民企业在中国境内设立机构、场所，取得发生在中国境外，但与该机构、场所有实际联系的应税所得；

3. 居民企业从其直接或者间接控制的外国企业分得的来源于中国境外的股息、红利等权益性投资收益，外国企业在境外实际缴纳的所得税税额中属于该项所得负担的部分，可以作为该居民企业的可抵免境外所得税税额，在抵免限额内抵免。

由居民企业直接或间接控制的外国企业是指：①直接控制，指居民企业直接持有外国企业20%以上股份；②间接控制，指居民企业以间接持股方式持有外国企业20%以上股份，具体认定办法由国务院财政、税务主管部门另行制定。

（二）抵免境外所得已纳税额的限定条件

企业应准确计算当期与抵免境外所得税相关的项目，具体包括：

1. 境内所得的应纳税所得额和分国（地区）别的境外所得的应纳税所得额；

2. 分国（地区）别的可抵免境外所得税税额；

3. 分国（地区）别的境外所得税的抵免限额。

企业不能准确计算上述项目实际可抵免分国（地区）别的境外所得税税额的，在相应国家（地区）缴纳的税收均不得在该企业当期应纳税额中抵免，也不得结转以后年度抵免。

【案例10-1】分析1

A公司从甲国、乙国、丙国和丁国取得的所得属于居民企业取得来源于境外的应税所得，符合抵免境外所得已纳税额的条件，其在境外已缴纳的所得税可以在企业所得税前进行抵免。

二、境外纳税调整后所得的计算

（一）境外税后所得的确定

1. 生产经营所得应纳税所得额的计算

居民企业在境外投资设立不具有独立纳税地位的分支机构，其来源于境外的所得，以境外收入总额扣除与取得境外收入有关的各项合理支出后的余额为应纳税所得额。无论是否汇回中国境内，均应计入该企业所属纳税年度的境外应纳税所得额。境外分支机构合理支出范围通常包括境外分支机构发生的人员工资、资产折旧、利息、相关税费和应分摊的总机构用于管理分支机构的管理费用等。

2. 股息、红利等权益性投资收益应纳税所得额的计算

居民企业取得来源于境外的股息、红利等权益性投资收益，或非居民企业在境内设立机构、场所的，取得来源于境外的但与境内所设机构、场所有实际联系的股息、红利等权益性投资收益，应按被投资方做出利润分配决定的日期确认收入实现，扣除与取得该项收入有关的各项合理支出后的余额为应纳税所得额。与取得股息、红利相关的合理支出包括与境外投资业务有关的项目研究、融资成本和管理费用。

3. 其他所得应纳税所得额的计算

居民企业取得来源于境外的利息、租金、特许权使用费、转让财产等收入，或非居民企业在境内设立机构、场所的，取得来源于境外的但与境内所设机构、场所有实际联系的利息、租金、特许权使用费、转让财产等收入，应按有关合同约定应付交易对价款的日期确认收入实现，扣除与取得该项收入有关的各项合理支出后的余额为应纳税所得额。

其中合理支出是指：取得利息而发生的相应的融资成本和相关费用；租金，属于融资租赁的融资成本；经营租赁的租赁物相应的折旧或折耗；提供特许使用的资产的研发、摊销等费用；被转让财产的成本净值和相关费用等。

（二）境外所得可抵免的税额

1. 直接缴纳的所得税税额

直接缴纳的所得税税额，是指企业来源于中国境外的所得，依照中国境外税收法律以及相关规定应当缴纳并已实际缴纳的企业所得税性质的税款。

但是，下列项目不属于可抵免的境外所得税范围：

（1）按照境外所得税法律及相关规定属于错缴或错征的境外所得税税款；

（2）按照税收协定规定不应征收的境外所得税税款；

（3）因少缴或迟缴境外所得税而追加的利息、滞纳金或罚款；

（4）境外所得税纳税人或者其利害关系人从境外征税主体得到实际返还或补偿的境外所得税税款；

（5）按照我国《企业所得税法》及其实施条例规定，已经免征我国企业所得税的境外所得负担的境外所得税税款；

（6）按照国务院财政、税务主管部门有关规定已经从企业境外应纳税所得额中扣除的境外所得税税款。

2. 间接负担的所得税税额

间接负担的境外所得税税额是指：居民企业从其直接或者间接控制的外国企业分得的来源于中国境外的股息、红利等权益性投资收益时，外国企业已在境外实际缴纳的所得税税额中属于该项所得负担的部分。

（1）间接负担的境外所得税税额的税收抵免原则

根据直接或者间接持股方式合计持股20%以上（含20%，下同）的规定层级的外国企业股份，由此应分得的股息、红利等权益性投资收益中，从最低一层外国企业起逐层计算的属于由上一层企业负担的税额。

（2）间接负担的境外所得税税额的税收抵免的计算

本层企业所纳税额属于由一家上一层企业负担的税额＝（本层企业就利润和投资收益所实际缴纳的税额＋由本层企业间接负担的税额）×本层企业向一家上一层企业分配的股息（红利）÷本层企业所得税后利润额

由居民企业直接或者间接持有20%以上股份的外国企业，限于符合以下持股方式的三层外国企业：

① 第一层：单一居民企业直接持有20%以上股份的外国企业；

② 第二层：单一第一层外国企业直接持有20%以上股份，且由单一居民企业直接持有或通过一家或多家符合规定持股条件的外国企业间接持有总和达到20%以上股份的外国企业；

③ 第三层：单一第二层外国企业直接持有20%以上股份，且由单一居民企业直接持有或通过一家或多家符合规定持股条件的外国企业间接持有总和达到20%以上股份的外国企业。

3. 享有税收饶让抵免的税额

居民企业从与我国政府订立税收协定（或安排）的国家（地区）取得的所得，按照该国（地区）税收法律享受了免税或减税待遇，且该免税或减税的数额按照税收协定规定应视同已缴税额在中国的应纳税额中抵免的，该免税或减税数额可作为企业实际缴纳的境外所得税额用于办理税收抵免。

税收饶让抵免应区别下列情况进行计算：

（1）税收协定规定定率饶让抵免的，饶让抵免税额为按该定率计算的应纳境外所得税额超过实际缴纳的境外所得税额的数额；

（2）税收协定规定列举一国税收优惠额给予饶让抵免的，饶让抵免税额为按协定国家（地区）税收法律规定税率计算的应纳所得税额超过实际缴纳税额的数额，即实际税收优惠额。

（三）其他调整项目

1. 境外分支机构收入与支出纳税调整额，是指纳税人境外分支机构收入、支出按照税法规定计算的纳税调整额。

2. 境外分支机构调整分摊扣除的有关成本费用

在计算境外应纳税所得额时，企业为取得境内外所得而在境内、境外发生的共同支出，与取得境外应税所得有关的、合理的部分，应在境内、境外（分国（地区）别）应税所得之间按照合理比例进行分摊后扣除。

共同支出，是指与取得境外所得有关但未直接计入境外所得应纳税所得额的成本费用支出，通常包括未直接计入境外所得的营业费用、管理费用和财务费用等支出。共同支出的分摊通常选用资产比例、收入比例、员工工资支出比例以及其他合理比例的一种或几种比例的综合比例，企业对在计算总所得额时已统一归集并扣除的共同费用，按境外每一国（地区）别数额占企业全部数额进行分摊。分摊比例确定后应报送主管税务机关备案；无合理原因不得改变。

3. 境外所得对应调整的相关成本费用支出，是指纳税人实际发生与取得境外所得有关但未直接计入境外所得应纳税所得的成本费用支出。

（四）境外纳税调整后所得

境外纳税调整后所得=境外税后所得+境外可抵免所得税税额-境外分支机构收入与支出纳税调整额-境外分支机构调整分摊扣除的有关成本费用-境外所得对应调整的相关成本费用支出

【案例10-1】分析2

1. 来源于分公司B的营业利润属于直接抵免的范围，直接缴纳的所得税30万元可以抵免，共同支出100万元应由B公司分担的部分计算如下：

B公司共同支出分摊率=（300÷5000）×100%=6%

B公司分摊的共同支出=100×6%=6（万元）

B公司境外所得纳税调整后所得的计算：

境外税前所得=120+30=150（万元）

境外所得纳税调整后所得=150-6=144（万元）

2.来源于子公司C的股息所得属于间接抵免的范围，C公司缴纳预提所得税12万元，C公司股息间接承担的所得税税额计算如下：

C公司税前利润=300÷（1-40%）=500（万元）

股息间接承担的所得税=500×40%×60÷300=40（万元）

因此C公司支付给A公司的股息已经在乙国缴纳的所得税=12+40=52（万元）

C公司税前所得=60×（1-20%）+52=100（万元），无其他纳税调整项目，C公司境外所得纳税调整后所得=100（万元）。

三、境外亏损的弥补

1.境外亏损的弥补原则

基于"分国不分项"计算抵免的原则，在汇总计算境外应纳税所得额时，企业在境外同一国家（地区）设立不具有独立纳税地位的分支机构，按照《企业所得税法》及其实施条例的有关规定计算的亏损，境外亏损不得抵减境内或他国（地区）的应纳税所得额。即境外亏损不能用境内所得弥补，不同国家的分支机构发生的亏损不得互相弥补。

2.非实质性亏损的弥补

非实际亏损是指境外分支机构发生亏损，但企业在同一纳税年度的境内外所得加总的和为零或正数的情形。由于受境外亏损弥补原则的限制而发生的未予弥补的部分，其当年度境外分支机构的非实际亏损额可无限期向后结转弥补，不受5年限制。

3.实质性亏损的弥补

实质性亏损是指企业当期境内外所得盈利额与亏损额加总后和为负数的情形。以境外分支机构的亏损额超过企业盈利额部分的实际亏损额，在不超过5年的期限内进行亏损弥补，未超过企业盈利额部分的非实际亏损额仍可无限期向后结转弥补。

【案例10-1】分析3

丙国分公司D，2015年度发生亏损600万元，同时从丙国取得利息所得=31-1-3=27（万元）。

D公司境外税后所得=-600+27=-573（万元）缴纳3万元预提所得税，D公司境外税前所得=-573+3=-570（万元），无其他纳税调整项目，丙国的境外所得纳税调整后所得为-570万元。由于A公司境内外利润总额为3 000万元，分公司D的亏损不能用境内所得弥补，也不能用其他国家的境外所得弥补，只能用D公司未来实现的所得弥补，2015年度亏损属于非实质性亏损，不受5年补亏期限的限制。

四、境外所得可抵免限额

我国对居民企业来源于境外的所得在境外已经缴纳或负担的所得税税款实行限额抵免。抵免限额是企业来源于中国境外的所得，依照我国税法规定计算的应纳税额。该抵免限额应当分国（地区）不分项计算。

（一）抵免限额的计算公式

境外所得税税额的抵免限额=中国境内、境外所得按税法计算的应纳税总额×来源于某国（地区）的应纳税所得额÷中国境内、境外应纳税所得总额

（二）抵免限额的跨年度结转

纳税人来源于境外所得在境外实际缴纳的税款，低于按上述公式计算的扣除限额的，可以从应纳税额中按实扣除；超过扣除限额的，其超过部分不得在本年度的应纳税额中扣除，也不得列为费用支出，但可用以后年度抵免限额抵免当年应抵税额后的余额进行抵补，抵补期限最长不得超过5年。5个年度，是指从企业取得的来源于中国境外的所得，已经在中国境外缴纳的企业所得税性质的税额超过抵免限额的当年的次年起连续5个纳税年度。

【案例10-1】分析4

1. 甲国B公司无以前年度亏损，A公司无境内亏损，因此B公司的税收抵免为：

（1）境外所得纳税调整后所得=境外应纳税所得额=抵减境内亏损后的境外应纳税所得额=144（万元）；

（2）境外所得应纳税额=144×25%=36（万元）；

境外所得抵免限额=36（万元）；

（3）境外所得可抵免的税额=30（万元）；

（4）本年可抵免境外所得税额=30（万元）；

（5）未超过境外所得税抵免限额的余额=36-30=6（万元）；

（6）可用于抵免甲国以前年度未抵免的余额，将2010—2013年的未抵免余额于2015年度抵免；

（7）本年可抵免以前年度未抵免境外所得税额=6（万元）。

2. 乙国C公司无以前年度亏损，A公司无境内亏损，因此C公司的税收抵免如下：

（1）境外所得纳税调整后所得=境外应纳税所得额=抵减境内亏损后的境外应纳税所得额=100（万元）；

（2）境外所得应纳税额=100×25%=25（万元）；

（3）境外所得抵免限额=25（万元）；

（4）境外所得可抵免的税额=52（万元）；

（5）本年可抵免境外所得税额=25（万元）；

（6）本年超过抵免限额未抵免的税额=52-25=27（万元）可以在以后5个年度内用抵免限额抵免当年应抵税额后的余额进行抵补。

3. 丙国D公司以前年度非实质性亏损300万元，A公司无境内亏损，因此D公司的税收抵免为：

（1）丙国的境外所得纳税调整后所得为-570万元，无法弥补以前年度亏损；

（2）境外应纳税所得额=抵减境内亏损后的境外应纳税所得额=-570（万元）；

（3）境外所得应纳税额、境外所得抵免限额、境外所得可抵免的税额、本年可抵免境外所得税额均为0。

五、按简易办法计算的抵免

企业从境外取得营业利润所得，以及符合境外税额间接抵免条件的股息所得，虽有所得来源国（地区）政府机关核发的具有纳税性质的凭证或证明，但因客观原因无法真实、准确地确认应当缴纳并已经实际缴纳的境外所得税税额的，适用简易计算办法计算可抵免的境外所得税税额。分三种情形：

1. 按低于12.5%的实际税率计算的抵免额。适用于所得来源国（地区）的实际有效税率低于我国《企业所得税法》第四条第一款规定税率50%以上的，即所得来源于所得税税率低于12.5%的国家（地区），企业直接缴纳及间接负担的税额，企业按该国（地区）税务机关或政府机关核发具有纳税性质凭证或证明的金额进行抵免。

2. 按境外应纳税所得额的12.5%作为抵免限额。企业按该国（地区）税务机关或政府机关核发具有纳税性质凭证或证明的金额，其不超过抵免限额的部分，准予抵免；超过的部分不得抵免。

3. 按25%计算抵免限额。

该简易办法适用于，企业从境外取得营业利润所得以及符合境外税额间接抵免条件的股息所得，其所得来源国（地区）的法定税率且其实际有效税率明显高于我国。

这些国家和地区包括美国、阿根廷、布隆迪、喀麦隆、古巴、法国、日本、摩洛哥、巴基斯坦、赞比亚、科威特、孟加拉国、叙利亚、约旦、老挝。

【案例10-1】分析5

丁国分公司E，2015年度实现税后营业利润所得100万元，已在丁国缴纳所得税35万元，虽有丁国政府核发的具有纳税性质的凭证或证明，但因客观原因无法真实、准确地确认应当缴纳并已经实际缴纳所得税，应采用简易计税办法，境外税前所得=100+35=135（万元）；

无其他纳税调整项目，境外所得纳税调整后所得=135（万元）；

丁国E公司无以前年度亏损，A公司无境内亏损；

境外应纳税所得额=抵减境内亏损后的境外应纳税所得额=135（万元）；

由于丁国的法定税率及实际有效税率明显高于我国，适用按25%计算抵免限额，境外所得抵免限额=135×25%=33.75（万元）。

第二节　境外所得税收抵免相关表格的填写

《A108000境外所得税收抵免明细表》（以下简称表A108000）是一级附表，是反映企业境外所得税收抵免过程的总表，其信息来源于三张二级附表：《A108010境外所得纳税调整后所得明细表》（以下简称表A108010），《A108020境外分支机构弥补亏损明细表》（以下简称表A108020），《A108030跨年度结转抵免境外所得税明细表》（以下简称表A108030）。具体填写要点如下。

一、填写要点

（一）《A108010境外所得纳税调整后所得明细表》的填写

本表填报本年来源于或发生于不同国家、地区的所得按照税法规定计算的境外所得纳税调整后所得。共18列，第1列填列境外纳税人境外所得来源的国家（地区）名称，来源于同一个国家（地区）的境外所得可合并到一行填报。其余列次分五大部分：

1.第一部分第2列~第9列，填报纳税人取得的来源于境外的税后所得，将分支机构营业利润所得，股息、红利等权益性投资所得，利息，租金，特许权使用费、财产转让所得以及其他所得分别填至第2列~第8列，第9列为第2列~第8列合计数；

2. 第二部分第10列~第13列，填报境外所得可抵免的所得税额，第10列"直接缴纳的所得税额"：填报纳税人来源于境外的营业利润所得在境外所缴纳的企业所得税，以及就来源于或发生于境外的股息、红利等权益性投资所得、利息、租金、特许权使用费、财产转让等所得在境外被源泉扣缴的预提所得税。第11列"间接负担的所得税额"：填报纳税人从其直接或者间接控制的外国企业分得的来源于中国境外的股息、红利等权益性投资收益，外国企业在境外实际缴纳的所得税额中属于该项所得负担的部分。第12列"享受税收饶让抵免税额"：填报纳税人从与我国政府订立税收协定（或安排）的国家（地区）取得的所得，按照该国（地区）税收法律享受了免税或减税待遇，且该免税或减税的数额按照税收协定应视同已缴税额的金额。第13列为第10列~第12列合计数；

3. 第三部分第14列，境外税前所得=境外税后所得合计数+直接缴纳的所得税额+间接负担的所得税额=第9列+第10列+第11列；

4. 第四部分第15列~第17列，其他调整项目，用于填报共同支出分摊和未计入应纳税所得额的费用支出；

5. 第五部分第18列，填报境外所得纳税调整后所得=第14列+第15列-第16列-第17列。

表间关系：

1. 第13列各行=表A108000第10列相应行次。

2. 第14列各行=表A108000第2列相应行次。

3. 第14列—第11列=主表A100000第14行。

4. 第16列合计+第17列合计=表A105000第28行第3列。

5. 第18列各行=表A108000第3列相应各行。

（二）《A108020境外分支机构弥补亏损明细表》的填写

本表填报境外分支机构本年及以前年度发生的税前尚未弥补的非实际亏损额和实际亏损额、结转以后年度弥补的非实际亏损额和实际亏损额。共19列，第1列填列境外纳税人境外所得来源的国家（地区）名称，来源于同一个国家（地区）的境外所得可合并到一行填报。其余列次分两大部分：

1. 第一部分第2列～第5列，填报非实质性亏损的弥补，分别填写纳税人境外分支机构非实际亏损额未弥补金额、本年发生的金额、本年弥补的金额、结转以后年度弥补的金额。

2. 第二部分第6列～第19列，填报纳税人境外分支机构实际亏损额弥补金额。

表间关系：

第4列各行+第13列各行=表A108000第4列相应行次。

（三）《A108030跨年度结转抵免境外所得税明细表》的填写

本表填报本年发生的来源于不同国家或地区的境外所得超过按照我国税收法律、法规的规定可以抵免的所得税限额，可以在5个年度内进行抵免。共19列，第1列填列境外纳税人境外所得来源的国家（地区）名称，来源于同一个国家（地区）的境外所得可合并到一行填报。其余列次分三大部分：

1. 第一部分第2列～第7列，填报纳税人前五年境外所得已缴纳的企业所得税尚未抵免的余额；

2. 第二部分第8列～第13列，填报纳税人用本年未超过境外所得税款抵免限额的余额抵免以前年度未抵免的境外已缴所得税额。

3. 第三部分第14列～第19列，填报纳税人以前年度和本年未能抵免并结转以后年度抵免的境外所得已缴所得税额。

表间关系：

1. 第13列各行=表A108000第14列相应行次。

2. 第18列各行=表A108000第10列相应行次－表A108000第12列相应行次（当表A108000第10列相应行次大于表A108000第12列相应行次时填报）。

（四）《A108000境外所得税收抵免明细表》的填写

本表填报本年来源于或发生于不同国家或地区的所得按照税收规定计算应缴纳和应抵免的企业所得税。共19列，第1列填列境外纳税人境外所得来源的国家（地区）名称，来源于同一个国家（地区）的境外所得可合并到一行填报，第2列~第19列共分为二部分：

1. 第一部分第2列~第14列，填报用限额抵免法计算的境外所得税抵免，具体分为三个步骤：第一步确定境外应纳税所得额；第二步计算境外所得抵免限额，第三步比较境外所得可抵免税额与抵免限额，超过抵免限额的部分，可以在以后5个年度内，用每年度抵免限额抵免当年应抵税额后的余额进行抵补。如果当年可抵免税额小于抵免限额，可以用未超过境外所得税抵免限额的余额抵免以前年度未抵免的税额。

（1）第一步骤第2列~第7列，第2列"境外税前所得"：填报表A108010第14列的金额；第3列"境外所得纳税调整后所得"填报表A108010第18列的金额；第4列"弥补境外以前年度亏损"填报表A108020第4列和第13列的合计金额；第5列"境外应纳税所得额"填报第3列−第4列的金额；第6列"抵减境内亏损"填报纳税人境外所得按照税法规定抵减境内的亏损额；第7列"抵减境内亏损后的境外应纳税所得额"填报第5列−第6列的金额。

（2）第二步骤第8列、第9列、第11列，第8列"税率"填报法定税率25%，高新技术企业填报15%；第9列"境外所得应纳税额"填报第7列×第8列的金额；第11列"境外所得抵免限额"：境外所得抵免限额按以下公式计算：抵免限额=中国境内、境外所得依照《企业所得税法》及其条例的规定计算的应纳税总额×来源于某国（地区）的应纳税所得额÷中国境内、境外应纳税所得总额。

（3）第三步骤第10列、第12列~第14列，第10列"境外所得可抵免税额"：填报表A108010第13列的金额；第12列"本年可抵免境外所得税额"：填报纳税人本年来源于境外的所得已缴纳所得税在本年度允许抵免的金额，填报第10列、第11列孰小的金额；第13列"未超过境外所得税抵免限额的余额"：填报纳税人本年在抵免限额内抵免完境外所得税后有余额的、可用于抵免以前年度结转的待抵免的所得税额，填报第11列−第12列的金额；第14列"本年可抵免以前年度未抵免境外所得税额"：填报纳税人本年可抵免以前年度未抵免、结转到本年度抵免的境外所得税额，填报第13列、《A108030跨年度结转抵免境外所得税明细表》第7列孰小的金额。

2. 第二部分第15列~第18列，填写简易办法计算的境外所得税收抵免的三种情形：第15列填报"按低于12.5%的实际税率计算的抵免额"；第16列填报"按12.5%计算的抵免额"；第17列填报"按25%计算的抵免额"。

表间关系：

1. 第2列各行=表A108010第14列相应行次。

2. 第2列合计=表A108010第14列合计。

3. 第3列各行=表A108010第18列相应行次。

4. 第4列各行=表A108020第4列相应行次+表A108020第13列相应行次。

5. 第6列合计=表A100000第18行。

6. 第9列合计=表A100000第29行。

7. 第10列各行=表A108010第13列相应行次。

8. 第14列各行=表A108030第13列相应行次。

9. 第19列合计=表A100000第30行。

二、案例解析

根据【案例10-1】及上述分析填写境外所得税收抵免的相关表格。

（一）《A108010境外所得纳税调整后所得明细表》填写

表10-2　A108010 境外所得纳税调整后所得明细表

单位：元

行次	国家（地区）	境外税后所得							境外所得可抵免的所得税额					境外税前所得	境外分支机构调整分摊扣除的有关成本费用	境外所得对应调整的相关成本费用支出	境外所得纳税调整后所得
		分支机构营业利润所得	股息、红利等权益性投资所得	利息所得	租金所得	特许权使用费所得	财产转让所得	其他所得	小计	直接缴纳的所得税额	间接负担的所得税额	享受税收饶让抵免税额	小计	境外税前所得	境外分支机构收入与支出纳税调整额		
		1	2	3	4	5	6	7	8	9 (2+3+4+5+6+7+8)	10	11	12	13 (10+11+12)	14 (9+10+11)	15	16	17	18 (14+15-16-17)
1	甲国	1 200 000							1 200 000	300 000			300 000	1 500 000		60 000		1 440 000
2	乙国		480 000						480 000	120 000	400 000		520 000	1 000 000				1 000 000
3	丙国	-6 000 000		270 000					-5 730 000	30 000			30 000	-5 700 000				-5 700 000
4	丁国	1 000 000							1 000 000	350 000			350 000	1 350 000				1 350 000
5																		
6																		
7																		
8																		
9																		
10	合计	-3 800 000	480 000	270 000					-3 050 000	800 000	400 000		1 200 000	-1 850 000		60 000		-1 910 000

填写要点:

(1) 第1行填写来源于甲国的境外所得抵免, B分公司的税后营业利润1 200 000元填入第2列, 第9列填合计数1 200 000元; 直接缴纳的所得税填写第10列300 000元, 第13列填合计数300 000元; 第14列填写境外税前所得1 500 000元; 境外分支机构分摊的支出60 000元填第16列, 第18列境外所得纳税调整后所得填1 440 000元。

(2) 第2行填写来源于乙国的境外所得抵免, 从C公司取得的股息480 000元填入第3列, 第9列填合计数480 000元; 直接缴纳的所得税120 000元填写第10列, 间接负担的所得税400 000元填写第11列, 第13列填合计数520 000元; 第14列填写境外税前所得1 000 000元; 无其他纳税调整项目, 第18列境外所得纳税调整后所得填1 000 000元。

(3) 第3行填写来源于丙国的境外所得抵免, D分公司的税后营业利润-6 000 000元填入第2列, 利息所得填入第4列270 000元, 第9列填合计数-5 730 000元; 直接缴纳的所得税填写第10列30 000元, 第13列填合计数30 000元; 第14列填写境外税前所得-5 700 000元; 第18列境外所得纳税调整后所得填-5 700 000元。

(4) 第4行填写来源于丁国的境外所得抵免, E分公司的税后营业利润1 000 000元填入第2列, 第9列填合计数1 000 000元; 直接缴纳的所得税填写第10列350 000元, 第13列填合计数350 000元; 第14列填写境外税前所得1 350 000元; 无其他纳税调整项目, 第18列境外所得纳税调整后所得填1 350 000元。

(5) 第10行填写合计数, 第2列填-3 800 000元, 第3列填480 000元, 第4列填270 000元, 第9列填-3 050 000元, 第10列填800 000元, 第11列填400 000元, 第13列填1 200 000元, 第14列填-1 850 000元, 第16列填60 000元, 第18列填-1 910 000元。

(二)《A108000境外所得税收抵免明细表》的填写

表10-3　　A108000　境外所得税收抵免明细表

单位：元

行次	国家(地区)	境外税前所得	境外所得纳税调整后所得	弥补境外以前年度亏损	境外应纳税所得额 (3-4)	抵减境内亏损	抵减境内亏损后的境外应纳税所得额 (5-6)	税率	境外所得应纳税额 (7×8)	境外所得可抵免税额	境外所得抵免限额	本年可抵免境外所得税额	未超过境外所得抵免限额的余额 (11-12)	本年可抵免以前年度未抵免境外所得税额	按低于12.5%的实际税率计算的抵免额	按12.5%的计算的抵免额	按25%的计算的抵免额	小计 (15+16+17)	境外所得抵免所得税额合计 (12+14+18)
		1	2	3	4	5	6	7	8	9	10	11	12	13	14	15	16	17	18	19
1	甲国	1 500 000	1 440 000		1 440 000		1 440 000	25%	360 000	300 000	360 000	300 000	60 000	60 000					360 000
2	乙国	1 000 000	1 000 000		1 000 000		1 000 000	25%	250 000	520 000	250 000	250 000	0						250 000
3	丙国	-5 700 000	-5 700 000		-5 700 000		-5 700 000	25%											
4	丁国	1 350 000	1 350 000		1 350 000		1 350 000									337 500	337 500	337 500
5																			
6																			
7																			
8																			
9																			
10	合计	-1 850 000	-1 910 000		-1 910 000		-1 910 000		610 000	820 000	610 000	550 000	60 000	60 000		337 500	337 500	947 500

填写要点：

第1列来源于表A108010第1列；

第2列来源于表A108010第14列；

第3列来源于表A108010第18列；

无境外以前年度亏损和境内亏损，第5列、第7列等于第3列；

第8列填写我国企业所得税税率25%；

第9列等于第7列×第8列，甲国、乙国境外所得应纳税额分别为360 000元、250 000元，丙国亏损本年度不缴纳所得税，丁国适用简易计税办法；第9列等于第11列；

第10列来源于表A108010第13列；

第12列"本年可抵免境外所得税额"甲国可抵免的所得税额300 000元未超过限额360 000元，可以抵免，余额60 000元转入第13列；可以用于抵免以前年度未抵免的所得税额60 000元填入第14列；乙国可抵免的所得税额520 000元超过限额250 000元，按限额抵免，因此12列填250 000元；

第17列填写丁国按25%计算抵免限额337 500元；

第18列、第19列为合计数。

（三）《A108020境外分支机构弥补亏损明细表》

表10-4　　A108020　境外分支机构弥补亏损明细表

单位：元

行次	国家（地区）	非实际亏损额的弥补				实际亏损额的弥补										
		以前年度结转尚未弥补的非实际亏损额	本年发生的非实际亏损额	本年弥补的以前年度非实际亏损额	结转以后年度弥补的非实际亏损额	以前年度结转尚未弥补的实际亏损额						本年发生的实际亏损额	本年弥补的以前年度实际亏损额	结转以后年度弥补的实际亏损额				
						前五年度	前四年度	前三年度	前二年度	前一年度	小计			前四年	前三年	前二年	前一年	本年度	小计
		1	2	3	4	5 (2+3−4)	6	7	8	9	10	11 (6+7+8+ 9+10)	12	13	14	15	16	17	18	19 (14+15+ 16+17+18)
1	丙国	3 000 000	5 700 000		8 700 000														
2																			
3																			
4																			
5																			
6																			
7																			
8																			
9																			
10	合计	3 000 000	5 700 000		8 700 000														

填写要点：

丙国的亏损属于非实质性亏损，第1列填丙国，第2列填以前年度非实质性亏损3 000 000元，第3列填本年发生的非实际亏损额5 700 000元，第5列填合计数8 700 000元；

第10行各列填合计数。

（四）《A108030跨年度结转抵免境外所得税明细表》

表10-5　A108030　跨年度结转抵免境外所得税明细表

单位：元

行次	国家（地区）	前五年境外所得已缴所得税未抵免余额							本年实际抵免以前年度未抵免的境外已缴所得税额							结转以后年度抵免的境外所得已缴所得税额					
		前五年	前四年	前三年	前二年	前一年	小计	前五年	前四年	前三年	前二年	前一年	小计	前四年	前三年	前二年	前一年	本年	小计
	1	2	3	4	5	6	7 (2+3+ 4+5+6)	8	9	10	11	12	13 (8+9+10+ 11+12)	14 (3-9)	15 (4-10)	16 (5-11)	17 (6-12)	18	19 (14+15+ 16+17+18)
1	甲国	10 000	10 000	20 000	20 000	10 000	70 000	10 000	10 000	20 000	20 000		60 000				10 000		10 000
2	乙国	30 000	30 000	30 000	10 000	20 000	120 000							30 000	30 000	10 000	20 000	270 000	360 000
3																			
4																			
5																			
6																			
7																			
8																			—
9																			—
10	合计	40 000	40 000	50 000	30 000	30 000	190 000	10 000	10 000	20 000	20 000		60 000	30 000	30 000	10 000	30 000	270 000	370 000

填写要点：

第1行第2列～第7列填写甲国2010—2014年已缴纳未抵免的境外所得税税额余额，第8列～第11列填写本年抵免限额抵免当年应抵税额后的余额60 000元，实际抵免2010—2013年度未抵免的境外已缴所得税额，第14列～第19列填写本年度结转以后年度抵免的，剩余2014年未抵免的余额10 000元留待以后年度的抵免。

第2行第2列～第7列填写乙国2010—2014年已缴纳未抵免的境外所得税税额余额，无本年抵免以前年度境外已纳税额，因此第8列～第11列填0，结转以后年度抵免的境外已纳税额第14列～第17列填报2011—2014年的未抵免余额，第18列填2015年超过抵免限额的余额270 000元。

第十一章 跨地区汇总纳税及申报

【学习目标】

1. 了解跨地区汇总纳税适用范围；
2. 掌握汇总纳税方式下总分支机构分摊税款的计算；
3. 了解相关纳税申报表的填报。

【案例11-1】

北京A电器有限公司成立于1997年，主要经营范围为各种照明光源、照明灯具、建筑配件、家用电器等专业仓储批发与物流配送。总部设在北京朝阳区，下设三家分支机构，分别位于天津、河北、山西三地。2008年公司在北京大兴区投资成立一全资子公司：北京B光源设计有限公司，从事各种照明光源的研发设计与制造。2015年10月，为打开西部市场，A公司总部在甘肃成立一销售代理处，负责本公司各种光源产品的展览，收集照明市场信息。代理处不直接从事商品销售，如有客户对本公司产品感兴趣有购买意向，代理处帮助其直接与总部联系，由总部与客户签订合同、配送货物并进行应收账款管理等工作。

2015年北京A公司总部及其下属分支机构经纳税调整后的应纳税所得额为5 811 256.30元，应纳税额为1 452 814.08元，三地分支机构的相关经营情况见表11-1。全资子公司B光源设计公司的应纳税所得额为1 925 600元，应纳税额为481 400元。

表11-1　　　　　　　分支机构收入、工资、资产总额表

单位：元列至角分

	收入总额	工资总额	资产总额
天津分支机构	2 800 756	698 000	7 240 000
河北分支机构	1 967 899	491 000	6 900 000
山西分支机构	1 472 115	475 000	6 000 000
合计	6 240 770	1 664 000	20 140 000

提问：

1. 北京A公司与其外地的分支机构应如何申报缴纳所得税？
2. 北京A公司与其子公司应如何申报缴纳所得税？
3. 甘肃销售代理处是否需要就地缴纳所得税？

第一节　跨地区汇总纳税的税务处理

为加强跨地区经营汇总纳税企业所得税的征收管理，国家税务总局制定的《跨地区经营汇总纳税企业所得税征收管理办法》（国家税务总局公告2012年第57号），《财政部　国家税务总局　中国人民银行关于印发〈跨省市总分机构企业所得税分配及预算管理办法〉的通知》（财预〔2012〕40号）（以下简称《企业所得税分配及预算管理办法》）对跨地区汇总纳税的适用范围及征收管理办法做出了明确的规定。

一、跨省市总分机构企业所得税分配及预算管理办法

（一）基本内容

属于中央与地方共享范围的跨省市总分机构企业缴纳的企业所得税，按照统一规范、兼顾总机构和分支机构所在地利益的原则，实行"统一计算、

分级管理、就地预缴、汇总清算、财政调库"的处理办法，总分机构统一计算的当期应纳税额的地方分享部分中，25%由总机构所在地分享，50%由各分支机构所在地分享，25%按一定比例在各地间进行分配。

1. 统一计算，是指居民企业应统一计算包括各个不具有法人资格营业机构在内的企业全部应纳税所得额、应纳税额。总机构和分支机构适用税率不一致的，应分别按适用税率计算应纳所得税额。

2. 分级管理，是指居民企业总机构、分支机构，分别由所在地主管税务机关属地进行监督和管理。

3. 就地预缴，是指居民企业总机构、分支机构，应按本办法规定的比例分别就地按月或者按季向所在地主管税务机关申报、预缴企业所得税。

4. 汇总清算，是指在年度终了后，总分机构企业根据统一计算的年度应纳税所得额、应纳所得税额，抵减总机构、分支机构当年已就地分期预缴的企业所得税款后，多退少补。

5. 财政调库，是指财政部定期将缴入中央总金库的跨省市总分机构企业所得税待分配收入，按照核定的系数调整至地方国库。

【案例11-1】分析1

北京A公司设立的三家分支机构都不具有法人资格，而且所设立的分支机构与北京A公司也不在同一省、自治区、直辖市和计划单列市内，因此北京A公司应当根据分支机构的信息汇总缴纳企业所得税。北京A公司设立的全资子公司因具有法人资格，应独立计算并向当地主管税务机关申报缴纳所得税。

（二）适用跨地区汇总纳税的企业

居民企业在中国境内跨地区（指跨省、自治区、直辖市和计划单列市）设立不具有法人资格分支机构的，该居民企业为跨地区经营汇总纳税企业（以下简称汇总纳税企业）。

总机构和具有主体生产经营职能的二级分支机构，需要按照跨地区汇总纳税管理办法，就地分期预缴企业所得税。

二级分支机构及其下属机构均由二级分支机构集中就地预缴企业所得

税；三级及以下分支机构不就地预缴企业所得税，其经营收入、职工工资和资产总额统一计入二级分支机构。其中：二级分支机构是指总机构对其财务、业务、人员等直接进行统一核算和管理的领取非法人营业执照的分支机构。

(三) 不适用跨地区汇总纳税的企业

1. 企业所得税收入全额上缴国库的企业

国有邮政企业（包括中国邮政集团公司及其控股公司和直属单位）、中国工商银行股份有限公司、中国农业银行股份有限公司、中国银行股份有限公司、国家开发银行股份有限公司、中国农业发展银行、中国进出口银行、中国投资有限责任公司、中国建设银行股份有限公司、中国建银投资有限责任公司、中国信达资产管理股份有限公司、中国石油天然气股份有限公司、中国石油化工股份有限公司、海洋石油天然气企业（包括中国海洋石油总公司、中海石油（中国）有限公司、中海油田服务股份有限公司、海洋石油工程股份有限公司）、中国长江电力股份有限公司等企业缴纳的企业所得税（包括滞纳金、罚款）为中央收入，全额上缴中央国库，其企业所得税征收管理不适用《企业所得税分配及预算管理办法》。铁路运输企业所得税征收管理不适用《企业所得税分配及预算管理办法》。

2. 辅助性二级分支机构及小微企业分支机构

不具有主体生产经营职能且在当地不缴纳营业税、增值税的产品售后服务、内部研发、仓储等企业内部辅助性的二级分支机构以及上年度符合条件的小型微利企业及其分支机构，不实行《企业所得税分配及预算管理办法》。

3. 境外分支机构不包含在汇总纳税范畴

居民企业在中国境外设立不具有法人资格分支机构的，按《企业所得税分配及预算管理办法》计算有关分期预缴企业所得税时，其应纳税所得额、应纳所得税额及分摊因素数额，均不包括其境外分支机构。

4. 新设立的二级分支机构，设立当年不就地分摊缴纳企业所得税。当年撤销的二级分支机构，自办理清税之日所属企业所得税预缴期间起，不就地分摊缴纳企业所得税。

【案例11-1】分析2

北京A公司在甘肃设立的销售代理处，其职能主要是进行市场调研与商品展览，并不从事生产经营，没有任何收入，所以也不涉及增值税及营业税的缴纳。因此甘肃销售代理处不需要就地分摊缴纳企业所得税。

二、税款预缴及汇总清算

汇总纳税企业按照《企业所得税法》规定汇总计算的企业所得税，包括预缴税款和汇算清缴应缴应退税款，50%在各分支机构间分摊，各分支机构根据分摊税款就地办理缴库或退库；50%由总机构分摊缴纳，其中25%就地办理缴库或退库，25%就地全额缴入中央国库或退库。

（一）税款预缴的方式

1. 企业应根据当期实际利润额，按照《跨地区经营汇总纳税企业所得税征收管理办法》的预缴分摊方法计算总机构和分支机构的企业所得税预缴额，分别由总机构和分支机构分月或者分季就地预缴。

2. 在规定期限内按实际利润额预缴有困难的，经总机构所在地主管税务机关认可，可以按照上一年度应纳税所得额的1/12或1/4，按照《跨地区经营汇总纳税企业所得税征收管理办法》规定的预缴分摊方法计算总机构和分支机构的企业所得税预缴额，分别由总机构和分支机构就地预缴。上述预缴方式一经确定，当年度不得变更。

（二）总机构预缴的方法

总机构根据统一计算的企业当期实际应纳所得税额（或根据上年汇算清缴统一计算应缴纳所得税额的1/12或1/4）的50%的部分，在每月或季度终了后15日内就地申报预缴。

总机构就地预缴税款，总机构应将统一计算的企业当期应纳税额的25%，就地办理缴库，所缴纳税款收入由中央与总机构所在地按60：40分享。

总机构预缴中央国库税款，总机构应将统一计算的企业当期应纳税额的剩余25%，就地全额缴入中央国库，所缴纳税款收入60%为中央收入，40%由财政部按照2004—2006年各省市三年实际分享企业所得税占地方分享总额的比例定期向各省市分配。

（三）分支机构预缴的方法

总机构在每月或每季终了之日起10日内，按照上年度各省市分支机构的营业收入、职工薪酬和资产总额三个因素，将统一计算的企业当期应纳税额的50%在各分支机构之间进行分摊（总机构所在省市同时设有分支机构的，同样按三个因素分摊），各分支机构根据分摊税款就地办理缴库，所缴纳税款收入由中央与分支机构所在地按60∶40分享。分摊时三个因素权重依次为0.35、0.35和0.3。当年新设立的分支机构第二年起参与分摊；当年撤销的分支机构自办理注销税务登记之日起不参与分摊。

1. 分支机构营业收入，是指分支机构销售商品、提供劳务、让渡资产使用权等日常经营活动实现的全部收入。其中，生产经营企业分支机构营业收入是指生产经营企业分支机构销售商品、提供劳务、让渡资产使用权等取得的全部收入；金融企业分支机构营业收入是指金融企业分支机构取得的利息、手续费、佣金等全部收入；保险企业分支机构营业收入是指保险企业分支机构取得的保费等全部收入。

2. 分支机构职工薪酬，是指分支机构为获得职工提供的服务而给予职工的各种形式的报酬。

3. 分支机构资产总额，是指分支机构在12月31日拥有或者控制的资产合计额。

4. 各分支机构分摊预缴额按下列公式计算：

（1）各分支机构分摊预缴额=所有分支机构应分摊的预缴总额×该分支机构分摊比例

其中：

所有分支机构应分摊的预缴总额=统一计算的企业当期应纳所得税额×50%

（2）该分支机构分摊比例=（该分支机构营业收入／各分支机构营业收

入之和)×0.35+(该分支机构职工薪酬/各分支机构职工薪酬之和)×0.35+(该分支机构资产总额/各分支机构资产总额之和)×0.30

以上公式中,分支机构仅指需要参与就地预缴的分支机构。

【案例11-1】分析3

假设北京A公司经主管税务机关认可,可根据上一年度实际汇算清缴计算的应纳所得税额的1/12预缴所得税,2014年度汇算清缴计算的应纳所得税总额为980 000元,2014年度外地分支机构的相关指标见表11-2。

表11-2　　　　　　　　2014年度外地分支机构的相关指标

单位:元

	收入总额	工资总额	资产总额
天津分支机构	2 500 000	670 000	7 000 000
河北分支机构	1 800 000	460 000	6 500 000
山西分支机构	1 000 000	450 000	5 200 000
合计	5 300 000	1 580 000	18 700 000

其分摊、预缴税款的计算过程如下:(计算结果保留2位小数)

1. 甘肃代理处为总部下设,因不需要预缴所得税,其工资总额及资产总额并入公司总部,不参与外地分支机构指标的计算。各分支机构收入总额、工资总额和资产总额的确定

2. 总部应分摊税款=980 000÷2=490 000(元)

每月预缴税款=490 000÷12≈40 833.33(元)

3. 分支机构预缴税款分摊比例的确定

天津分支机构分摊比例=0.35×(250÷530)+0.35×(67÷158)+0.30×(700/1870)≈0.43

河北分支机构分摊比例=0.35×(180÷530)+0.35×(46÷158)+0.30×(650÷1870)≈0.32

山西分支机构分摊比例=0.35×(100÷530)+0.35×(45÷158)+0.3×(520÷1870)≈0.25

4. 分支机构分摊、预缴税额的确定

分支机构总计分摊税款980 000÷2=490 000（元），其中：

天津分支机构每月应分摊的预缴税额=490 000×0.43×1/12≈17 558.33（元）

河北分支机构每月应分摊的预缴税额=490 000×0.32×1/12≈13 066.67（元）

山西分支机构每月应分摊的预缴税款=490 000×0.25×1/12≈10 208.33（元）

至此，在2015年汇算清缴前，总部已累计预缴所得税490 000元，其中25%（490 000×25%=245 000（元））就地缴库，另25%由财政集中缴入中央国库。天津分支机构已累计预缴所得税210 700元，河北分支机构已累计预缴所得税156 800元，山西分支机构已累计预缴所得税122 500元。三地分支机构累计已预缴所得税合计490 000元。

（四）汇总清算

汇总纳税企业应当在年度终了后5个月内，由总机构汇总计算企业年度应纳所得税额，扣除总机构和各分支机构已预缴的税款，计算出应缴应退税款，按照《企业所得税分配及预算管理办法》规定的税款分摊方法计算总机构和分支机构的企业所得税应缴应退税款，分别由总机构和分支机构就地办理税款缴库或退库。

1. 补缴的税款按照预缴的分配比例，50%由各分支机构就地办理缴库，所缴纳税款收入由中央与分支机构所在地按60：40分享；25%由总机构就地办理缴库，所缴纳税款收入由中央与总机构所在地按60：40分享；其余25%部分就地全额缴入中央国库，所缴纳税款收入中60%为中央收入，40%由财政部按照2004—2006年各省市三年实际分享企业所得税占地方分享总额的比例定期向各省市分配。

2. 多缴的税款按照预缴的分配比例，50%由各分支机构就地办理退库，所退税款由中央与分支机构所在地按60：40分担；25%由总机构就地办理退库，所退税款由中央与总机构所在地按60：40分担；其余25%部分就地从中央国库退库，其中60%从中央级1010442项"总机构汇算清缴所得税"下有关科目退付，40%从中央级1010443项"企业所得税待分配收入"下有关科目退付。

【案例11-1】分析4

北京A公司所设立的各分支机构中，因他们都不具有法人资格，因此都不需要进行企业所得税汇算清缴，由A公司总部汇总计算企业年度应纳所得税额。

1. 总部应补（退）税额的确定

北京A公司2015年度汇总计算的应纳所得税额为1 452 814.08元，其中总部应分摊1 452 814.08÷2=726 407.04（元），由【案例11-1】分析3得知总部已累计预缴所得税490 000元，应补缴所得税=726 407.04-490 000=236 407.04（元），其中25%就地缴库，另25%就地全额缴入中央国库。

2. 2015年度各分支机构的实际分摊比例确定

2015年度汇算清缴时应重新计算各分支机构的收入、工资及资产总额，重新计算2015年度的分摊税款比例。

天津分支机构分摊比例=0.35×（2 800 756÷6 240 770）+0.35×（698 000÷1 664 000）+0.30×（7 240 000÷20 140 000）≈0.41

河北分支机构分摊比例=0.35×（1 967 899÷6 240 770）+0.35×（491 000÷1 664 000）+0.30×（690 000÷20 140 000）≈0.32

山西分支机构分摊比例=0.35×（1 472 115÷6 240 770）+0.35×（475 000÷1 664 000）+0.3×（6 000 000÷20 140 000）≈0.27

3. 2015年度各分支机构分摊应补（退）税额的确定

分支机构应分摊税额合计：1 452 814.08÷2=726 407.04（元）

其中天津分支机构应分摊税额=726 407.04×0.41=297 826.89（元）

河北分支机构应分摊税额=726 704.04×0.32=232 450.25（元）

山西分支机构应分摊税额=726 704.04×0.27=196 129.9（元）

由【案例11-1】分析3得知：天津分支机构已累计预缴所得税210 700元，河北分支机构已累计预缴所得税156 800元，山西分支机构已累计预缴所得税122 500元。因此：

天津分支机构应补税=297 826.89-210 700=87 126.89（元）

河北分支机构应补税=232 450.25-156 800=75 650.25（元）

山西分支机构应补税=196 129.9-122 500=73 629.9（元）

应补税合计=87 126.89+75 650.25+73 629.9=236 407.04（元）

汇总纳税企业在纳税年度内预缴企业所得税税款少于全年应缴企业所得税税款的，应在汇算清缴期内由总、分机构分别结清应缴的企业所得税税款；预缴税款超过应缴税款的，主管税务机关应及时按有关规定分别办理退税，或者经总、分机构同意后分别抵缴其下一年度应缴企业所得税税款。

第二节 《A109000跨地区经营汇总纳税企业年度分摊企业所得税明细表》的填写

汇总纳税企业按税法规定计算总分机构每一纳税年度应缴的企业所得税、总分机构应分摊的企业所得税，并需将相关信息填入《A109000跨地区经营汇总纳税企业年度分摊企业所得税明细表》和《A109010企业所得税汇总纳税分支机构所得税分配表》。

一、《A109000跨地区经营汇总纳税企业年度分摊企业所得税明细表》的填写

【案例11-1】分析5

北京A公司《A109000跨地区经营汇总纳税企业年度分摊企业所得税明细表》的填写见表11-3。具体填写过程说明如下：

1. 第1行数据取于主表A100000第31行"实际应纳所得税额"，本案例中可直接告知该数据1 452 814.08元。

2. 第2行和第3行分别对应主表A100000的第29行和第30行。

3. 第5行填写北京A公司根据规定比例计算的2015年度实际已预缴的所得税额。根据案例解析3得出北京A公司已按照上年度实际数预缴所得税总计980 000元，其中分支机构分摊50%，总机构就地缴库25%，财政集中缴库25%。

4. 其余各行次根据数据逻辑关系填写。

企业填写完《A109000跨地区经营汇总纳税企业年度分摊企业所得税明细表》后，该表的相关信息将转入《A100000中华人民共和国企业所得税年度纳税申报表（A类）》。

表间关系为：

1. 第5行=表A10000第32行。

2. 第12行+第16行=表A10000第34行。

3. 第13行=表A100000第35行。

4. 第15行=表A10000第36行。

表11-3　A109000　跨地区经营汇总纳税企业年度分摊企业所得税明细表

单位：元列至角分

行次	项目	金额
1	一、总机构实际应纳所得税额	1 452 814.08
2	减：境外所得应纳所得税额	
3	加：境外所得抵免所得税额	
4	二、总机构用于分摊的本年实际应纳所得税额（1-2+3）	1 452 814.08
5	三、本年累计已预分、已分摊所得税（6+7+8+9）	980 000.00
6	（一）总机构向其直接管理的建筑项目部所在地预分的所得税额	
7	（二）总机构已分摊所得税额	245 000.00
8	（三）财政集中已分配所得税额	245 000.00
9	（四）总机构所属分支机构已分摊所得税额	490 000.00
10	其中：总机构主体生产经营部门已分摊所得税额	
11	四、总机构本年度应分摊的应补（退）的所得税（4-5）	472 814.08
12	（一）总机构分摊本年应补（退）的所得税额（11×25%）	118 203.52
13	（二）财政集中分配本年应补（退）的所得税额（11×25%）	118 203.52
14	（三）总机构所属分支机构分摊本年应补（退）的所得税额（11×50%）	236 407.04
15	其中：总机构主体生产经营部门分摊本年应补（退）的所得税额	
16	五、总机构境外所得抵免后的应纳所得税额（2-3）	
17	六、总机构本年应补（退）的所得税额（12+13+15+16）	236 407.04

二、《A109010企业所得税汇总纳税分支机构所得税分配表》的填写

企业填写完成《A109000跨地区经营汇总纳税企业年度分摊企业所得税明细表》（见表11-3）后，A109000的第11行"四、总机构年度应分摊的应补（退）的所得税"转入《A109010企业所得税汇总纳税分支机构所得税分配表》（见表11-4）的"应纳所得税额"处，企业根据分支机构的情况，填写完成《A109010企业所得税汇总纳税分支机构所得税分配表》。

表11-4　A109010　企业所得税汇总纳税分支机构所得税分配表

单位：元列至角分

总机构纳税人识别号	应纳所得税额	总机构分摊所得税额		总机构财政集中分配所得税额		分支机构分摊所得税额
	472 814.08	118 203.52		118 203.52		236 407.04
分支机构情况	分支机构纳税人识别号	分支机构名称	三项因素			分配比例	分配所得税额
			营业收入	职工薪酬	资产总额		
		天津分支机构	2 800 756.00	698 000.00	7 240 000.00	0.41	87 126.89
		河北分支机构	1 967 899.00	491 000.00	6 900 000.00	0.32	75 650.25
		山西分支机构	1 472 115.00	475 000.00	6 000 000.00	0.27	73 629.90
	合计	—	6 240 770.00	1 664 000.00	20 140 000.00	1.00	236 407.04

【案例11-1】分析6

北京A公司《A109010企业所得税汇总纳税分支机构所得税分配表》的填写见表11-4。由表11-3第11行取数据472 814.08元转入表11-4（表A109010）中"应纳所得税额"处，其25%填入"总机构分摊的所得税额"，另25%填入"总机构财政集中分配所得税额"，剩余50%填入"分支机构分摊所得税额"处。其他计算过程如【案例11-1】分析4所述，此处不再赘述。

第十二章 其他表单的填报

【学习目标】

1. 熟悉《封面》和《A000000企业基础信息表》的填写；
2. 掌握《A100000中华人民共和国企业所得税年度纳税申报表（A类）》的填写。

第一节 《A000000企业基础信息表》的填写

一、《封面》的填写

一套完整的企业所得税纳税申报表由封面、企业所得税年度纳税申报表填报表单、企业基础信息表、《中华人民共和国企业所得税年度纳税申报表（A类）》及其附表组成。封面、企业所得税年度纳税申报表填报表单的填写要求为必填，封面主要项目有5项，分别是税款所属期间、纳税人识别号、纳税人名称、填报日期和签章。有关项目填报说明如下：

1."税款所属期间"：正常经营的纳税人，填报公历当年1月1日至12月31日；纳税人年度中间开业的，填报实际生产经营之日至当年12月31日；纳税人年度中间发生合并、分立、破产、停业等情况的，填报公历当年1月1日至实际停业或法院裁定并宣告破产之日；纳税人年度中间开业且年度中间又发生合并、分立、破产、停业等情况的，填报实际生产经营之日至实际停业或法院裁定并宣告破产之日。

2."纳税人识别号":填报税务机关统一核发的税务登记证号码。

3."纳税人名称":填报税务登记证所载纳税人的全称。

4."填报日期":填报纳税人申报当日日期。

5.纳税人聘请中介机构代理申报的,加盖代理申报中介机构公章,并填报经办人及其执业证件号码等,没有聘请的,填报"无"。

【综合案例】分析12-1

根据ABC科技的基础信息填写《封面》。填写结果见表12-1。

表12-1　　　中华人民共和国企业所得税年度纳税申报表
（A类，2014年版）

税款所属期间：2015年1月1日至2015年12月31日

纳税人识别号：110102576872256

纳税人名称：北京ABC科技股份有限公司

金额单位：人民币元（列至角分）

谨声明：此纳税申报表是根据《中华人民共和国企业所得税法》、《中华人民共和国企业所得税法实施条例》、有关税收政策以及国家统一会计制度的规定填报的，是真实的、可靠的、完整的。

法定代表人（签章）：　　　　年　月　日

纳税人公章： 会计主管： 填表日期：　年　月　日	代理申报中介机构公章： 经办人： 经办人执业证件号码： 代理申报日期：　年　月　日	主管税务机关受理专用章： 受理人： 受理日期：　年　月　日

国家税务总局监制

填写要点：

"税款所属期间"填写2015年1月1日至2015年12月31日；"纳税人识别号"填写110102576872256；"纳税人名称"填写北京ABC科技股份有限公

司;"填报日期"填写北京ABC科技申报当日日期;北京ABC科技没有聘请中介机构代理申报,填报"无"。

二、《A000000企业基础信息表》的填写

纳税人在填报申报表前,首先填写基础信息表,为后续申报提供指引。基础信息表主要包括表头、基本信息、主要会计政策和估计、企业主要股东及对外投资情况等几部分。

1.表头的填写

纳税人根据具体情况选择"正常申报""更正申报"或"补充申报"。申报期内,纳税人第一次年度申报为"正常申报";申报期内,纳税人对已申报内容进行更正申报的为"更正申报";申报期后,由于纳税人自查、主管税务机关评估等发现以前年度申报有误而更改申报为"补充申报"。

2.基本信息的填写

(1)"102注册资本"的填写

"102注册资本"填写的是注册资本非实收资本,即在公司登记机关依法登记的出资或认缴的股本金额。

(2)"103所属行业明细代码"根据《国民经济行业分类》(GB/4754-2011)标准填报纳税人的行业代码。如所属行业代码为7010的房地产开发经营企业,可以填报表A105010中第21行~第29行;所属行业代码为06**至4690,小型微利企业优惠判断为工业企业,不包括建筑业;所属行业代码为66**的银行业,67**的证券和资本投资,68**的保险业,填报表A101020、表A102020。

(3)"104从业人数"的填写

"104从业人数"填报纳税人全年平均从业人数,从业人数是指与企业建立劳动关系的职工人数和企业接受的劳务派遣用工人数之和;从业人数指标,按企业全年月平均值确定,具体计算公式如下:

月平均值=(月初值+月末值)÷2

全年月平均值=全年各月平均值之和÷12

全年从业人数=月平均值×12

年度中间开业或者终止经营活动的，以其实际经营期作为一个纳税年度确定上述相关指标。

（4）"105资产总额（万元）"的填写

"105资产总额（万元）"填报纳税人全年资产总额平均数，依据和计算方法同"从业人数"口径，资产总额单位为万元，小数点后保留2位小数。

从业人数和资产总额两项指标的填报直接影响判断企业是否属于小型微利企业。

3. 主要会计政策和估计的填写

（1）"107从事国家限制或禁止行业"，纳税人从事国家限制或禁止行业，选择"是"，其他选择"否"，在实务填报中，非特殊情况一般性企业选择"否"。

（2）"206固定资产折旧方法"，纳税人根据实际情况选择。

（3）"207存货成本计价方法"，纳税人根据实际情况选择，计价方法一经选用，不得随意变更。

（4）"208坏账损失核算方法"，纳税人根据实际情况选择。

（5）"209所得税会计核算方法"，纳税人根据实际情况选择。

4. 企业主要股东及对外投资情况的填写

（1）"301企业主要股东（前5位）"，填报本企业投资比例前5位的股东情况。包括股东名称，证件种类（税务登记证、组织机构代码证、身份证、护照等），证件号码（纳税人识别号、组织机构代码号、身份证号、护照号等），经济性质（单位投资的，按其登记注册类型填报；个人投资的，填报自然人），投资比例，国籍（注册地址）。

国外非居民企业证件种类和证件号码可不填写。

（2）"302对外投资（前5位）"，填报本企业对境内投资金额前5位的投资情况。包括被投资者名称、纳税人识别号、经济性质、投资比例、投资金额、注册地址。

5. 案例解析

【综合案例】分析12-2

根据ABC科技的基础信息来填写《A000000企业基础信息表》。填写表12-2结果如下：

表12-2　　　　　　　A000000　企业基础信息表

正常申报☑	更正申报☐	补充申报☐
\multicolumn{3}{c}{100基本信息}		
101汇总纳税企业	是（总机构☐　按比例缴纳总机构☐）　否☑	
102注册资本（万元）	1000	106境外中资控股居民企业	是☐　否☑
103所属行业明细代码	G619其他技术服务	107从事国家限制或禁止行业	是☐　否☑
104从业人数	200人	108存在境外关联交易	是☐　否☑
105资产总额（万元）	12134.36	109上市公司	是（境内☐境外☐）否☑
\multicolumn{3}{c}{200主要会计政策和估计}		
201适用的会计准则或会计制度	企业会计准则（一般企业☑　银行☐　证券☐　保险☐　担保☐） 小企业会计准则☐ 企业会计制度☐ 事业单位会计准则（事业单位会计制度☐　科学事业单位会计制度☐　医院会计制度☐　高等学校会计制度☐　中小学校会计制度☐　彩票机构会计制度☐） 民间非营利组织会计制度☐ 村集体经济组织会计制度☐ 农民专业合作社财务会计制度（试行）☐ 其他☐		
202会计档案的存放地	财务档案室	203会计核算软件	金蝶
204记账本位币	人民币☑　其他☐	205会计政策和估计是否发生变化	是☐　否☑

续表

206固定资产折旧方法	年限平均法☑ 工作量法☐ 双倍余额递减法☐ 年数总和法☐ 其他☐
207存货成本计价方法	先进先出法☐ 移动加权平均法☐ 月末一次加权平均法☑ 个别计价法☐ 毛利率法☐ 零售价法☐ 计划成本法☐ 其他☐
208坏账损失核算方法	备抵法☑ 直接核销法☐
209所得税计算方法	应付税款法☐ 资产负债表债务法☑ 其他☐

300企业主要股东及对外投资情况

301企业主要股东（前5位）

股东名称	证件种类	证件号码	经济性质	投资比例	国籍（注册地址）
刘某	身份证	xxxxxxxxxxxxxxxx	自然人	55.00%	中国
舒某	身份证	xxxxxxxxxxxxxxxx	自然人	15.00%	中国
王某	身份证	xxxxxxxxxxxxxxxx	自然人	10.00%	中国
北京EF投资有限责任公司	组织机构代码证	xxxxxxxx-x	有限责任公司	10.00%	北京市石景山区萧山路8号10-8003
南京甲投资基金合伙企业（有限合伙）	组织机构代码证	xxxxxxxx-x	有限合伙企业	5.00%	南京秦淮区16道西南大厦六层6016室

302对外投资（前5位）

被投资者名称	纳税人识别号	经济性质	投资比例	投资金额	注册地址
山东D能源科技有限公司	xxxxxxxxxxxxxx	有限责任公司	75.00%	500万元	济南市历下区西大道5号华宇大厦A区6层

填写要点：

（1）表头的填写

ABC科技在2016年5月31日前，第一次申报为"正常申报"；2016年5月31日前，ABC科技对已申报内容进行更正申报的为"更正申报"；2016年5月31日后，由于自查、主管税务机关评估等发现以前年度申报有误而更改申报为"补充申报"。根据申报时间，在5月31日之前，因此这里填写"正常申报"；

（2）基本信息的填写

根据ABC科技的基本情况填写基本信息部分，"101汇总纳税企业"填写否；"102注册资本"填写1 000万元；"103所属行业明细代码"填写G619其他技术服务。"104从业人数"填写200人；"105资产总额（万元）"填写12 134.36万元；"106境外中资控股居民企业"选择"否"；"107从事国家限制或禁止行业"选择"否"；"108境外关联交易"选择"否"；"109上市公司"选择"否"。

（3）主要会计政策和估计的填写

"201适用的会计准则或会计制度"选择企业会计准则；"202会计档案存放地"填写财务档案室；"203会计核算软件"填写金蝶；"204记账本位币"填写人民币；"205会计政策和估计是否发生变化"选择"否"；"206固定资产折旧方法"选择年限平均法；"207存货成本计价方法"选择月末一次加权平均法；"208坏账损失核算方法"选择备抵法；"209所得税会计核算方法"选择资产负债表债务法。

（4）企业主要股东及对外投资情况

"301企业主要股东（前5位）"，ABC科技根据相关信息分别填写；"302对外投资（前5位）"，填写被投资企业山东D能源科技有限公司的基本情况。

第二节 《A100000中华人民共和国企业所得税年度纳税申报表（A类）》主表的填写

一、《A100000中华人民共和国企业所得税年度纳税申报表（A类）》的计算原理

《A100000中华人民共和国企业所得税年度纳税申报表（A类）》为年度纳税申报表主表，企业应该根据《中华人民共和国企业所得税法》及其实施条例（以下简称税法）、相关税收政策，以及国家统一会计制度（企业会计准则、小企业会计准则、企业会计制度、事业单位会计准则和民间非营利组织会计制度等）的规定，计算填报纳税人利润总额、应纳税所得额、应纳税额和附列资料等有关项目。

主表整体结构包括四个部分：利润总额计算、应纳税所得额计算、应纳税额和附列资料。主表的计算原理是按照间接计算法计算应纳税所得额，即在会计利润总额的基础上纳税调整，计算应纳税所得额，然后考虑特殊情况计算应纳税额。

"利润总额计算"中的项目，是按照国家统一会计制度口径计算填报，主要出处是企业利润表，但是要注意企业适应的会计制度的口径。

"应纳税所得额计算"中的项目，是先调整，后应纳税所得额和弥补亏损，根据填报顺序，先享受"所得减免""抵扣应纳税所得额"，后弥补亏损。

"应纳税额计算"中的项目，是先算基本税额，再考虑减免所得税额、抵减所得税额，接着计算境外所得，最后考虑总分机构因素。

二、《A100000中华人民共和国企业所得税年度纳税申报表（A类）》的填写

A100000主表整体结构包括四个部分：利润总额计算、应纳税所得额计

算、应纳税额和附列资料。

（一）"利润总额计算"的填写

利润总额的计算涉及第1行~第13行的填写，其中的项目，按照国家统一会计制度口径计算填报。实行企业会计准则、小企业会计准则、企业会计制度、分行业会计制度的纳税人其数据直接取自利润表；实行事业单位会计准则的纳税人其数据取自收入支出表；实行民间非营利组织会计制度纳税人其数据取自业务活动表；实行其他国家统一会计制度的纳税人，根据本表项目进行分析填报。其计算分为两步：

第一步，营业利润=营业收入-营业成本-营业税金及附加-销售费用-管理费用-财务费用-资产减值损失+公允价值变动收益+投资收益；

第二步，利润总额=营业利润+营业外收入-营业外支出。

（二）"应纳税所得额计算"的填写

A100000主表中第二部分"应纳税所得额计算"是主表的核心内容，其主要用于反映应纳税所得额的计算过程，体现税法与会计差异的调整情况和税基式、税额式税收优惠政策的执行情况以及以前年度亏损的弥补情况。

其计算公式是：

应纳税所得额=利润总额-境外所得+纳税调整增加额-纳税调整减少额-免税、减计收入及加计扣除+境外应税所得弥补境内亏损-所得减免-抵扣应纳税所得额-允许弥补的以前年度亏损

应纳税所得额的计算涉及第14行~第26行的填写。

1. "境外所得"的填写

第14行"境外所得"填报纳税人发生的分国（地区）别取得的境外税后所得计入利润总额的金额。填报《A108010境外所得纳税调整后所得明细表》第14列减去第11列的差额。

2. "纳税调整增加额"的填写

第15行"纳税调整增加额"填报纳税人会计处理与税收规定不一致，进行纳税调整增加的金额。本行通过《A105000纳税调整项目明细表》"调增金额"列填报。

3."纳税调整减少额"的填写

第16行"纳税调整减少额"填报纳税人会计处理与税收规定不一致,进行纳税调整减少的金额。本行通过《A105000纳税调整项目明细表》"调减金额"列填报。

4."免税、减计收入及加计扣除"的填写

第17行"免税、减计收入及加计扣除"填报属于税法规定免税收入、减计收入、加计扣除金额。本行通过《A107010免税、减计收入及加计扣除优惠明细表》填报。

5."境外应税所得抵减境内亏损"的填写

第18行"境外应税所得抵减境内亏损"填报纳税人根据税法规定,选择用境外所得抵减境内亏损的数额。本行通过《A108000境外所得税收抵免明细表》填报。

6."纳税调整后所得"的填写

第19行"纳税调整后所得"填报纳税人经过纳税调整、税收优惠、境外所得计算后的所得额。

7."所得减免"的填写

第20行"所得减免"填报属于税法规定所得减免金额。本行通过《A107020所得减免优惠明细表》填报,本行<0时,填写负数。

8."抵扣应纳税所得额"的填写

第21行"抵扣应纳税所得额"填报根据税法规定应抵扣的应纳税所得额。本行通过《A107030抵扣应纳税所得额明细表》填报。

9."弥补以前年度亏损"的填写

第22行"弥补以前年度亏损":填报纳税人按照税法规定可在税前弥补的以前年度亏损的数额,本行根据《A106000企业所得税弥补亏损明细表》填报。

10."应纳税所得额"的填写

第23行"应纳税所得额":金额等于本表第19行-第20行-第21行-第22行计算结果。本行不得为负数。本表第19行或者按照上述行次顺序计算结果本行为负数,本行金额填零。

(三)"应纳税额计算"的填写

应纳税额的计算涉及第24行~第36行的填写,应纳税额的计算分为四步:

第一步,应纳税所得额×税率=应纳所得税额;

第二步,应纳所得税额-减免所得税额-抵免所得税额=应纳税额;

第三步,应纳税额+境外所得应纳所得税额-境外所得抵免所得税额=实际应纳所得税额;

第四步,实际应纳所得税额-本年累计实际已预缴的所得税额=本年应补(退)的所得税额。

对于汇总纳税企业,还需填写总机构按税收规定在总机构所在地分摊本年应补(退)所得税款,财政集中分配本年应补(退)所得税款,以及总机构所属的具有主体生产经营职能的部门按照税收规定应分摊的本年应补(退)所得税款。

(四)"附列资料"的填写

第37行"以前年度多缴的所得税额在本年抵减额"填报纳税人以前纳税年度汇算清缴多缴的税款尚未办理退税、并在本纳税年度抵缴的所得税额。第38行"以前年度应缴未缴在本年入库所得额"填报纳税人以前纳税年度应缴未缴在本纳税年度入库所得税额。

(五)案例解析

【综合案例】分析12-3

根据ABC科技的相关报表填写主表,填写表12-3结果如下。

表12-3　A100000　中华人民共和国企业所得税年度纳税申报表（A类）

单位：元列至角分

行次	类别	项　　目	金　额
1	利润总额计算	一、营业收入（填写A101010\101020\103000）	97 847 284.52
2		减：营业成本（填写A102010\102020\103000）	49 473 881.24
3		营业税金及附加	1 309 056.99
4		销售费用（填写A104000）	12 498 150.58
5		管理费用（填写A104000）	18 756 617.63
6		财务费用（填写A104000）	2 156 168.51
7		资产减值损失	3 087 160.46
8		加：公允价值变动收益	
9		投资收益	80 000.00
10		二、营业利润（1-2-3-4-5-6-7+8+9）	10 646 249.11
11		加：营业外收入（填写A101010\101020\103000）	17 296.40
12		减：营业外支出（填写A102010\102020\103000）	10 575.16
13		三、利润总额（10+11-12）	10 652 970.35
14	应纳税所得额计算	减：境外所得（填写A108010）	
15		加：纳税调整增加额（填写A105000）	3 917 468.53
16		减：纳税调整减少额（填写A105000）	
17		减：免税、减计收入及加计扣除（填写A107010）	3 052 689.26
18		加：境外应税所得抵减境内亏损（填写A108000）	
19		四、纳税调整后所得（13-14+15-16-17+18）	11 517 749.62
20		减：所得减免（填写A107020）	
21		减：抵扣应纳税所得额（填写A107030）	
22		减：弥补以前年度亏损（填写A106000）	
23		五、应纳税所得额（19-20-21-22）	11 517 749.62

续表

行次	类别	项　目	金　额
24	应纳税额计算	税率（25%）	25%
25		六、应纳所得税额（23×24）	2 879 437.41
26		减：减免所得税额（填写A107040）	1 439 718.71
27		减：抵免所得税额（填写A107050）	
28		七、应纳税额（25-26-27）	1 439 718.70
29		加：境外所得应纳所得税额（填写A108000）	
30		减：境外所得抵免所得税额（填写A108000）	
31		八、实际应纳所得税额（28+29-30）	1 439 718.70
32		减：本年累计实际已预缴的所得税额	999 637.13
33		九、本年应补（退）所得税额（31-32）	440 081.57
34		其中：总机构分摊本年应补（退）所得税额（填写A109000）	
35		财政集中分配本年应补（退）所得税额（填写A109000）	
36		总机构主体生产经营部门分摊本年应补（退）所得税额（填写A109000）	
37	附列资料	以前年度多缴的所得税额在本年抵减额	
38		以前年度应缴未缴在本年入库所得税额	

填写要点：

（一）利润总额计算

利润总额的计算涉及第1行～第13行的填写，直接取自ABC科技2015年利润表。

1. 第1行"营业收入"填写97 847 284.52元；
2. 第2行"营业成本"填写49 473 881.24元；
3. 第3行"营业税金及附加"填写1 309 056.99元；
4. 第4行"销售费用"填写12 498 150.58元；

5. 第5行"管理费用"填写18 756 617.63元；

6. 第6行"财务费用"填写2 156 168.51元；

7. 第7行"资产减值损失"填写3 087 160.46元；

8. 第9行"投资收益"填写80 000.00元；

9. 第10行"营业利润"填写10 646 249.11元；

10. 第11行"营业外收入"填写17 296.40元；

11. 第12行"营业外支出"填写10 575.16元；

12. 第13行"利润总额"填写10 652 970.35元。

（二）应纳税所得额计算

由于ABC科技没有境外所得，因此第14行"境外所得"不用填写，第15行"纳税调整增加额"通过《A105000纳税调整项目明细表》"调增金额"列合计数来填报，根据ABC科技的《A105000纳税调整项目明细表》，本行填写3 917 468.53元；第16行"纳税调整减少额"通过《A105000纳税调整项目明细表》"调减金额"列填报，ABC科技《A105000纳税调整项目明细表》中没有调减金额；第17行"免税、减计收入及加计扣除"通过ABC科技《A107010免税、减计收入及加计扣除优惠明细表》合计数额填写3 052 689.26元。第19行"纳税调整后所得"，填写第13行-第14行+第15行-第16行-第17行+第18行，ABC科技为11 517 749.62元；ABC科技没有所得减免、抵扣应纳税所得额和弥补以前年度亏损，因此第23行"应纳税所得额"金额等于本表第19行-第20行-第21行-第22行计算结果，ABC科技为11 517 749.62元。

（三）应纳税额计算

1. 第24行"税率"填写税法规定的税率25%；

2. 第25行"应纳所得税额"金额等于本表第23行×第24行，根据计算ABC科技应填写2 879 437.41元；

3. 第26行"减免所得税额"填写纳税人按税法规定实际减免的企业所得税额，本行通过ABC科技《A107040减免所得税优惠明细表》合计数填写，为1 439 718.71元；

4. 由于ABC科技没有抵免所得税额，第28行"应纳税额"金额等于本表第25行-第26行-第27行，为1 439 718.70元；ABC科技没有境外所得，因此第

31行"实际应纳所得税额"仍填写1 439 718.70元；

5. 第32行"本年累计实际已预缴的所得税额"填写纳税人按照税法规定本纳税年度已在月（季）度累计预缴的所得税额，包括按照税法规定的特定业务已预缴（征）的所得税额，建筑企业总机构直接管理的跨地区设立的项目部按规定向项目所在地主管税务机关预缴的所得税额。需要关注填报口径，只填写"本纳税年度已在月（季）度累计预缴的所得税额"，不含在本年度缴"上年月（季）度累计预缴的所得税额""去年汇算清缴"的企业所得税。根据综合案例信息，ABC科技应预缴所得税额为999 637.13元；第33行"本年应补（退）的所得税额"填写纳税人当期应补（退）的所得税额，金额等于本表第31行-第32行，为440 081.57元。

参考文献

1. 《新企业所得税年度纳税申报表项目解析与填报实务》编写组.新企业所得税年度纳税申报表项目解析与填报实务［M］.北京：法律出版社，2015.

2. 北京天职税务师事务所.2014年新版企业所得税纳税申报表填报指南及税会差异分析［M］.北京：中国财政经济出版社，2015.

3. 郝龙航，王骏.企业所得税新申报表填报攻略和案例解析［M］.北京：中国市场出版社，2015.

4. 屈震，李颖剑.企业所得税新申报表填报166个关键点及填报案例［M］.北京：中国市场出版社，2015.

5. 于芳芳.企业所得税与会计准则差异分析：案例讲解与纳税申报［M］.北京：中国税务出版社，2015.

6. 中国税网.2015年版企业所得税汇算清缴操作指南［M］.北京：中国市场出版社，2015.

7. 奚卫华，徐伟.最新企业所得税纳税申报表填报技巧［M］.北京：中国人民大学出版社，2015.

8. 翟继光.最新企业所得税业务处理技巧与分类适用指南［M］.上海：立信会计出版社，2015.

9. 中国税网.2015年版企业所得税汇算清缴答疑精选［M］.北京：中国市场出版社，2015.

10. 苏强.《企业所得税年度纳税申报表（A类，2014年版）》填报指南和审核操作实务［M］.北京：经济科学出版社，2015.

11. 段晖，王家国.最新企业所得税纳税申报表操作示范［M］.北京：

中国税务出版社, 2015.

12. 高立法, 南京安盛财务顾问有限公司, 广东陈文卫会计培训学院. 新企业所得税纳税申报实务［M］. 北京: 经济管理出版社, 2015.

13. 陈志坚, 李婧. 小陈税务系列避税图书 222个纳税误区精解与操作指导+222个企业所得税纳税申报关键点精解［M］. 北京: 企业管理出版社, 2015.

14. 段文涛. 税惠小微: 税收优惠政策与实务指引［M］. 北京: 中国市场出版社, 2015.

15. 冯建华, 冯海文. 企业所得税弥补亏损明细表A106000的填报技巧［J］. 注册税务师, 2015（3）: 39-40.

16. 王玉娟. 2014版企业所得税年度纳税申报表之税收优惠表解读［J］. 财会月刊, 2015（7）: 92-95.

17. 郑杰. 工资"三费"填报新企业所得税申报表需两个步骤［J］. 注册税务师, 2015（7）: 41-42.

18. 王玉娟. 解读2014年版企业所得税年度纳税申报表之纳税调整表［J］. 财会月刊, 2015（13）: 90-91.

19. 王海涛. 境外所得: 新所得税申报表如何填报［J］. 注册税务师, 2015（4）: 36-39.

20. 张清芳, 罗翔. 纳税调整项目明细表收入类若干调增项目分析［J］. 财会月刊, 2015（4）: 84-86.

21. 符超. 企业两种不同货物捐赠方式的会计处理与所得税纳税申报［J］. 财会研究, 2015（9）: 39-47.

22. 方斌国. 企业自产货物捐赠的所得税处理及纳税申报［J］. 注册税务师, 2015（8）: 32-34.

23. 王群. 浅析新企业所得税申报表下财政性资金的申报［J］. 当代会计, 2015（7）: 35-36.

24. 谷建华, 田焕. 如何填报《职工薪酬纳税调整明细表》［J］. 注册税务师, 2015（9）: 33-38.

25. 付伟胜, 孙宜强, 王建忠. 新企业所得税纳税申报表房企填写示例［J］. 注册税务师, 2015（2）: 40-43.

26. 梁瑞智.新企业所得税纳税申报表减免税所得的处理及其影响[J].财会月刊，2015（20）：73-75.

27. 高允斌.新企业所得税年度纳税申报表填报指要及探讨[J].财务与会计，2015（7）：41-45.

28. 辛连珠.新企业所得税年度纳税申报表主表逻辑结构分析[J].中国税务，2015（1）：51-55.

29. 付伟胜.新企业所得税申报表交易性金融资产操作实务解析[J].注册税务师，2015（6）：22-25.

30. 奚卫华.长期股权投资的税会差异及纳税调整[J].财会月刊，2015（10）：107-112.

31. 方瑾.政府补助的会计与税务处理[J].中国税务，2015（6）：42-44.

32. 付伟胜，王建忠.政府补助如何填写新纳税申报表[J].注册税务师，2015（3）：31-35.